儒生文丛 第三辑

从祠庙到孔教

陈彦军/著

知识产权出版社
全国百佳图书出版单位

图书在版编目（CIP）数据

从祠庙到孔教 / 陈彦军著. —北京：知识产权出版社，2016.9

（儒生文丛 / 任重主编. 第三辑）

ISBN 978-7-5130-4433-2

Ⅰ.①从… Ⅱ.①陈… Ⅲ.①祠堂—关系—儒学—研究—中国 Ⅳ.①K928.75 ②B222.05

中国版本图书馆 CIP 数据核字（2016）第 210736 号

内容简介

本书是一部探讨儒学实践方式和中国人生活世界古今变迁的学术论集。作者别具一格地以朱子学发祥地泉州的民间信仰——萧太傅信仰为切入点来考察宋明以来儒学实践方式的变化，进而考察近代以来的孔教实践，在祠庙到孔教的历史变迁中显现出儒学实践形式的改良轨迹。

责任编辑：江宜玲　　**责任校对**：谷　洋

封面设计：张　冀　　**责任出版**：卢运霞

儒生文丛（第三辑）

从祠庙到孔教

陈彦军◎著

出版发行：	知识产权出版社有限责任公司	**网　　址**：	http：//www.ipph.cn
社　　址：	北京市海淀区西外太平庄 55 号	**邮　　编**：	100081
责编电话：	010-82000860 转 8339	**责编邮箱**：	jiangyiling@cnipr.com
发行电话：	010-82000860 转 8101/8102	**发行传真**：	010-82000893/82005070/82000270
印　　刷：	北京中献拓方科技发展有限公司	**经　　销**：	各大网上书店、新华书店及相关专业书店
开　　本：	787mm × 1092mm　1/16	**印　　张**：	15.5
版　　次：	2016 年 9 月第 1 版	**印　　次**：	2016 年 9 月第 1 次印刷
字　　数：	192 千字	**定　　价**：	48.00 元

ISBN 978-7-5130-4433-2

“儒生文丛”总序

儒生者，信奉儒家价值之读书人也。“儒生文丛”者，儒家读书人之心声见于言说者也。近世以降，儒家斯文扫地，儒学几近中绝。国人等儒学于土苴，士夫视孔道为寇仇，遂使五千年尧舜故国儒家读书人渐稀，亿万万中华神胄儒生难觅！然则，所谓儒生者，儒家价值之担当者也；儒家价值者，神州中国之传承也；中国不复有儒生，是儒家价值无担当，中国之价值有所欠缺也。悲乎，痛矣！寅恪翁之言也！

今日中国，儒道再兴。儒生之见于神州大地，数十载于兹矣。今日中国文化之复兴，亦需今日儒生之努力，而儒家价值之传承，亦端赖今日儒生之兴起也。

“儒生文丛”主编任重君，儒生也。倾一己之力，编辑“儒生文丛”，欲使国人知晓数十年来儒家回归、儒教研究与儒学复兴之历程，进而欲使今日之中国知晓当今儒生之心声。故“儒生文丛”之刊出，不特有助于中国文化之复兴，于当今中国之世道人心，亦大有裨益也。

壬辰夏，余山居，任重君索序于余，余乐为之序云。

盘山叟蒋庆序于龙场阳明精舍俟圣园之无闷居

（吹剑修订于2015年）

序

陈彦军是我在中国社会科学院世界宗教研究所儒教室工作时招收的研究生。因为是第一个，所以我有很多的设想，也有很多的寄望，甚至暗自定下了一些条件（如对儒家有认同等）。但实话实说，起初我对陈彦军还是颇有些失望，因为作论文的时候，他大段引用新左派的论述，文字删干净了，那股精神气也难除。我总是跟他说，儒家有自己的论题、方法与思路，恨不得揪着耳朵拎起来！现在他要出书，要我写序，我看了一下篇目，感觉他实际还是在努力做儒家的工作，与左派虽有交集，但立场基本还是站在儒家这边。

大陆新儒学之所以异于港台新儒学，主要表现在问题意识、学术范式和经典谱系都有所不同。这实际是当代儒学与现代儒学的不同。近代中国面临的还是帝国转型的问题，而现代新儒家们所处理的却是一个文化意义上的中西关系问题。在前者的视域中，民主或科学都是帝国转型这个大问题中的某个环节，而在后者的视域中，“德先生”“赛先生”具有根本性的、目的性的价值地位。所以，牟宗三等不得不从知识学层面为儒家进行辩护，从价值论层面自我坎陷以求会通。而实际上，儒家传统的意义在于为政治制度提供价值基础、为社会生活提供认同凝聚、为个体生命安顿身心性命。作为第一个儒教方向毕业的研究生，我这样要求彦军。他做得怎样，我没有多高期待，因为我自己也还在探索之中。如果能够提出问题，吸引更多认同儒家、关心国家民族命运的年轻人参与问题的讨论，就很不错了。

儒教概念争论很大，我到福建考察所谓民间信仰后发现口水仗不会有结果，也没有任何意义。萧望之是儒臣，也是集圣贤崇拜、祖先崇拜于一身的儒教神灵。彦军写论文时，我就要他去泉州富美宫做田野调查。他历史性地描述了宋明儒者兴宗祠、立乡约的行动对汉唐儒者耕耘朝堂而遗落给佛道的民间社会的儒教化改造，希望由此找到以民间信仰形式存活的儒教文化遗存。我一直认为宋明理学以理代天，导致儒教无根偏枯，因此民间信仰中的应该是前理学的文化形态。但陈彦军不温不火，最后得出一个理学改造民间信仰，以此重建儒教的结论。我认为这里仍然存在巨大的讨论空间。

我承认自己的思路有功能主义甚至工具主义的色彩，但与社会学、人类学偏于描述和解释不同，它指向的是实践，旨在恢复或重建其被遮蔽、摧折的文化功能。这实际上是一种社会重建。中国疆域辽阔，民族或族群众多，社会重建必然要因时因地制宜，不能一刀切。

儒学成为问题，缘于帝国转型，源于社会变迁，源于西方冲击。这既是理论问题，也是实践问题。做理论的人很多，做实践的人却很少。我现在带学生，首先建议下田野。现在民间办书院的风气很盛，书院就是庙学合一的。希望彦军对此也能有所关注，推动其中“庙”的建设。

是为序。

陈　明

2015 年 11 月

前　言

这个集子算是对我2006年以来思考的一个小结。

我的思考是从儒学在当代中国的地位和意义起步的。儒学是什么，并不是一个能够猝然回答的问题。因为自孔子创立儒学，历经两千多年，跨越众多朝代，儒学随着中国人政治和生活的变迁发生了很多次形变，虽可以说万变不离其宗，但非明觉痴心人，这个宗是不易找到的。我们可以说，儒学是一个以夏、商、周三代文教传统为原点而加以总结、传承、反思，并在后世历史进程中生衍、推阐的庞大知识和价值体系，儒学从没有离开过中国人的生活，但要简要地说出儒学的一二三，却很容易犯张冠李戴或胶柱鼓瑟的错误。现在有不少人批评儒学，很多时候批评的只是历史上某个阶段呈现为某种意识形态的儒学，而不是那个数千年来随着中国人的生命活动而不断传承与创新的文化传统。鸦片战争以后，中国社会逐步发生了深刻的变化。要理解这种变化，不少人以为非引进或创造新的学统不可。确实，今天中国人的知识和信仰的世界与鸦片战争前后相比发生了很大的变化，但贸然把这种变化看作更新和替换而不是生衍和推阐，并不能站住脚。随着中国的崛起，中国有望重新回到历史上在世界中的地位，从而摆脱近百年来对西方知识的畏惧或仰视，那时我们或许能更好地看清百年变化到底是什么，而不是仍陷于所谓救亡与启蒙的双重变奏，只看到愿意看到的东西。

传统上，儒学很容易被看作古典学问和一系列伦理及行为教导，它居于庙堂而达于乡野，与基本上属民间状态的道教与佛教差别明显，与进入中国的宗教状态的基督教迥异。一旦庙堂和宗祠崩塌，儒学失去了自己显在的附体，就只剩下一些可以随意抽象的教导，让人觉得可以随着时代和社会的变迁而从生活中轻巧地抛弃。但儒学不需要像基督教、佛教那样作为人类生活的某类投影而与生活拉开距离，它巽顺人情，贯穿于中国人生活的每个方面，生活是什么样，它就呈现出什么样，初无定形。儒学家不断地搬出经典，提醒或规训人们要像古人那样行礼和生活。儒学如河堤，生活之河没有了堤坊，失去了流向，就会泛滥四出，终至枯竭。近代以来，中国人的生活曾经遭遇很多困顿，但都涉险而过，如今正蓬勃跃进。

正是因为开始对儒学传统的流变及它与中国人生活的关系做如是观，我才能跳出流行的对于玄学的道学性质看法，把正始玄学看作儒学发展到魏晋，为因应中国人政治生活的变局和重建政治共同体的政治秩序的需要，而从老庄那里习得一些形式和方法所产生出的儒学发展阶段上的新样态；才能走出所谓官与民、大传统与小传统的区隔，把居于庙堂之高的儒臣和处于乡野之卑的神明之间跨越千年的隐秘联系隐约找到；才能挣脱自求学以来习得的西方知识和意见的束缚，走出韦伯的迷幛和葛兰言的范囿，尝试调动近代以来的所有知识去理解作为中国人生活世界的儒教。本书第一编的选文大致体现的就是我的这种从儒学进到儒教的理解广度和深度的变化。

要理解儒教，从祠庙到孔教的变迁是一个重要的向度。从祠庙到孔教是中国人生活世界自宋明到近代而呈现的一种变化，是儒教形态随中国人生活变化而发生的一种递嬗，也是近代儒家随着儒教变迁而产生的一种践行形式的改良。

自汉代独尊儒术以来，儒教的生活方式就从齐鲁一隅向大一统的中国区域扩展。这种扩展是自上而下不断展开的。首先是上层政治和法律制度的儒教化，然后经由循吏、学校、选举和世族门风，儒教向下层渗透。但由于同期道教和佛教的传播及边缘区域原始宗教的遗留，贵族主导的汉唐社会的基层儒教化遇到了很多的障碍。唐宋之变下，平民社会的逐步形成使基层社会的儒教化显得更为迫切，直接影响到整个国家的治理。宋以来，以科举为制度之轴，主要经由理学家的聚宗族和行乡约的践履，中国基层社会开始形成弥散性的儒教化。这种弥散性的儒教化的载体就是祠庙，即宋明以至清朝遍布城乡、融入中国人方方面面生活的以宗祠、义民祠、乡贤祠等为代表的祠堂和奉祀多神的佛寺道观之外的公庙，二者统称为祠庙。在明清地方志中，祠庙被列在寺观之前，撰志者常常引用《礼记·祭义》“夫圣王之制祭祀也，法施于民则祀之，以死勤事则祀之，以劳定国则祀之，能御大灾则祀之，能捍大患则祀之”来说明并肯定祠庙。围绕祠庙祭祖祀神赛会，中国基层社会被熔铸成互赡共恤、礼俗相通的多层次的共同体。

晚清以来，这种弥散性的社会教化状况越来越成为中国应对外部世界强大挑战和内部社会各种问题的障碍，迫切需要加以改革。以康有为为代表的新一代儒家看到了这种需要，以三代为号召，以孔子改制为武器，倡导并践行孔教。在《请尊孔圣为国教立教部教会以孔子纪年而废淫祀折》中，康有为提出：“盖孔子立天下义，立宗族义，而今则纯为国民义，此则礼律不能无少异，所谓时也。”孔教正是适应中国社会联系更加密切、交流更加多元、对外竞争更加激烈、国家主导逐步加大的趋势，适应中国人由伦理人、家族人到国民转变的走向而生的。首先它要超出祠庙所依附的地域社会，所以，在康有为关于孔教的建议中，废祠庙而改为孔子庙或新式学校，都是必不可少的内容。但康有为的孔教实践没能结出心想的果实，甚至孔子也被连累而走下神坛。

在本书的第二编，我对祠庙的一个遗存做了考察。考察的样本比较单一，自2009年完成此编初稿以来也没有跟进的研究。不过，我所做的本就不是一个纯粹社会学或人类学的研究，而带有更多对于儒教变迁的思考，它不因为实证材料的缺乏而丧失意义。

第三编由我阅读康有为的孔教理论的一篇札记和几篇对康有为以后的与广义孔教相关的人与事的评论构成。

当然，对于从祠庙到孔教的变迁，我的研究和思考还都处于探索的阶段，不少地方还相对粗疏，有待改进。本书问世愿做抛砖，引出对于此问题、对于儒学在当代中国的地位和意义的更多、更精湛也更具有实践性的佳章力作，是以为愿！

目　录

第一编　从儒学到儒教

政治哲学视野下的正始玄学

——重建政治秩序的努力*

关于魏晋玄学的性质一直存在争议。汤用彤先生认为玄学是东汉以来学问演进的必然结果,意在“进探本体存在”[①]。唐长孺先生认为玄学的理论“其最终目标在于建立一种更适合的政治理论，使统治者有所遵循以巩固其政权”[②]。李泽厚先生提出:“对人格做本体建构,正是玄学的主要成就。”[③]余敦康先生把玄学看作儒道会通的时代精神,指出:“正始年间,玄学致力于自然和名教的结合,其所谓自然，乃是一种可以应用于名教的自然，其所谓名教，乃是一种合乎自然的名教。”[④]陈明博士在《六朝玄音远,谁似解人归》一文中概括自己的观点说:“玄学言远旨近，即章炳麟所谓‘其言循虚，其艺挖空’，思想中心、现实作用及影响都在社会政治制度一维，属于儒学在魏晋时代的特殊表现形式。”[⑤]儒学在先秦源头和其后流变里都是政治哲

---

* 本文2008年作于北京。发表在《海南大学三亚学院学报》2009年创刊号。

① 汤用彤．魏晋玄学论稿[M]．北京：人民出版社，1962：26.

② 唐长孺．魏晋南北朝史论丛[M]．北京：读书·生活·新知三联书店，1955：289.

③ 李泽厚．中国古代思想史论[M]．北京：人民出版社，1986：195.

④ 余敦康．魏晋玄学史[M]．北京：北京大学出版社，2004：7.

⑤ 陈明．儒学的历史文化功能：以中古士族现象为个案[M]．北京：中国社会科学出版社，2005：344.

学[①]，关注的是以一种什么样的方式切入政治共同体的政治，进而改造政治，在永远复杂纷乱的人世间塑造或导向一种各正性命的政治秩序。本文将对正始玄学做一种政治哲学解读，指出以何晏、王弼为代表的正始玄学家秉持儒家的真精神重建政治秩序的努力。

一

中西方有个很相似的地方就是：追索政治理想时，中国上溯三代，西方直追古希腊城邦；肯定政治一统时，中国盛赞秦汉，西方推崇古罗马帝国。“夫天者，人之始也；父母者，人之本也。人穷则反本，故劳苦倦极，未尝不呼天也；疾痛惨怛，未尝不呼父母也。”（《史记·屈原贾生列传》）屈原身逢战国纷乱，政治理想不得实现，司马迁称其“人穷”，忧愁幽思而作《离骚》与重华（舜）遨游，司马迁说其“反本”。可见，在司马迁眼里，屈原的“人穷反本”体现出到政治共同体的源头去“求索”现实出路的愿望；马基雅维利的《论李维》对这一点说得更清楚：“新生之道是使其返回源头，一切教派、共和国和

① 甘阳、刘晓枫在其主编的“政治哲学文库”丛书总序中将“政治哲学”定义为“一种超学科的学问，它是一个政治共同体之自我认识和自我反省的集中表达”，这个定义可算简洁，笔者基本接受。政治哲学这个概念来自西方，英文名为“political philosophy”。政治是城邦，哲学是爱智慧，从泰勒斯到苏格拉底、柏拉图，爱智慧从对自然的惊奇转到对人、对城邦共同体的认识和反思。拿到古典中文语境中，“政治哲学”也可解释为对于政治共同体的认识和反思。《礼记·哀公问》：“人道政为大。”《论语·为政》记载：“或谓孔子曰：‘子奚不为政？’子曰：‘书云：孝乎惟孝，友于兄弟，施于有政。是亦为政，奚其为为政？’”而“治”本义就是太平，这里，“政治”就是处理政治共同体的事物，维持其内部的和谐。“知人则哲”（《尚书·皋陶谟》），哲学就是知人之学，唯有知人，才能洞察政治共同体的变动和人情，实现政治秩序。所以古代人性论永远是显学，通过这门学问和方法认识人，干涉政治。孟子、荀子、董子的人性论概莫能外。今天，西方的民主制度也是建立在一种对于人性的认识（性恶）的基础上。两汉经学是政治哲学，这似乎没有疑问，而余英时《朱熹和他的历史世界》也雄辩地证明宋代理学并不像一般所认为的那样关心的是心性修养，而是纯正的政治哲学。本文也力图展示玄学的政治哲学本质。

王国的初创时期，必定包含着某些优秀的东西，利用它们可以重新获得最初的名望和生长力量。随着时间的流逝，这些优秀的因素会受到败坏，除非有外力的介入使其恢复原来的标准，不然的话它必然杀死机体。”[①] 屈原不免有些浪漫，马基雅维利不免有些现实，然而他们昭示我们当政治共同体出现大问题的时候要返回源头。

三代的特点是封建，秦汉的特点是一统，封建承载着政治文化理想，一统担负着政治现实安定，作为政治哲学的儒学的每一次重大嬗变都要在封建和一统的张力中挣扎显形。三代的封建是以城邦为基础，夏万方、商千国，周也是数百诸侯，这些方或诸侯的组织基础就是城邦。杜正胜在《周代城邦》序中指出：“中国城邦时代的封建是周人武装殖民势力伸张的结果。”[②] 许倬云在《东周到秦汉：国家形态的发展》一文中指出；“城邦不是一个法人共同体，国人是统治阶级的集合体，以国君为中心，构成一个由周王室分裂出来的氏族。”[③] 先秦政治哲学立足于城邦，因为它够小，君臣、父子、伦理端整，人在其中，“从心所欲而不逾矩”是可以努力达到的目标；它又够文明，不是原始的部落，夷夏之防总是紧要，所以孔子称道管仲“仁”。孔子的政治哲学概括起来就是君君、臣臣、父父、子子，即亲亲、尊尊，还可以加上贤贤，这正是对城邦政治共同体认识和反思的结果。《左

① ［意］尼科洛·马基雅维利．论李维［M］．冯克利，译．上海：上海人民出版社，2005：309.

② 陈明．儒学的历史文化功能：以中古士族现象为个案［M］．北京：中国社会科学出版社，2005：8；何怀宏．世袭社会及其解体——中国历史上的春秋时代［M］．北京：读书·生活·新知三联书店，1996：11–14．“西周的封建是开国殖民，不仅意味着地域，还意味着一种特殊的社会组织”，由于地广人稀，各诸侯国建立都城及重要据点聚居，形成各具特色的封建制城邦制度。

③ 陈明．儒学的历史文化功能：以中古士族现象为个案［M］．北京：中国社会科学出版社，2005：10．另童书业认为，“国人”（主要是士）在西周后期及春秋时地位极为重要。国之盛衰、胜败，国君及执政之安否，贵族之能否保其宗族及兴盛，几乎都决定于“国人”。“国人”有参与讨论国事的权利，常参与朝会、国之盟誓。春秋时各国国君或大臣常召“国人”来“询国危”“询立君”“询国迁”。西周末年“国人”流周历王于彘，春秋时“国人”逐君之事更是举不胜举。

传》记载的晏子不死君难的故事依稀可让我们窥视这种城邦政治。晏子说："君死安归？君民者，岂以陵民？社稷是主。臣君者，岂为其口实？社稷是养。故君为社稷死，则死之；为社稷亡，则亡之。若为己死而为己亡，非其私昵，谁敢任之？且人有君而弑之，吾焉得死之？而焉得亡之？将庸何归？"（《左传·襄公二十五年》）这里，君臣既是身份更是伦理，对于城邦各有各的责任，君不君则臣可不臣。而孟子在应答关于不敬王的责难时所讲的道理更让我们体会到这种城邦精神。

曾子曰："晋楚之富，不可及也。彼以其富，我以吾仁；彼以其爵，我以吾义，吾何慊乎哉？"夫岂不义而曾子言之？是或一道也。天下有达尊三：爵一，齿一，德一。朝廷莫如爵，乡党莫如齿，辅世长民莫如德。恶得有其一，以慢其二哉？（《孟子·公孙丑下》）

"爵"对应着尊尊，"齿"对应着亲亲，而"德"对应着贤贤，三者在城邦宗法共同体中既可合为"一道"，又可各自分立互相制约，没有哪一个可以独大。城邦之间要避免毁灭性的战争，就要有更大的组织形态，中国是宗法天子制，天子也是一爵。孔子说"吾从周"，应该说周公损益夏商建立了一套天子"统而不治"、以礼乐来规范和谐城邦关系的制度，而经孔子损益三代积淀在经其整理和弟子传扬的经典中的制度更是达到了那种和谐而自由的极致。这种政治制度虽以损益后的周制为基础，却往往上追至尧舜。春秋末期这套制度已遭到破坏，演变到战国末期遂成巨变，重点表现在郡县制的普遍建立、君权的极度膨胀。秦帝国的建立克服了"礼崩乐坏"的战乱，但也彻底破坏了古老的封建；汉帝国虽然在一定程度上分封了诸王，但着眼点是巩固自家天下，避免孤立无辅，从而也不可能体现城邦精神。秦汉制度的演变竟致发展出"君叫臣死，臣不得不死"的观念和现实。郡县制的推行使古代封建的政治彻底变成了一种文化理想，但也使倡封建成为革新者有力的思想武器。借言晋武帝平吴后的地方治理，刘颂上书言封建：

周之封建，使国重于君，公侯之身轻于社稷，故无道之君不免诛放。敦兴灭继绝之义，故国祚不泯。不免诛放，则群后思惧。胤嗣必继，是无亡国也。诸侯思惧，然后轨道，下无亡国，天子乘之，理势自安，此周室所以长在也。汉之树置君国，轻重不殊，故诸王失度，陷于罪戮，国随以亡。……今宜反汉之弊，修周旧迹。(《晋书·刘颂传》)

虽然柳宗元指出封建“非圣人意也”(《封建论》)，而是“势也”，但其后仍有大儒高倡封建。如北宋张载认为：“天子建国，诸侯建宗，亦天理也……宗子之法不立，则朝廷无世臣。”[①] 明末清初，面对大变局，顾炎武主张“寓封建之意于郡县之中”（《顾亭林诗文集·郡县论》）。黄宗羲肯定方镇（《明夷待访录》），王夫之更是直言：

尧舜之以天下为公者，秩然于天理之别，使中国恒有明王而竞中国也。三代之以世及为竞者，廓然于封建之义，使诸侯各勉于治，而公诸诸侯也。周公以此意而制周官，六官分建，公孤无权，君无逸则天下纲纪于一人，君或逸则天下纲纪乎天下，其为元德显功之后，而在分土分民之列者，莫不资以可竞之势也。……封建之遗意犹未斩也。秦汉以降，封建易而郡县一，万方统于一人，利病定于一言，臣民之上达难矣。编氓可弋大命，夷狄可窃神皋，天子之与立者孤矣。(《读通鉴论·卷一》)

可见，经孔子整理而存之经典的“封建之意”才是大儒思虑的焦点，否则我们很难理解王夫之所说“秦以私天下之心而罢侯置守，

① 张载．张载集［M］. 北京：中华书局，1978：259.

而天假其私以行其大公”（《读通鉴论·卷一》）与上文所引的矛盾之处。应该说，秦汉的政治一统本身也是城邦制度自身发展完善的一个环节，否则我们很难理解王夫之的矛盾和历代儒士对于忠君的强调。当还没有新的制度可以替代君主制的时候，忠君本身就和政治共同体的福祉联系在一起。如果方孝孺只是为了建文帝的知遇而不惜被灭十族，那我们就很难理解中国这个大政治共同体及其优秀儿女的真正本质。面对民国初年一盘散沙的局面，章太炎说：“总计三千年来，主张封建、世卿、肉刑、井田者……九人而已。”[①] 梁漱溟在《中国文化要义》中指出：中国封建早早解体的原因是古代中国人理性早启而宗教不足，宗教不足则集团不足，所以梁漱溟特别呼唤团体精神在中国的壮大。[②] 应该说这种团体精神并不用假以外求，在汉代它就已经打下了深深的基础，那就是统一的民族文化。

经过汉代四百年的经营，一种新型的统一的民族文化业已定型。这种民族文化以血缘家族为组织细胞，以大一统的政治为运行机制，以宗法性的伦理为价值标准。儒家的名教思想由于适合于这种需要而取得了独尊的地位，变为不可超越的了。其之所以不可超越，严格来说倒并不在于儒家的名教思想本身，而在于它外化为一种无所逃于天地之间的实体性的结构，一种不得不顺从的生活方式和共同的民族心态。[③]

这种经营准确地说是汉儒秉持经典精神推动的结果。“汉代经师的劳作在中国文化史上占有极为辉煌的地位。如果说先秦诸子的思想是中国文化之根，那么，只有通过汉代经师三百多年的辛勤劳作

① 章太炎．论读经有利而无弊［G］// 汤志钧．章太炎政论选集（下册）［M］．北京：中华书局，1977：866.

② 梁漱溟．梁漱溟全集（第三卷）［M］．济南：山东人民出版社，1990：173-174.

③ 余敦康．魏晋玄学史［M］．北京：北京大学出版社，2004：171.

才能培育成丰硕厚重的文化之果。”[①]

历览变迁，回溯源头，我们可以看到封建与一统的张力横亘于我们的政治共同体，作为政治哲学的儒学正是在这种张力中发挥着历史文化功能，正始玄学就是其中一次勇敢的努力。

二

在玄学历史上，正始玄学既是初创期，又是高峰期。何晏、王弼既是玄学的开创者，又是玄学的祖师爷。[②]何绍《王弼传》记载：

> 时裴徽为吏部郎，弼未弱冠，往造焉。徽一见而异之，问弼曰：“夫无者诚万物之所资也，然圣人莫肯致言，而老子申之无已者何？”弼曰：“圣人体无，无又不可以训，故不说也。老子是有者也，故恒言无所不足。”寻亦为傅嘏所知。于时何晏为吏部尚书，甚奇弼，叹之曰：“仲尼称后生可畏，若斯人者，可与言天人之际乎？”（《三国志·钟会传》裴松之注）

“圣人体无”，正始玄学正是从对老子的“无”“自然”等概念的重新诠释中开始对政治共同体的反思。

两汉儒教的确立虽然自有其社会基础，但儒教的制度层面还是由外部嵌入秦汉的郡县结构。少数先觉者通过与武力政权妥协的方式介入并变易秦汉之政，在外部建构起儒教的政治框架。又由于通经为官，造就了不少读圣贤书的家族，到东汉形成庄园经济、门阀制度，士人势力的增长已到了不因皇权成事的地步。直至东汉清流起，力图完全控制政治，于郡县中实现“封建之意”，当时民谣“州

① 余敦康．魏晋玄学史 [M]．北京：北京大学出版社，2004：401.

② 王葆玹．正始玄学 [M]．济南：齐鲁书社，1987：8.

郡记，如霹雳；得诏书，但挂壁”[①]可为一证。王夫之也在《读通鉴论》中讲：

> 汉承秦而罢侯置守，守非世守，而臣民亦迭易矣。然郡吏之于守，引君臣之义，效其忠贞，死则服之，免官而代为之耻，曲全其名，重恤其孤幼，乃至变起兵戎而以死卫之。如楚郡刘平遇龙萌之乱，伏太守孙萌身上，号泣请代，身被七创，倾血以饮萌，如此类者，尽东汉之世，不一而足。盖吏之于守，其相亲而不贰也，天子不以沽恩附势为疑，廷臣不以固结朋党为非，是以上下亲而迭相维系以统于天子。故盗贼兴而不能如黄巢、方腊之僭，夷狄竞而不能成永嘉、靖康之祸，三代封建之遗意，施于郡县者未斁也。

但“封建”一维的坐大，一是带来皇权难以维系一统的紧张，二是使中央被无能的外戚和宦官势力盘踞，终带来党锢，使朝廷更无正人，应付不了各种变局。黄巾乱起，儒士们才如梦方醒，意识到没有藉皇权所形成的政治一统，儒教这种温雅之教、高明之学挡不住野蛮，在没有更好的制度代替皇权的时候，还是要与皇权合作。曹操“唯才是举”，治乱世峻名法、尚权能。而也正是在尚才的同时，九品中正制建立，一方面是战乱、人才不易得的无奈之举，另一方面也是对门阀儒士的需要的客观反映，毕竟才能之士在门阀里，圣贤书的幽明之道，长期浸淫政治的门阀之士还是更精通一些。但是面对如何制约曹操的名法之治，也就是如何使封建与一统相均衡的问题，汉代依据经典建构的制度已经在原有的解释框架内行不通了，要么建立新制，要么对其进行重新解释，使老的制度焕发青春。实际上，对于制度的解释不同也是在变易制度，玄学实际上就代表着

① 陈明．儒者之维 [M]．北京：北京大学出版社，2004：86.

这种努力。周制和汉制打造的社会基础和社会心理俨然已成为社会和人心的自然结构，魏晋儒家从自然入手，讲名教出于自然，是当时寻求制度创新的必由之路。在儒家经典里，在何晏、王弼时代与自然贴得最近的就是周易，而进入周易必须从老子入手，以打消便于演说灾异、侧重制约皇权的两汉象数的迷雾。

何晏代表作《无名论》至今保存在张湛注《列子·仲尼篇》的注文之中，其中说：

自然者，道也。道本无名，故老氏强为之名，取世所知而称耳。仲尼称尧舜荡无能名焉，下运巍巍成功，则强为之名，取世所知而称耳。岂有名而更当云无能名焉者邪？夫唯无名，故可得遍天下之名名之，然岂无名也哉？

整个论述就是为了解释孔子为什么称尧舜做出了那么大的功业而“荡荡乎，民无能名焉”，它跳出了两汉的神学政治框架，借助老子的概念对理想圣王的形象做了很好的解释，也为玄学政治开创了“以无为用”的方法论和有别于两汉以灾异吓阻君王，启发君主内圣而顺导之的进路。

王弼的政治哲学也从老子注开始。徐梵澄先生在《老子臆说》中讲《老子》是写给侯王的书，而王弼正是从帝王术的角度来注老子的。但要说明的是，王弼的帝王术绝不是韩非子笔下任赏罚而驾驭群下的帝王术，而是反求诸己的儒家内圣之术。“儒家是既考虑朝廷，又考虑民间，其出发点或所追求的目标是一种给定条件下的各集团之间的利益均衡点。换言之，它不是乌托邦，不等于弱势的代言人，也不等于朝廷的辩护士。”[①] 儒家经典和师道相承要培养的正是

① 陈明．儒者之维 [M]．北京：北京大学出版社，2004：82.

能从政治共同体整体利益出发看问题和解决问题的君子，用韦伯的话说就是“为了政治而活的人”。有鉴于当时曹魏扰动不已的申韩名法之治，王弼指出“凡有之为利，必以无为用”“使功在已，则功不可久”，而“可欲不见，则心无所乱”，有志于变革曹魏之治的儒家君子要想不被个人的欲望阻碍对于政治共同体的责任的实现，就要把眼界和心胸放宽，因为“执一家之量者，不能全家，执一国之量者，不能成国”。这些君子要以统筹全局的侯王的责任来要求自己倡行无为之政：“道常无为，侯王若能守，则万物将自化”；“不塞其原，则物自生，何功之有？不禁其性，则物自济，何为之恃？物自长足，不吾宰成，有德无主，非玄而何”；“居无为之事，行不言之教，不以形立物，故功成事遂，而百姓不知其所以然也。”王弼所教训的这种侯王的无为政治并不否弃名教，恰恰可以说与真正的名教融为一体。曹魏的名法之治片面强调政治上的统治与服从的关系，而缘饰以儒术的结果造成了一种打击异己的假名教。真正的名教应该是君主无为端拱而治、尚德而不任刑而治的封建与一统均衡的社会制度。王弼说：“唯因物之性，不假刑以理物。器不可睹，而物各得其所，则国之利器也。示人者，任刑也。刑以利国，则失矣”；“论太始之原以明自然之性，演幽冥之极以定惑罔之迷，因而不为，损而不施，崇本以息末，守母以存子，贱夫巧术，为在未有；无责于人，有求诸己，此其大要也。”①

何晏以为圣人无喜怒哀乐，王弼却认为“圣人茂于人者神明也，同于人者五情也，神明茂故能体冲和以通无，五情同故不能无哀乐以应物，然则圣人之情，应物而无累于物者也”（何邵《王弼传》）。如果说在何晏那里还留有神学政治的痕迹，那么王弼则完全摒弃了神学的话语，君子完全可以通过努力达至对于共同体政治的透彻与

① 楼宇烈．王弼集校释［M］．北京：中华书局，1980：2、7、8、10、23、24、41、89、196.

清明而进入圣人之境界。伏羲画八卦，文王演六十四卦，孔子作易传，《周易》蕴涵圣人裁制的中华文明精神和社会制度依据，成为王弼展示“极高明而道中庸”的帝王术的最好文本。王弼突破汉人设置于《周易》的象数迷雾，直探义理。他实现突破的方法论体现在以下文字中：

夫象者，生意者也，尽意莫若象，尽象莫若言。言生于象，故可寻言以观象，象生于意，故可寻象以观意。意以象尽，象以言著，故言者所以明象，得象而忘言，象者所以存意，得意而忘象。(《王弼集校释·周易略例·明象》)

“象”是卦象，“言”是卦辞和爻辞，“意”是圣人之意，也就是圣人依人情、探物理而对以政治共同体的治理为核心的人事道理的把握。《周易》六十四卦、三百八十四爻的象与辞所构造的话语和逻辑结构是展示圣人之意的最好载体，但如果像汉儒那样陷入象、辞中难以自拔，就会造成离圣人之意越来越远的结果。君子体察所处现实，然后观象玩辞，得象而忘言，得意而忘象，才有可能把握圣人之意，实现内圣之道。余敦康先生在对王弼《周易注》的细致分析中指出：

王弼对卦义与爻义的研究，主要目的在于由此而引申出一种涉世妙用，发挥认识的实践功能，汲取人事智慧，提高人们的应变能力。这种研究实质上是一种关于决策的研究，特别是关于政治决策的研究。……在《周易注》中则着重于探索客观形势与主体行为之间的关系，为实现名教本于自然的社会理想提供一种合理的决策思想。①

① 余敦康．魏晋玄学史［M］．北京：北京大学出版社，2004：237.

写作《周易现代解读》的余先生用的是“政治决策”这样的时髦话语，而“政治决策”能力实际上就是有位、无位的古君子必备的内圣修养，与王弼同时代的有着君子潜质的士人阅读其《周易注》是会获得成就君子内圣的清明智慧的。

内圣最终要落实到外王上。在《论语释疑》中，王弼讲：“夫立言垂教，将以通性，而弊至于湮；寄旨传辞，将以正邪，而势至于繁。”[①] 圣人造设制度是为了令人性舒展，而制度演变下来却致人性禁锢、社会脱序，这时把握圣人之意重整政治秩序就成了时代的需要。王弼在释“兴于诗，立于礼，成于乐”时阐述了为政的次序：

夫喜惧哀乐，民之自然，应感而动，则发于声歌。所以陈诗采谣，以知民志风。既见其风，则损益基焉。故因俗立制，以达其礼也。矫俗检刑，民心未化，故又感以声乐，以和其神也。若不采民诗，则无以观风。风乖俗异，则礼无所立，礼若不设，则乐无所乐，乐非礼则功无所济。[②]

了解民情、因俗立制、乐和其神这三部曲还体现在王弼的另两段话中。一句是“譬犹以君御民，执一统众之道也”。另一句是“真散则百行出，殊类生，若器也。圣人因其分散，故为之立官长。以善为师，不善为资，移风易俗，复使归于一也”。这里的“道散为器”是描述现实；“执一统众”是制度构建；“复归于一”是政治理想或目标。王弼在那个苦闷的政治时代渴望有担当的君子群体的崛起和新圣王的出现。曹魏名法治国导致社会人心崩析，王弼的思考正在于把握封建与一统的张力，寄希望于当政者把握和谐的至高之道，分权让利、协调众方，使社会达至秩序和谐。

① 楼宇烈．王弼集校释 [M]．北京：中华书局，1980：633.
② 楼宇烈．王弼集校释 [M]．北京：中华书局，1980：625.

三

对于政治共同体的认识和反思所指的不只是头脑中的，何晏主导的正始改制正是一种现实政治中的努力。正始时期玄学家改制的事见于《晋书·宣帝纪》：

（正始）八年夏四月……曹爽用何晏、邓飏、丁谧之谋，迁太后于永宁宫，专擅朝政，兄弟并典禁兵，多树亲党，屡改制度。帝（指司马懿）不能禁，于是与爽有隙。五月，帝称疾不与政事。

由于司马氏是正始十年通过高平陵政变诛杀曹爽、何晏等人而开始把持政治，终致逼曹魏禅让而建立晋朝的，因此对于何晏多有污损，对正始改制的历史也多做篡改。据王葆玹分析，改制起于正始初年，正始八年正是改制完成之时。由于曹爽自恃权力巩固，日益骄奢，正始八年日食后何晏曾借向皇帝上书规谏讽喻辅政大将军曹爽“择正人”“远佞人”，以巩固改制成果、避免政敌攻击。可惜曹爽不听，终致改革带来的利益调整没能得到有效安抚而激发矛盾，使政敌借机除掉曹、何，改革随之夭折。

正始玄学家着眼的是汉代覆亡、曹操以申韩名法之治整顿秩序后儒家理想政治秩序的重建。厚植人才是何晏重建政治秩序的一条重要措施。汉末魏初，传统的乡举里选因士人流徙而无法进行，曹操用陈琳建立九品中正制，各郡设立中正来主持选举，到魏明帝时已有压制清议、偏袒豪族的作用。两汉通经累世为士大夫所形成的庄园经济基础使本意在“唯才是举”的曹魏选举制度又成了豪族把持仕途的通道。陈寅恪先生认为：“河内司马氏为地方上的豪族，儒家的信徒；魏皇室谯县曹氏则出身非儒家的寒族。魏、晋的兴亡递嬗，不是司马、曹两姓的胜败问题，而是儒家豪族与非儒家的寒族的胜败问题。”① 说寒族非儒家是把儒家限制在表面的生活习俗上，陈先生说：“服膺儒教即遵行名教（君臣、父子等）。其学为儒家之学，其行必须符合儒家用来维系名教的道德标准与规范，即所谓孝友、礼法等。”② 但从广义的儒家来看，寒族也不乏儒士，而在当时能整合寒、豪利益以利政治一统，克服名法之治以行“封建之意”，实现政治共同体整体利益的最大化确是儒学政治的紧要目标。正始的人才改革正着眼于此。正始五年，玄学家夏侯玄即上书：

夫官才用人，国之柄也，故铨衡专于台阁，上之分也，孝行存乎闾巷，优劣任之乡人，下之叙也。夫欲清教审选，在明其分叙，不使相涉而已。何者？上过其分，则恐所由之不本，而干势驰骛之路开。下逾其叙，则恐天爵之外通，而机权之门多矣。夫天爵下通，是庶人议柄也。机权多门，是纷乱之原也……岂若使各帅其分，官长则各以其属能否献之台阁，台阁则据官长能否之第，参以乡闾德行之次，拟其伦比，勿使偏颇。中正则唯考其行迹，别其高下，审定辈类，勿使升降。台阁总之，如其所简，或有参错，则其责负自在有司。官长所第，中正辈拟，比随次率而用之，如其不称，责负在外。(《三国志·魏书·夏侯玄传》)

何晏身任吏部尚书主持选举，正是贯彻了限制中正、鼓励清议、使中央和地方权力相互均衡的人才选拔制度。其仇敌傅玄的儿子傅咸后来也称道何晏的选举：

正始中，任何晏以选举，内外之众职各得其才，粲然之美于斯

① 万绳楠．陈寅恪魏晋南北朝史讲演录 [M]．合肥：黄山书社，1987：1.

② 万绳楠．陈寅恪魏晋南北朝史讲演录 [M]．合肥：黄山书社，1987：4.

可观。如此，非徒御之以限，法之所致，乃委任之由也。委任之惧，甚于限法。是法之失，非己之尤，尤不在己，责之无惧，所谓“齐之以刑，人免而无耻”者也。苟委任之，一则虑罪之及，二则惧致怨谤。己快则朝野称咏，不善则众恶见归，此之战战，孰与倚限法以苟免乎？（《晋书·傅玄传附傅咸》）

选举与官制、行政紧密联系在一起。傅咸的上书中就提到“委任责成”，这也正是正始改制的重要内容，理想的周代政治中君主端拱、六卿任责正是何晏等人的目标，也是寒、豪整合并克服名法之治的有力武器。这在夏侯玄的上书中有所显示：

始自秦世，不师圣道，私以御职，奸以待下。惧宰官之不修，立监牧以董之，畏督监之容曲，设司察以纠之。宰牧相累，监察相司，人怀异心，上下殊务。汉承其绪，莫能匡改。魏室之隆，日不暇及，五等之典，虽难卒复，可粗立仪准以一治制……制使万户之县，名之郡守，五千以上，名之都尉，千户以下，令长如故，自长以上，考课迁用，转以能升，所牧亦增，此进才效功之叙也。若经制一定，则官才有次，治功齐明。

在西晋初年，随着一统局面的形成，这种关于“委任责成”的呼声日益高涨，前面傅咸的言论即为一例。最著名的还是倡言封建的刘颂的上书，其要求“委事仰成”的要旨正是王弼所希望的君主“崇本息末”“执一统万”。

圣王之化，执要而已，委务于下而不以事自婴也。……今人主能恒居易执要以御其下，然后人臣功罪形于成败之征，无逃其诛赏。故罪不可蔽，功不可诬。功不可诬，则能者劝。罪不可蔽，则违慢日肃，

此为国之大略也……今人主不委事仰成，而与诸下共造事始，则功罪难分。下不专事，居官不久，故能否不别。(《晋书·刘颂传》)

正始改制“除无用之官，省生事之故”（何晏《景福殿赋》）触动了众多旧官僚的利益，而政策早熟及曹爽的荒淫又使改制不可避免地带有很多弊病，引起旧官僚的反扑，引发高平陵政变。陈寅恪先生认为司马懿代表儒家，学术界在此基础上有所发展，形成了传统观点：司马懿代表了汉末以来儒家大族的利益，预谋篡魏已久；高平陵政变后，则以传统儒家取代了曹操所代表的庶族名法派政治路线。但王晓毅认为“司马懿上台后政治指导思想的突出特点，不仅不是儒家，反而是名法”[①]，“上台后所改变的，不是若干年前曹操的名法政策，而是正始名士的改制成果；恢复的更不是汉朝的制度，而是正始之前的曹魏政治法律制度”[②]。王晓毅将魏晋禅代之际的政治斗争的各方简化为礼法之士和玄学名士的两条路线斗争：追随司马懿发动政变、杀害何晏等正始玄学名士的建安老人是老一代礼法之士，司马懿政变时的中青年，如陈骞等及何晏提拔、政变后变节投靠司马氏并在魏晋禅代中立下大功的贾充、荀勖等西晋初年政治当权派是新礼法之士，而新礼法之士的政治反对派、当时社会风气的主导者是新玄学名士。这种简化固然克服了陈寅恪以社会阶级区分儒家与非儒家的粗略，但可能也遮蔽了历史真相，并在一定程度上使我们更无法看清玄学政治的本质。用礼法之士来概括建安老人还是适当的，司马懿恢复的不是曹操为治乱世而奉行的赤裸裸的旧名法之制，而是曹丕、曹叡文以儒术的新名法之制——礼法之制（大致相当于“霸王道杂之”的汉家制度，可又比汉家制度阴狠，这从曹叡朝的特务制度和司马懿父子屠杀反对派致“名士少有全者”可见一

① 王晓毅．儒释道与魏晋玄学形成 [M]．北京：中华书局，2003：147.

② 王晓毅．儒释道与魏晋玄学形成 [M]．北京：中华书局，2003：145.

斑）。不过，将贾充等称为新礼法之士，将其反对派称为新玄学名士，明显贬前褒后，视新玄学名士为何晏、王弼的政治继承者是不恰当的。东汉末年，汉家制度及为之服务兼纠偏的儒家神学政治已经不敷世用、难餍人心了，而乱世中兴起的曹魏新旧名法之治也只能是一种过渡。正始玄学政治的兴起正是政治共同体反思使然，代表了儒家士人对于直追上古源头、重建政治秩序的追求和历史发展的趋势，所以司马师会在王弼死后说“天丧予”。司马炎建立晋朝以后也悄悄为因参与反司马懿政变而被杀的名士恢复名誉，并妥善安排了他们的子孙，而且也奉行了玄学政治，这包括对于贾充等人的重用，对于新玄学名士的任用（王戎、山涛、裴秀、张华、乐广、王衍等玄学名士相继在司马炎朝和司马衷朝担任要职）。而晋初刘毅、卫瓘等人上书请除九品中正制，刘颂等上书言封建也表明正始时没有解决的问题正成为时代的焦虑。长期以来，贾充被视为奸臣，因为他的不忠直接导致了高贵乡公的死；被视为佞臣，因为他阻碍平吴、压制名士等，其女儿贾后专权致晋惠帝朝纷乱不堪也成了他的罪过。笔者无意为贾充平反，但要指出的事实是：魏晋无忠臣，仅有的一个血溅荡阴的所谓忠臣、嵇康的儿子嵇绍也被顾炎武、王夫之等斥为不孝[①]。钱穆先生的长文《略论魏晋南北朝学术文化与当时门第之关系》举了不少时人重孝不重忠的例子，指出政治黑暗又不能与之绝缘、门第为保全发展唯求子弟孝悌导致了士人这样的取向[②]。贾充主导制定的晋律是传统法律儒家化的阶段性成果，是对于曹魏名法之治的纠正，在一定程度上巩固了正始改制的成果。贾充反对平吴，

① 顾炎武《日知录·卷十三·正始》：“夫绍之于晋，非其君也，忘其父而事其非君，当其未死，三十余年之间，为无父之人亦已久矣。而荡阴之死，何足以赎其罪乎！”王夫之《读通鉴论》：“绍盖前人之美，而以父母之身，糜烂而殉怨不共天之乱贼，愚哉其不仁也！汤阴之血，何不洒于魏社为屋之日，何不洒于叔夜赴市之琴，而洒于司马氏之衣也？”

② 钱穆．钱宾四先生全集·第十九册［M］．台北：联经出版事业股份有限公司，1998.

一个重要的出发点是认为主要的问题在北边戎狄，而后来江统的《徙戎论》引发了巨大争论。晋武帝于平吴胜利后“怠于政术，耽于游宴”而不用江统之论，西晋灭亡就亡在五胡之乱上；压制名士是因为名士支持司马攸继位，会使稳定的嫡长子继承制度遭到破坏。日本学者安田二郎认为：“贾充等一部分近臣拥立性格‘宽仁’的司马炎而反对性格急躁的司马攸，使他们同拥立司马攸的多数人之间产生意见分歧，激发了西晋建国后武帝排斥齐王攸以及贾充得到武帝的宠任和坚决反对平吴等这些不好理解的状况，其背后有企望‘宽仁’的天子而非专制君主堪称贵族第一人的时代要求，持此立场的贾充支持‘宽仁’的司马炎而得到相应的宠任，其反对平吴的本意在于指责齐王攸于服丧中断然行事为时尚早，独占平吴功绩有阻止武帝权威上升实现专制君主化之效。”① 这不正是正始玄学家们的追求吗？而所谓新玄学名士继承的实际上是嵇康、阮籍等竹林玄学。汤用彤先生《魏晋思想的发展》一文指出：“三国以来的学者，在名教与自然之辨的前提下，虽然一致推崇自然，但是对于名教的态度并不完全相同。我们不妨把一派称为温和派，另一派称为激烈派。前者虽不怎么特别看重名教，但也并不公开主张废弃礼法，如王弼、何晏等人，后者则彻底反对名教，思想比较显着浪漫的色彩，完全表现一种庄子学的精神，其立言行事像阮籍、嵇康等人可为好例。”② 笔者并不认为阮籍等彻底反对名教，而认为他们实际上心中有真名教在，但他们的确在司马氏政权屠夷名士的高压下已经远离了政治哲学，而有了人生哲学的转向。只有从人生哲学上才能更好地认识他们的行为和言论③，而所谓新玄学名士在政治上是幼稚的，追求的多是一种人

① ［日］寺西芳晴，福原启郎，等. 1994—1995年日本中国史研究的回顾与展望（魏晋南北朝史）［J］. 中国史研究动态，1998：11.

② 汤用彤. 魏晋玄学论稿［M］. 上海：上海古籍出版社，2005：117.

③ 陈明. 儒者之维［M］. 北京：北京大学出版社，2004：280-289.

生的放达。王晓毅也不得不指出："元康玄学的社会载体——中朝名士先天不足，不值得肯定。他们是一群在骄奢淫逸风气中成长起来的贵族子弟，缺乏正始、竹林名士的忧患意识与社会责任感，无法成为社会的中坚力量，尤其面对晋后期外戚专政、八王之乱、五胡入侵的动荡局势，不能成为国家稳定的政治基石，甚至不可能像汉末名士那样支撑几十年。这是西晋王朝短命的重要原因之一。因此，面对太康后期玄学思潮的胜利，我们看不到任何希望。"[①] 但王晓毅一开始简单的两条路线化使他无法认识真正的玄学政治。贾充等人与在历练中成熟起来的新玄学名士的统一才是对正始玄学的继承，而各自的缺点导致的内斗使君主制的弊病彰显而没能在西晋初实现玄学政治的理想。但在东晋和南朝，玄学政治得以实施，在险恶的环境下，世族导风尚，庶族效才能，共同保江东存中国之统，而流风影响北朝，促进了汉化。

四

魏晋南北朝是中国历史上的一个重要时期，它上承打造统一的民族文化的两汉，下启消融百川、文化得以新生的唐宋。本文从封建与一统的张力，也就是从政治理想与政治秩序的张力入手分析作为政治哲学的正始玄学，只能是站在众多研究魏晋玄学的大家肩膀上的一次稚嫩的尝试，但认识历史以正视现实的心情是真切的。任何一次尝试都会面临正和反的评议，更何况何宴、王弼这些伟大的先贤目光看透后世百年而做出的事关自身血脉相连的政治共同体的前途命运的尝试呢？东晋以来，关于玄学亡国的批评就不绝于耳，如东晋干宝就将西晋灭亡、五胡乱华的责任推到玄学和玄风之上。

---

① 王晓毅．儒释道与魏晋玄学形成 [M]. 北京：中华书局，2003：230.

其《晋纪总论》说："加以朝寡纯德之人，乡乏不贰之老，风俗淫僻，耻尚失所，学者以老庄为宗而黜《六经》，谈者以虚荡为辨而贱名检，行身者以放浊为通而狭节信，进仕者以苟得为贵而鄙居正，当官者以望空为高而笑勤恪……礼法刑政于此大坏，如水斯积而决其堤防，如火斯畜而离其薪燎也。国之将亡，本必先颠，其此之谓乎？"但也就在东晋,关于正始年间的美好追忆开始流传。至今"不意永嘉之中，复闻正始之音。阿平若在，当复绝倒"(《世说新语・赏誉》)都是令人绝倒的佳赞。但"一个问题的解决将会旷日持久，而且需要几代人都予以重视，这样一个事实不应成为人们推迟研究该问题的正当理由，在生死存亡的关头，情况最终会证明，是我们所推迟解决或忽略不管的问题，而不是尽了力却不能解决的问题，会反过来使我们遭殃。"[①]对于正始玄学家的努力,我愿意做如是判断。贺昌群先生在国家前途命运还很难看到希望的1944年，于重庆写作《魏晋清谈思想初论》，赞魏晋为"诸子之学重光"的时代，称："由王弼而至于向秀、郭象、张湛、韩康伯，始贯通天道人事与政治为一体，汉代王霸政治之说，乃得以归入玄学本体论中，通哲学于政治之实践，纳政治于哲学之精微，在中国民族文化史上成一伟大崇高之思想体系，气象万千，而精义入神，此中华之所以为泱泱大国也。"[②]

---

① [英]T S. 艾略特. 基督教与文化 [M]. 成都：四川人民出版社,1989 :3. 转引自贺照田. 当代中国的知识感觉与观念感觉 [M]. 南宁：广西师范大学出版社，2005 : 4.

② 贺昌群. 魏晋清谈思想初论 [M]. 北京：商务印书馆，1999 : 6、93.

儒臣与神明之际*

一

最早知道萧望之，是在读曾国藩的《经史百家杂钞》时，但印象了了。曾国藩一代名儒，钞撮古文，所选自然因有心得，只是我无从得知；后来看中华书局《汉书选》，好像又看到《萧望之传》，仍旧是草草一过。现在想来，突然产生一问：为什么大家喜欢选钞《萧望之传》？是班固文笔斐然，还是萧望之这个人物颇耐人回味？

实际上，萧望之早已不只是一个历史人物，还是兰陵萧氏一脉的祖先神及被闽台众生膜拜的王爷神总管。2007 年 1 月间，我造访素有“宗教博物馆”的古城泉州，面对大街小巷层出不穷的神庙宫观和熙熙攘攘的拜香人流，脑袋一时懵然，原来头脑中对于宗教与迷信、历史与现实的概念顿时淆乱。迤迤而入泉州城南万寿路挑水巷末端的富美宫，这个萧望之，不，萧太傅，正端坐在香烛供奉的神龛里。站在戴王冠、披衮袍的萧太傅木雕神主的面前，我不知该如何在馨香缭绕的神明面前措置手足，猛然间感受到头顶的威压，一个大大的牌匾悬在神龛之上，上书“汉代儒臣”。神明，儒

* 本文 2007 年 4 月作于北京，是笔者在中国社会科学院研究生院读研时第一次赴泉州调查后的思考成果。

臣；儒臣，神明……这里有什么意味？儒者“究天人之际”，而我自己也不过是芸芸众“人”之一，无论如何也跳不出人的视野，这“际”又从何“究”来？但孟子言知人则不可不知天，扬雄道“通天地人为儒”，邵雍说“学不及天人，不足以谓之学”，今人杜维明先生也说：“儒教与基督教区别不在于是否存在着一个有意愿的又眷顾人类事务的最终裁定者或上帝，而在于天人之际。中国人认为‘际’可以靠弘道来弥合，达至天人合一，而犹太基督教传统中，人作为一种被创造物是根本不同于作为其存在是终极依据的上帝的。”[①] 王弼《老子注》出，何宴赞曰：“若斯人，可与论天人之际也。”

“际”，《说文解字》作“壁会也”，《玉篇》作“合也”，又《尔雅·释诂》作“际，接翜，捷也；注，捷谓相接续也；疏，际者相会之捷也”，《广韵》作“边也，畔也”，《易·泰卦》作“天地际也”，《庄子·徐无鬼》则言“礼乐之士敬荣，仁义之士贵际”。罗列这么多，实际上还是一片懵懂。几代中国人没有受到古典文化的浸润了，面对这些古典皇皇巨著，除了由乎己意做点切割式的摘引、解说外，多少人能体会其中的幽致？而不明幽致，又如何能参透那天人之“际”呢？就如这儒臣与神明的关系，我虽然大着胆子要做点探究，可是探究来探究去还是在门外徘徊。我是走进了富美宫的大门，而且一连好几天走了进去，虽穷尽心力观察呀、询问呀、思考呀，但我总觉得还是被远远地甩在大门之外，仿佛有一层无形之“壁”隔在中间。我和那萧太傅神像“会合”不到一起，和那在神像前虔诚地抛掷茭杯询神心意的信众“会合”不到一起，甚至也和那高悬的“汉代儒臣”的大匾“会合”不到一起。我能读出宫庙内外所有的对联匾额，可是我思维和情感的边际“接续”不上阿爷公的“边”，不

① ［美］杜维明．论儒学的宗教性——对《中庸》的现代诠释［M］．段智德，译．武汉：武汉大学出版社，1999．

如那些在神殿内外烧香求神的、住在附近的阿婆、阿公、中年农妇和摩登的青年女子。看着她们忙碌而严肃的样子，我想到了鲁迅《祝福》里的那个“我”，面对只有眼睛间或一轮才能看出一点活气的祥林嫂的追问，“我”失去了知识分子的矜持和高傲，只想着如何能够躲避，而现在我却要去探究什么儒臣与神明各自延展而相接续处的妙味，是不是自讨苦吃呢？

《庄子·徐无鬼》讲述了这样一个故事：黄帝带着六位贤臣驾着高车骏马寻找具茨之山，将要去会见大隗，可走到襄城之野时迷失了方向。刚好遇到一个牧马童子，询问之下，小童既知道具茨之山，又知道大隗，黄帝很是惊奇，于是忘了自己要去见大隗，询问小童如何治理天下。小童果然不凡，说自己小时候一个人出游于六合之内，不想得了精神昏乱的毛病，一个长者教他驾着太阳之车出游于襄城之野，现在病好了不少，他现在要去出游于六合之外了，治理天下就这么回事，无须他求。黄帝听了以后，还是很谦虚地说治理天下的确不是你这小童的事，不过还是想听听你的意见。小童推辞，黄帝追问，于是小童说治理天下和牧马没有区别，去除害马就行了。黄帝于是恭恭敬敬地向小童参拜稽首，称小童为天师然后退下，也不再去找什么大隗了。

不明白！是个知识分子的都会说治理天下就是去除弊端和害群之马。真不知庄子这是卖弄什么玄机，难道玄机就在那“六合之内”“六合之外”吗？这故事总让我想到自己站在富美宫神殿内的尴尬和困惑。当然，我不敢自比黄帝。不过，我倒隐隐觉得我眼中的信众有点像那小童，既普通却总有那么一点让我这样的人捉摸不到的高妙。庄子在故事后面做了评论：“知士无思虑之变则不乐，辩士无谈说之序则不乐……礼乐之士敬荣，仁义之士贵际……此皆顺比于岁，不物于易者也。驰其形性，潜之万物，终身不反，悲夫。”这与治天下、“去害马”看起来好像没有关系呀？不过，王夫之在《庄子解》中说："此皆害马者也。因形性之偏至而不知所牧，因见为成美而乐之，乐之而遂言之，言之遂欲行之。遭时而不能安于无功无名以自牧，因揣摩以承时，刻画身心，昼夜汲汲，生死于其中。若此者，其可用之以重为天下害乎？"原来如此。"仁义之士贵际"也是"害马"，看来我还是不要再汲汲以求"际"了，否则，岂不悲夫！

二

在泉州的民间信仰中，王爷崇拜占有重要地位。富美宫供奉主神萧太傅王爷，配祀文武二尊王及二十四司王爷，共计王爷神二十七尊，被称为"王爷庙的总部"。该宫据说大约始建于明朝正德年间（1506—1521），距今已有近五百年的历史，其香火经久不衰。清道光二十一年（1841），信士曾君在一篇敬文中写道："萧太傅，衢歌户祝，阖郡感仰，兆民虔诚，惟富美宫最盛焉。"富美宫原建于泉州城南的富美渡头，光绪年间迁到现址，1934年地方善信发起重修，庙宇规模扩大。1988年再次对庙宇进行修葺，宫貌为之一新。萧太傅信仰自明末清初由泉州传入台湾后，其分灵的萧太傅寺庙已遍布整个台湾地区。据说，台湾一共有七百余处分坛。

富美宫主体建筑二进，中有拜亭，西侧为夫人妈宫。原山门外有照墙和戏台，解放初毁。大殿面阔三间、进深三间，硬山式。其殿内殿外的木雕、石雕均甚精美。站在富美宫门口，格外显眼的是大门对联："富经术而事两朝道宗论语，美政声以行三辅绩懋儒臣"；还有两旁立柱对联："富国在藏民论规张敞，美言莫轻听议拒乌孙"。这两副对联不仅很好地将富美宫的宫名嵌在其中，还集中概括了萧太傅的身世功业，让人不得不佩服老祖宗所创造的对联艺术的神妙。

据《汉书·萧望之传》记载，萧望之，字长倩，祖籍东海兰陵

（今山东苍山兰陵），后迁徙到长安杜陵（在今西安），在此求学、为官直至遭宦官陷害，不甘受辱而自杀身亡。萧望之死后就葬在长安，曾受望之师傅之恩的汉元帝终其帝世“每岁遣使者祠祭望之冢”。据宋代宋敏求的《长安志》载：“当门（春明门）外有汉太子太傅萧望之墓”；“萧望之墓在（万年）县东南五里，古城春明门外。”元代骆天骧的《类编长安志》记载：“萧望之墓在咸宁县东南五里，古城春明门外，道南。”1987 年 4 月，西安交大附小建楼时发现一个西汉壁画墓，经文献考证，即为西汉御史大夫、太子太傅萧望之墓。墓中有一铜镜，背面有“内清质昭明光象夫日月”十个字。最吸引人的部分是绘于墓室券顶的一幅外径达 2.7 米的古代彩色天象图。画面按中国传统的四神、二十八宿的天文学说，将东方苍龙、南方朱雀、西方白虎、北方玄武的形象及其所属的二十八宿绘成人物、动物或物体的形状。象征天空的内圆上方有一黑边朱红色太阳，内画飞翔的金乌，与太阳相对的是一轮明月，月中的玉兔和蟾蜍还依稀可辨，充满整个画面的祥云和仙鹤使壁画富有神秘的色彩。

“内清质昭明光象夫日月”，如果照传记中的描述直观萧望之的品德，而不去做历史或哲学的拷问，这十个字几乎就是萧望之的写照。所以，班固赞曰：“望之堂堂，折而不挠，身为儒宗，有辅佐之能，近古社稷臣也。”青年时的萧望之家贫而好学，先后跟随当时名儒后仓、夏侯胜等学习《齐诗》《论语》《礼服》等，十年寒窗终成京师名儒，竟至汉宣帝在民间时就闻望之的名声。萧望之在出仕之初，宁做“抱关”小吏也不愿“碌碌”屈附秉政大将军霍光。霍光亡故后，萧望之上疏言灾异，宣帝脱口而出：“此东海萧生邪？”泉州富美宫里供的萧望之的木雕神像，脸色油红，挂满黑须，倒也算是“堂堂”，看来木雕师傅虽不读《汉书》，却也能从萧王爷岁时“代天巡狩”的仪仗中感悟到其气质。萧望之得到宣帝的赏识，一心想要在朝廷建功，所以让他出任平原太守时，他上书希望宣帝选用“谋虑之士以为内臣”，内廷既治，外郡不治也不足为忧，结果“征入守少府”。后来宣帝想任用萧望之做宰相，先让他出任左冯翊多加历练，他竟愤然谢病，宣帝只好派金安上向他晓谕实情，他才出任这三辅吏职。在一般人看来，这表明萧望之有大志、不苟且，还敢给皇帝撂挑子，真是胆略过人。不过，王夫之对此却大加笔伐：“望之而有耻之心也，闻安上之谕，可愧死矣。”原因呢？王夫之说：“世之衰也，名为君子者，外矜廉洁而内贪荣宠，位高则就之，位下则辞之。夫爵禄者，天之秩而人君制之者也。恃其经术奏议之长，择尊荣以为己所固得；充此志也，临大节而不以死易生、不以贱易贵、以卫社稷也，能乎？处己卑而高视禄位，揽非所得以为己据，诚患失之鄙夫，则亦何所不可哉！其或以伉直见也，徒畏名义以气矜自雄耳，非心所固耻而不为者也。”（《读通鉴论·卷四·宣帝七》）萧望之深研《论语》，本应精通君子之道，可在大儒王夫之眼中，他竟是矜廉洁而无耻！王夫之一腔孤愤，肯定是说过头了，但细思船山言语，却也是句句在理。王夫之寂寂没世，近两百年后才被近代大出人才的湘人发现而推崇，并在晚清穷途末路病急乱投医之时被配祀孔庙，终于成就了一个儒者此生后世所追求的价值，但这价值也还是儒者的价值而不是神明的价值。萧望之虽身为儒臣而无书籍传世，并被后儒诟病，却在身后一千多年成为闽台百姓膜拜的神明，这不能不让我们深思其中的神秘之处，这神秘会不会就如那虽经盗掘却还基本保存完好的彩色天象图的神秘一样？萧望之在左冯翊任上，因为京兆尹张敞上书言准许百姓向边郡纳谷赎罪来解决边郡粮食转输困难的问题，力斥张敞此论见利忘义，“尧桀之分，在于义利而已，道民不可不慎也。今欲令民量粟以赎罪，如此则富者得生，贫者独死，是贫富异刑而法不一也”，并说“古者藏于民不足则取，有余则与”，用纳谷赎罪的办法无异于强取豪夺，最终会激发民变，得不偿失。张敞说：“左冯翊所言，常人之守也。”张敞轻蔑之言，倒启发我思考萧望之能由儒臣而成为神明的神秘之源。崇奉神明的都是常人，常人讲不出王夫之那样饱含历史智慧的深邃之论，也做不到张敞那样求功利而不及其余，常人虽有时受生活挤压不免卑琐世故，但崇仁义、尊廉耻、喜率性、好正直，萧望之似乎就合乎常人所好，成神明自是后话。当时三年左冯翊职满，美政声，“京师称之”。

萧望之“议拒乌孙”，研究民族关系史的人常常论及，往往称道他的不图近利、仁信抚远地处理民族关系的思想，但他随后用此思想假以《春秋》大义，上奏不伐匈奴之丧，又激起了后儒王夫之的强烈反弹：“萧望之曰：恩足以服孝子，谊足以动诸侯，故春秋大士匄之不伐丧。遂欲辅匈奴之微弱，救其灾患，使贵中国之仁义，亦奚可哉？恩足以服孝子，非可以服夷狄者也；谊足以动诸侯，非可以动夷狄者也。梁武拯侯景于穷归，而死于台城；宋徽结女真于初起，而囚于五国。辅其弱而强之，强而弗可制也；救其患而安之，安而不可复摇也。汉之于匈奴，岂晋之于齐、均为婚姻盟会之友邦哉？望之之说春秋也，失之矣。”（《读通鉴论·卷四·宣帝十五》）船山惩明亡之教训，尤其重视夷夏之辨，但这次责萧望之却是失之草率。汉宣帝听从了萧望之的意见，派遣军队保护呼韩邪单于安定部落；到元帝时，终成就昭君出塞的佳话，达致民族间的融合。所以从长远的历史发展来看，这里萧望之的常道要比王夫之的常道更为合理。唐代杜佑就曾在上书中称赞萧望之的另一件功德：“昔冯奉世矫汉帝之诏，击莎车，传其王首于京师，威震西域。宣帝大悦，议加爵土之赏。萧望之独以为矫制违命，虽有功效，不可为法；恐后之奉使者争逐发兵，为国家生事，述理明白，其言遂行。”（《旧唐书·列传第九十七》）在处理民族和国家关系上，还是和平为贵。

在崇尚和平、和谐的中国，萧望之在百姓那里应该更有亲和力些，虽然他有时显得有些迂重。汉宣帝表彰萧望之的功德，在麒麟阁为十一人绘图，萧望之就是其中之一，富美宫外壁石柱对联“麟阁当时留绘画，鳌江终古奠馨香”说的就是这事。宣帝让萧望之做太子太傅，临终又嘱萧望之等四人为辅命大臣，充分显示出对他的倚重。元帝继位，老师加首辅的萧望之正可锐意进取，有功社稷，不负班固“近古社稷臣”的称誉，但看传记，却见到望之误听小人郑朋而排挤另一辅命大臣史高，又因为这个小人无端结怨宦官弘恭、石显，终致与元帝因两宦官谗言而两情睽隔，竟饮鸩自尽，良为可惜。王夫之批评萧望之：“宣帝临终，属辅政于萧望之，其后望之被谮以死，而天下冤之。夫望之者，固所谓可小知而不可大受者也。望之于宣帝之世，建议屡矣，要皆非人之是，是人之非，矫以与人立异，得非其果得，失非其固失也……宣帝之任之也，将以其经术与？挟经术而行其偏矫之情，以王安石之廉介而祸及天下，而望之益之以侈；抑以其议论与？则华而不实，辩而窒，固君子之所恶也。主父偃、徐乐岂无议论之近正，而望之抑奚以异？盖宣帝之为君也，恃才而喜自用，乐闻人过以示察者也，故于望之有臭味之合焉。以私好而托家国之大，其不倾者鲜矣”；“朋党之兴，始于元帝之世，流风所染，千载不息，士得虚名获实祸，而国受其败，可哀也夫！萧望之、周堪、张猛、刘更生，固雅意欲为君子者也。其攻史高、弘恭、石显，以弼主于正，固君子之道也。夫君子者，岂徒由其道而遂以胜天下之邪哉？君子所秉以匡君而靖国者，蹇蹇之躬，可生可死，可贵可贱，可行非常之事，可定众论之归，而不倚人以为援……身为大臣，国是不决，乃借资于浮薄之徒，或激或叛，以成不可解之祸。呜呼！四子者，果捐躯以报上，独立不惧，而奚以此闻声附和之宵人为哉？县汲引以诱人，利则从，害则叛，固其常也。况乎风相煽，讹相传，一时之气餤，小民之视听且骇，而况孱主孤立于群小之间乎！”（《读通鉴论·卷四·元帝一》）看船山批评，叹望之自误，不由思忖：何人能做到船山所寄望的那种精微持重又仗义而为的儒臣呢？

船山自己怕也做不到。也许船山更多要表达的是一种足以启迪后人的历史哲学或政治哲学，萧望之在其笔下就是某种抽象的类型而已，不是班固笔下鲜活的萧望之，也不是今天还活在信众心里的萧望之。

班固不知因何对萧望之之死颇费笔墨，既铺陈前因，又列叙后果，中间自尽的过程也好像班固就在旁边观看，写得细致入微。

宦官弘恭、石显奏萧望之结党营奸，“为臣不忠，诬上不道，请谒者召致廷尉”，经萧望之八年“道以经术”、儒化颇深的元帝初即位，不知“谒者召致廷尉”就是下狱，竟同意了这个上奏；后来及时得知厉害，责问弘恭、石显，但也只是赦免了萧望之的罪，仍罢了他的官。不过，数月后元帝又对萧望之赐爵封官，还“欲以为丞相”。萧望之的儿子乘机为父亲讼冤，“事下有司”，有司奏萧望之“教子上书”，“失大臣体，不敬，请逮捕”。弘恭、石显似乎深知小皇帝心意，劝元帝说：“非颇绌望之于牢狱，塞其怏怏心，则圣朝无以施恩厚。”这时元帝只是担心萧太傅素来刚直、“安肯就吏”，并无赦罪的念头。执金吾车骑围住了萧望之的府第，使者向萧望之宣读了逮捕令。萧望之当即就要自杀，八年辛辛苦苦教出来的学生做了皇帝，做老师的却因为说了几句话就要下大狱，实在是窝囊。萧夫人劝止，说不会是皇帝的意思，门下弟子朱云却劝望之自裁，保持名节要紧。这时，萧望之仰天长叹：“吾尝备位将相，年逾六十矣，老入牢狱，苟求生活，不亦鄙乎！”然后让朱云赶快拿药来，让自己速速死去，“竟饮鸩自杀”。元帝知道老师死了，捶手震惊：“果然杀吾贤傅！”他吃不下饭，哀哭声感染左右，接着责备两个宦官，恩赐萧望之儿子爵位，再就是“每岁时遣使者祠祭望之冢，终元帝世”。钟国发先生的论文《汉帝国宗教的儒化改革》写到：“经学大师后仓兼习诗、礼，自武帝末期至宣帝初期一直担任博士，传其礼学的主要是戴德、戴圣叔侄，而名臣萧望之、翼奉、匡衡也都是教师后仓传《齐诗》的弟子。以二戴的著述为基础，翼奉、匡衡等相继对国家宗庙、郊社祭祀礼仪发起批判[①]，掀起了一场声势浩大的宗教改革运动，几经反复，终于实现了帝国宗教祭祀体制的儒教化。”这场宗教改革运动就起于萧望之的学生元帝时，可惜刚直的师傅教出的这个孱弱皇帝竟多少因为推动这场重大的改革而受到惊吓，无嗣早亡。班固在《汉书·郊祀志》中详细记述了元成哀三朝朝廷祭祀体制反复的过程及三个皇帝都无嗣而终的结局，最后在赞词中说：“祖宗之制盖有自然之应，顺时宜矣。究观方士祠官之变，谷永之言，不亦正乎！不亦正乎！”谷永是汉成帝时的大臣，所言是劝成帝求神无益，杜绝方士，班固赞谷永言正，似乎是肯定元帝时扫除从秦始皇时一直延续到汉武帝时还在扩张的众多杂乱祭祀，但班固又肯定“祖宗之制”，暗示元成哀三个皇帝变乱祖制，也许就是这样多少矛盾的心理使他写出了让人咀嚼不尽的萧望之之死吧。

王夫之说萧望之之死是“得虚名获实祸”，于己、于国无益，但在老百姓的眼里，儒臣萧望之明显是因刚直不阿而被奸人陷害致死。富美宫的四个门扇上，画着老中青幼四个太监，可见，老百姓想的是：太监生前害人，死后永远服罪，为冤屈的萧太傅看门。而萧望之成为王爷神，也与他是冤死的有很大关系。

三

“此地古称佛国，满街都是圣人”，这是泉州开元寺门厅内矗立的一副对联。朱子初出仕担任同安主簿，做官为学之余，访泉州名山古迹，留下了不少诗句，这副对联就是朱子游开元寺时所作。早在西晋太康年间佛教就传入泉州，名刹开元寺始建于唐武后垂拱二年（686 年），闽王王审知统治泉州时大兴佛教，开元寺得到很多赞

① 萧望之受宣帝遗诏辅政，然因反对用事宦官弘恭等受到打击，已被迫于公元前47年自杀，未能参与其后发动的宗教改革。

助，规模扩大，格局辉煌，朱子在此叹称“佛国”，当是不虚此言。不过，让人回味的是下联“满街都是圣人”。我对佛教所知很少，儒家的书倒是读了一些，看到“满街圣人”四字，首先想到的是孟子说“人皆可为尧舜”，是王阳明从外归来告诉弟子圣人满街，一时难以理会孔子后一人而已的朱子怎么会将它和佛教联系在一起。陈支平先生的《福建族谱》一书中谈到民间信仰化的辟支古佛与朱子的关系，朱子因这位唐代产生的神明有功于民间还写了赞词。佛教原本也是教化之教，后来才演变出很多的偶像崇拜和灵异“法术”，但据说这也是为了教化无知无识的愚民的需要。我并不认为百姓无知无识，但他们所能、所愿接受的教育方式的确与所谓知识阶层有所区别，对之保持一种尊敬应该是真正认识民间宗教文化现象的必要前提。我们前面说过在泉州的民间信仰中，王爷崇拜占有重要地位，可以说泉州的王爷崇拜，对于哺化一方百姓也是一个重要的因素。

泉州位于福建省东南部，此地古为州治名称，得名于城北清源山的一孔清泉，清源山古称泉山，故州称泉州。泉州又因古城形似鲤鱼，遂称“鲤城”，因四季常温，亦雅称“温陵”。这都是些很好听的名字，考察富美宫那几天，我徜徉在泉州街头，流连于温陵古迹，真觉得地如其名。不过，看过一些关于泉州的历史资料后就会发现，好名字只代表了人们的某种美好希望。秦汉以前，福建是闽越族的聚居地。由于福建东南临海，东北有太姥山和鹫峰山，西北至整个西部横亘着武夷山脉，长达千余里，西南是博平岭，这种特殊的地理条件使古代的福建形成一种半封闭的状态，与中原地区几乎没有什么往来。秦建闽中郡，汉置会稽郡，但汉人在闽地人数极少。汉以后，福建与中原的交往有所增加，但北方汉人大批入闽却是在西晋末年，“晋永嘉二年，中州板荡，衣冠始入闽者八族，所谓林、黄、陈、郑、詹、丘、何、胡是也”（《闽书・卷 152・蓄德志・福州府》)。这一时期，中原士民为避战乱，纷纷迁徙入闽，形成福建历史上北方汉人大批入闽的第一个高潮。至唐初，移居福建的中原士民主要分布在闽江流域及沿海平原一带，汀漳一带的偏僻山区仍为土著所控制。唐高宗总章二年（669年），“泉潮间蛮獠啸乱，居民苦之”，岭南行军总管陈政统兵入闽平乱。陈政死后，他的儿子元光开设漳州，被任为刺史。陈元光带领部众“剪荆棘，开村落，收散亡，营农积粟，兴贩陶冶”(《闽书·卷41·君长志》)，被后人称为“开漳圣王”。这是北方汉人入闽的第二个高潮。至唐朝末年，固始人王潮、王审知乘乱起兵，提寿州、光州二州兵南下入闽，带来大量汉人。这是北方汉人入闽的第三个高潮，也是入闽人数最多的一次。王审知父子割据全闽，盘根泉州，促进了泉州的开发。但这种开发相比今日泉州的环境优美、经济发达，可以说是微不足道。虽然此后宋元时泉州蔚为大港，千帆辐凑，但好景不长，元末、明中后期、清初，兵燹频仍，人祸不止，社会经济遭到极大破坏。如元至正十七年（1357年），泉州地区暴发了一场农民起义，历时整十载，使地方“哀鸿遍野，遗骸遍地”。明嘉靖以来，倭寇作乱十余载，使明初恢复起来的经济又遭到严重破坏。清初为打击郑成功，清政府实行残酷迁界，使久经烽火战乱的泉州又受到巨大损失，乾隆版《泉州府志·卷11》载:“方今兵燹之余，濒海之百姓，破家殒命者，已十去其五。”而且泉州历史上自然灾害频繁，明清时期尤为突出。泉州地区水灾频繁，万历三十一年（1603年）八月丁亥“泉州府等处大雨潦，海水暴涨，飓风骤作，淹没者万有余人，漂荡民居、物、畜无算”(《明实录类纂·自然灾异卷》)。逾万人遭灭顶之灾，这在历代的水灾记录中都是十分罕见的。泉州地处季风区域，夏秋二季时遭台风、飓风袭击。光绪十年（1884年）闰五月十九日，台北、淡水、基隆、新竹同时遭风;“内地泉州府属之厦门，于七月初一二等日风狂雨骤，木拔瓦飞，官署民房类多塌损”，中外船只沉失200余艘，淹毙多人。

光绪十一年（1885 年）七月十四至十六日福州、漳、泉、台、厦各口，台飓大作，拔木毁屋，伤损船只不少，为近十数年所罕见。[①] 还有旱灾。以康熙三十五年（1696 年）为例，有关府、县志称泉州府的德化大饥："乾隆二十二年春漳州大旱田无播种，二十三年泉州旱饥。"乾隆二十三年（1758 年），泉州因旱灾造成饥荒，仙游"大旱，斗米二百余钱"。直至浙江平阳海运大米船只迭至，米价才稍渐趋平。在缺乏现代医疗卫生保障的时代，频繁的天灾人祸导致财产损失、疾疫流行，威胁人们的生活和生命。这种情况下，各种民间信仰得到催发，成了社会有机体维持的必要组成部分，调节着泉州社会有序运转。王爷信仰就是其中重要的一种。

闽南素重王爷信仰，几乎每一个乡村都可寻到王爷神的踪迹，而且在同一处王爷庙中往往祀奉数尊王爷。在泉州富美宫内，我就亲眼看到了二十多尊栩栩如生的王爷神像，在泉港区萧厝盛美宫，神龛和香案上也摆放着大大小小十来尊王爷神。学术界的一般观点认为，王爷信仰源于瘟神信仰。《礼记·祭法》云："王为群姓立七祀，曰司命、曰中霤、曰国门、曰国行、曰泰厉、曰户、曰社。王自为立七祀。诸侯为国立五祀，曰司命、曰中霤、曰国门、曰国行、曰公厉。诸侯自为立五祀。大夫立三祀，曰族厉、曰门、曰行。"据古人注疏，"鬼有所归，乃不为厉""泰厉，谓古帝王无后者也，公厉，古诸侯无后者，族厉，族，众也，大夫众多，其鬼无后者众，故曰族厉"，而"厉主杀罚"（清·朱彬《礼记训纂》）。先民把造成大量人畜死亡的瘟疫与非正常死亡的厉鬼作祟联系在一起，中国古来历朝都设有厉祭。民间祭厉的形式更是多样化，古人驱疫仪式"傩"有着种种形式，在一些边远地区至今留传。最早的瘟神是那些散布瘟疫害民的厉鬼，像民间供奉的五显神（五通神）、瘟神赵光明等都是经常祸

① 水电部水管司科技司. 清代浙闽台地区诸流域洪涝档案史料 [G]. 北京：中华书局，1996.

害人间的凶神恶煞。但随着后来一些蒙冤而死的历史人物和忠臣义士也被人们奉为瘟神，瘟神也有了驱鬼辟疫的功能。所以有的学者认为瘟神既散疫又驱疫，这实际上是民间信仰漫长演化的结果，像瘟神赵光明后来就成了财神，看民间供奉的赵财神笑容可掬的样子，哪里会想得到他曾经是凶恶的瘟神？随着信奉儒教的官方和地方士绅对于民间崇祀的恶鬼的打击、排斥，如清朝汤斌除五通淫祀，瘟神里留下的就多是实名或托名的历史上的忠臣义士了。至少在闽南，瘟神的名号就渐渐不为人所称说，而改叫“王爷”“千岁”“大人”等了。而随着名号的改变，功能也不再局限于驱鬼辟疫，扩展到人们信仰生活的方方面面，成为万能之神。

据吴幼雄先生《泉州宗教文化》一书研究，王爷神称号在宋代泉州还没有出现，但“宋代泉州地方的民间道教杂神队伍十分庞杂确是事实，明代的王爷神队伍就是在此基础上发展起来的”。吴先生此书写得较早，当时对于民间信仰中的众神，一般都归入道教范围。这些被称为王爷的众神在闽南多达三百六十位。关于这三百六十位王爷的来历，可以说众说纷纭。有说是秦始皇焚书坑儒时，被活埋的三百六十名博士演变而来；有说是唐代三百六十名冤死的进士，被赐予王爷封号，血食四方；有说是明代末年三百六十名进士不愿臣服清朝统治，集体自杀，被民间奉为王爷，也有说王爷神由人们对郑成功及其部将的崇祀而来。这些说法都在民间流传，但与闽南众多王爷宫庙中有名有姓、查得出来是横跨历朝历代的历史人物的状况无法吻合。这里可以列举众多这样的王爷，像战国解赵之危的侯嬴，西汉萧望之，东汉将军耿弇，东晋温峤，唐朝为国为民屡建奇勋的李大亮、直言敢谏的魏征、不畏权势慷慨敢言的狄仁杰、除弊选贤的宋璟、大将薛仁贵，宋朝“先天下之忧而忧，后天下之乐而乐”的范仲淹、以执法不阿廉洁著称的包拯、曾任泉州知州的叶适，明朝“妇女无所受，财宝无所取”的大将徐达、曾任泉州市舶司提举和泉州城北讲学的罗伦，率戚继光、俞大猷抗倭的谭纶，等等，其中不少在泉州富美宫供着。但这些历史人物很多与泉州并无关联，要么是那些进士在后来的演变中被人们听说的历史人物所代替，要么是由入闽的各姓祖先神演变而来，要么就是一般认为的在送王船或其他祭王仪式中由乩童在扶鸾中造出一些只知其姓不知其名的王爷，然后伪托历史上的人物，或者就是以上种种的杂烩。总之，要确切搞清楚王爷神的来历问题，几乎是不可能的事，而且这种模糊本身也正是民间信仰的一个重要特点。像在闽台地位颇高、宫庙颇多的池王爷，有的说法认为：

池王爷，名梦彪，开封人，唐高祖时任太守。池梦彪在任时，有瘟疫神化为士人与池结为朋友。一日酒筵中，瘟疫神向池吐露了玉皇大帝命其传播瘟疫的秘密。池心中十分恐惧，问瘟疫神施用何法放毒，瘟疫神自囊中取出瘟疫药一包，曰："明日即将此药投入本地各水井中。"池曰："可将此药借观否？"瘟疫神曰："既是知交，但看何妨。"池急将药包解开，立刻全部倾入口中，一时毒性发作，满脸黑斑，眼珠突出，瞬时而逝。全城百姓感其为救民而自我牺牲，悲痛万分，建庙奉祀。

而在同安有着不同的传说：

池王爷，名然，字逢春，又名德诚，原籍南京，明万历三年（1575年）武进士及第。池然为人耿介，居官清正，常怀治国安民、济困扶危之志。后调任漳州知府，在赴任途中，于马巷东七里之小盈岭，路遇两使者，自称奉玉皇大帝圣旨往漳州播撒瘟药。池设计智取瘟药自服，瞬间毒性发作，脸色变黑，遂化身于小盈岭。玉帝敕封代天巡狩，委派在马巷元威殿为神。

还有的说池王爷就是郑成功的化身，按泉州读音，郑与池两字音同而韵异，而将池王爷三字连读，其音韵几与郑王爷连读无法辨别。在清初的政治环境下，人们不敢公开崇祀郑成功，只有委托出别的传说，而在祭拜时心中默默祷告来纪念。

可以看到，这众多王爷，有蒙冤而死的，有取瘟药自服而成为王爷的，有为民献身的，有勤政爱民的，可以说多数生前都有功烈于民，民间对于他们的崇祀也正应了《礼记·祭法》中的说法："夫圣王之制祭祀也，法施于民则祀之，以死勤事则祀之，以劳定国则祀之，能御大灾则祀之，能捍大患则祀之。"

张光直先生在对中西文化的宏观把握中提出了著名的"连续性"概念：中国文明的特点是"它是在一个整体性的宇宙形成论的框架里面创造出来的"，"中国的型态很可能是全世界向文明转进的主要型态，而西方的型态实在是个例外"。对此，陈明先生阐发道："我们可以循此思路将所谓连续性概念做进一步的引申落实——主要是指中国社会在由'野蛮'到'文明'的转进中，在社会结构上与氏族血缘组织维持着某种程度的联系（即所谓的维新道路），而没有发生从身份到契约的改变；在思维观念上与原始宗教意识维持着某种程度的联系（即所谓的巫史传统），而没有产生古希腊那种以对象性思维为特征的哲学。"[①] 就如我们前面所看到的那样，王爷信仰更早的来源在于厉祭和傩，在它的发展演变中，虽然似有所弃、似有所取，不断地变换上一些时代的因子，但借助信仰形式和话语言说的模糊，不同时代的东西层累相因，为不同的信仰者在同一个信仰体上保留了他们诚信的神圣根由，而且在精神实质上与先秦典籍中的记述还是不即不离。这也就是张光直先生所说的"连续"，陈明先生所说的"联系"吧。"儒家并不颂扬历史上从未存在过的乌托邦，但是却力求真

① 陈明．儒者之维[M]．北京：北京大学出版社，2004.

实地描述那些作为人我们自然的和不可避免的所处的状态。”(杜维明)

四

“慎终追远，民德归厚矣”，这是儒家的观点，但又何尝不是“连续性”的中国社会文化的特点呢？文化造就了儒家，儒家形塑了文化，就是在这种“天生人成”的天人互动中，灿烂的中华文化形成了。时间之流永不停息，所以孔子感慨：“逝者如斯夫，不舍昼夜。”但我们读着《论语》，仍旧感觉着两千五百多年前的孔子道出了我们做人处世的体悟，所以时间又有它静止不变的一面。在我们慎终追远之时，在我们静思处顺之时，时间似乎凝固，一个绝对的时间横亘在那里，它承载着人世之常，它安抚着心灵躁悸。萧望之的“常人之守”因为那悲壮而耸人的死亡方式多少显得有些突兀，但正如春生夏长、秋收冬藏四季不同却又轮回恒常一样，萧望之之死的突兀正显出绝对的时间里有着相对，守常也是丰富的存在，可以无尽地咀嚼。萧望之由儒臣到兰陵萧氏供奉的祖先、祖先神，再到地方保护神，到闽台百姓膜拜的王爷总管，对比那些生前死后都为儒者的（如王夫之），可谓死生沧海巨变，但他又从没有失去儒臣的名号，富美宫神龛上那“汉代儒臣”的牌匾提醒着每一个参拜和参观的人们。实际上又何须提醒？“神人以和”(《尚书·尧典》)，“圣人之精气谓之神”，在中国人这里，神与人没有绝然的界限，儒者修身可以自达神境，普通人随意可也乐享神明化育，也许这里就有我想要探究的儒臣与神明之“际”吧！

中国人的“慎终追远”很好地涵化在延续数千年不断变化但又恒久如此的宗法家族组织活动中。张载说：“管摄天下人心，收宗族，厚风俗，使人不忘本，须是明谱系世族与立宗子法，宗法不立，则人不知统系来处，古人亦鲜有不知来处者。宗子法废，后人尚谱牒，犹有遗风，谱牒又废，人家不知来处，无百年之家，骨肉无统，虽至亲恩亦薄。”（《张子全书·卷四》）这体现的是一种变中求常的儒家济世情怀。中原入闽萧氏数百年追寻祖先的精神，筚路褴褛，本着“收宗族，厚风俗，不忘本”的追求在蛮荒的东南沿海建设了他们的物质和精神家园。

在朋友的帮助下，我走访了泉州泉港区梅峰萧厝村（原属惠安），参观了1994年落成的萧氏宗祠。原宗祠始建于明洪武年间，经明清两朝梅峰萧氏的不断营缮，成为福建萧氏宗祠中颇具规模的一座，可惜世事沧桑，祖祠废坠，20世纪90年代经多方努力才就原址、依旧规重新落成。在传统社会中，祠堂是一个家族组织的中心，它既是供设祖先的神主牌位、举行祭祖活动的场所，又是家族宣传、执行族规家法、议事宴饮的地点。从萧厝老人会会长、萧厝富美宫董事萧德青老人赠送给我的《梅峰萧氏族谱》中，可以看到萧氏族人如何在六百多年中历经艰难险阻于十余姓杂居的梅峰滨海港湾聚族坚守，不断壮大，至今萧厝萧姓近万人，杂姓因避乱迁徙，唯余林姓数十人而已；可以看到萧氏精英如何舍身保护、传承祖谱，将先辈的业绩、祖先的精神代代相传，福泽至今。如今，祠堂除了在每年农历11月17日祭祖和春节祝福的时节显得庄严肃穆之外，其他时间都是村民休闲聚会的场所。新时代萧厝人有着新的生活和追求，敬宗法祖并不妨碍新的生活旨趣，相反会使新生活依凭某种源远流长的神圣感而得到涵化和提升。在祠堂内热闹而不失娴静的村民打牌下棋声中，我抄下了几幅对联。

兰陵继起应记祖先守善积德，凤翼重开须法古人养性修身。

海滨邹鲁代有后彦光甲第，钟灵毓秀辈出贤达振家邦。

五侯衍派远源流，八叶联芳高世第。

陈支平先生在《近500年来福建的家族社会与文化》中说：“维

护家族内部血缘关系的纯洁性只是族谱中所要体现宗旨的一个方面，而在另一方面，通过血缘关系世系源流的考订排列，强调本家族血缘关系的高贵传统，从而达到提高家族和族人的自尊心和荣誉感的目的。为了达到这一目的，各个不同家族在修纂族谱时的共同做法是尽可能地把自己的祖先与中国先朝的某些名人、望族联系在一起。”不过兰陵萧氏似乎不需要“尽可能”，萧氏始祖微子启，得姓始祖萧大心，《史记·宋微子世家》有记载；一世祖沛县萧何，七世祖兰陵萧望之，《汉书》有记载；《南齐书·高帝纪》《梁书·武帝纪》详记了从萧何，历萧望之，晋淮阴令、南兰陵（今江苏武进）的肇基者萧整到萧道成、萧衍的传承世系。这之后，萧姓不断壮大，陆续分居全国各地。如何经唐代八位萧姓宰相向下传承，各谱众说纷纭，但福建萧氏共尊的入闽始祖萧曦于唐末僖宗中和元年从南兰陵一带[①]卜居福建长乐大鳌坑，其后世分居福建各处，却在福建萧氏族谱中少有异议。

本文重点关注的是萧望之成神的经过。《汉书·萧望之传》记载“终元帝世”“每岁遣使者祠祭望之冢”，萧氏自然会崇祀这位祖先，而萧道成、萧衍为帝，以国家的祭典崇祀萧望之也是合乎礼制，唐代八叶宰相，少不了营缮、祭扫长安萧望之墓，这从前述宋元两代仍记载有萧望之墓的确切位置可以想见。上行下效，至少南兰陵一带萧氏祭祀祖先萧望之进而将其一定程度上神化应该是没有疑问的。据萧德青老人讲，入闽萧氏带来了对于萧太傅祖先神的崇祀。至今，在福建一些萧氏聚居区还存在对于这位祖先神的崇拜。萧下村萧姓族人的厅堂祀三位神像，中祀萧太傅、右祀昭福侯（倪国忠，据云曾护宋帝昺避元军追捕）、左祀关公。安海镇洋南村的萧姓族人奉萧

① 萧氏族谱上多记为固始，但晋江市东石镇萧下村萧氏后裔说是从江苏萧县迁来。宋人郑樵谓：“今闽人称祖者，皆曰光州固始。实由王绪举光、寿二州，以附秦宗权，王潮兄弟以固始至众从之。后绪与宗权有隙，遂拢二州之众入闽。王审知因其众以定闽中，以桑梓故，独优固始。故闽人至今言氏族者，皆云固始，其实谬滥。”大名鼎鼎的开漳圣王陈政、陈元光的后裔，也把原属河东的籍贯改为固始。

太傅为保护一方的挡境神。安溪龙门镇璞兜村萧氏神庙称“进封庙”。中祀“萧府夫子”（萧太傅）神位和“奉玉旨代天巡狩”木牌；右边自右至左，祀报圣大帝、祖妈汪氏（萧太傅的母亲）、萧府夫子、萧府三祖、萧府二祖；5 月 17 日为萧太傅神诞，生日时祭品陈列中有文房四宝。厦门乌石浦保存有一个建于明武宗正德年间的萧氏家庙，常年奉祀萧望之，每年到这儿寻根谒祖的萧姓人士络绎不绝；2004 年年底，后裔萧万长为家庙题字“兰陵世家”赐匾。不过，最能让我们感受到闽南萧氏将祖先萧望之神化的是在梅峰萧厝流传的一个小故事，这在梅峰族谱上有简要记载：“明嘉靖五年，吾族敬祀族神石山宫，子孙兴旺发达。清嘉庆甲子年，易地重建富美宫。”据萧德青老人讲，是一个族人无子，夜梦萧望之，结果得子，就在石山建宫崇祀萧太傅。

泉州富美宫始建于明朝正德年间，梅峰萧厝富美宫应该是从泉州城分灵而来，这从萧厝人在萧太傅神诞时前去泉州祖庙进香可知。那么，泉州富美宫是如何建起的呢？又是如何从祖先神演变为地方保护神，进而演变成闽台王爷总管的呢？

清嘉庆《凤翼谷山宗谱·重建温陵凤翼萧氏大宗祠序（康熙间）》云：“潢公肇基蒲岱，科甲蝉联，复同淘公支裔由蒲抵泉，占籍温陵，子孙荣盛，支分各邑，诗书甲地，蔚为华宗。示现庵乃泉山讲学之席，萧厝园为子孙聚族之区，既得卜乎温陵福地，美号曰凤凰展翼。世竞传之，人争幕焉……”又据清嘉庆《凤翼萧氏大宗谱序》云：“曦公也立庙长乐，衍派蒲岱，分支泉郡，卜宅萼辉，美号凤凰展翼，而子孙渐衍渐析，分居晋、南、惠、同、安、永、德，子姓蕃昌……自明季而后，兵燹频仍，祠宇产业荡然……”这如实记载了萧氏入泉州城建立萧厝园到衰落的经过。“萼辉”，即泉州城内的萼辉铺，也即萧厝园、示现庵的所在地。据乾隆《泉州府志》卷十六记载：示现庵在泉山桥左，康熙七年“古井放光，里人得观音像建庵”，距离萧厝园仅百米之遥。萧姓在泉州城中繁衍，曾达到“萧半城”的盛况，但经明嘉靖年间的突发事件及隆庆年间的再度打击，至清康熙年间便逐渐衰微了。萧姓族人分布在城里的居住地点之一是港仔乾，此地属泉郡城南聚津铺。“明来远驿在府城南三十五都车桥村，永乐三年建以馆。”（《晋江县志·驿传志·卷二十》）车桥跨壕沟，车桥的壕沟两岸古称车桥村，后世称港仔乾，桥北道路西抵富美渡头。据故老传闻，萧氏族人所建的崇奉萧太傅的原始富美宫就在富美渡头的大榕树旁，规模只有一个土地庙大小。明太祖奉行神道设教，洪武元年（1368 年）所定祀典中规定，名山大川、圣帝明王、忠臣烈士以及“有功于国家，及惠爱在民者”都是“应祀神祇”，享受朝廷或有司“岁时致祭”的待遇；不在祀典但过去一直存在并得以流传下来的神庙，只要是有功德于民，并且事迹昭著者，虽然无法享受到朝廷或地方有司的祭祀，但也必须对这些神庙进行保护，禁止对其毁撤。而嘉靖皇帝崇神奉鬼更是有过之而无不及。所以有明之世，从朝廷到民间，各种鬼神信仰举不胜举。加之从明英宗正统元年（1436 年）到明毅宗崇祯十七年（1644 年）的二百年来，水灾在乾隆《泉州府志》中记有十八次，风灾四次，震灾二十二次，倭祸也长期肆虐闽南。在时代氛围和现实困境的双重挤压下，萧氏族人建庙奉祀祖先神，祈求神明保护就很正常了。泉州人的信仰习俗是凡是渡头皆建有神庙，奉祀神祇镇水中之煞，护佑人们在码头上下起落的安全，保境安民等。如美山渡头，明初有高州会馆，到正德年间改建为美山宫，祀天上圣母（妈祖）；三堡渡头有水仙宫，祀神及年代不详，那里有元朝的市舶司。富美渡位于晋江下游的新桥溪北岸，为江海交汇之处，是古代泉州海内外水运交通的重要枢纽，其所在的城南一片又是商贾云集、居民密聚之地，曾流传有“金浯江（街），银聚宝（街）”的民谚。宋代江西有水神萧公崇拜，明初洪武年间曾遣官员祭祀，永乐年间封“英佑侯”。萧公崇拜也传入了福建，因与萧太傅同姓，或许会在富美渡头的民间传说中有所浚染。富美渡萧太傅渐渐就不只是保护萧姓族人，而变成了这一带的保护神。

萧太傅成为地方保护神并进而成为王爷神还有另外一条线索。《礼记·祭法》说："王为群姓立社，曰大社；诸侯为百姓立社，曰国社。"《礼记·郊特牲》："唯为社事，单出里；唯为社田，国人毕作。"自至元七年始，元政府先后在北方的农村和城镇中推行社制，随后又向南方推广。按当时规定，大约五十家以上即为一社。社成为基层行政组织，起着劝课农桑、社会教化等方面的作用。明代通行里甲制度，但社制依然存在，规定"里社，每里一百户立坛一所，祀五土五谷之神"（《明史·卷四十九·礼三》)。《明会典·卷九十四》说，这是"专为祈祷雨旸时若，五谷丰登。每岁一户轮当会首……遇春秋二社，预期率办祭物，至日约聚祭祀……祭毕就行会饮，会中先令读抑强扶弱之誓"。社坛以及祭无祀鬼神的乡历坛，成了社区的中心。不过政府规定的木主后来被百姓变成了各种神灵偶像，宣传说教变成了娱乐表演。顾炎武在《天下郡国利病书》中说：湖南"乡俗合二三十家共祀一大王神，其神或以其山，或以其陂泽，或以其地所产植物而得名，辄加以圣贤王公之号"。而在清代的江南也有"大王神诞"，光绪本《锡金识小录》卷一记载："每里皆有之，即里社神也。其名号甚不可解。其有姓氏者，如忠安庙、南门外黄氏庙俱为春申君，间窑大王为吕蒙正，东亭则诸葛孔明，闾江则伍子胥，管社则项羽，石塘山及胶山则徐偃王，荡口大王则隋炀帝，尤可怪。"郑振满先生对福建莆田江口平原的神庙研究证实了神庙作为社区中心的地位。他认为从明到清，当地经历了一个由里社转变为村庙的过程，明初的社坛日益消解，形成大量以"社"为名的神庙，这些基本上以村为单位建立的神庙体现了以血缘关系向地缘关系演变的历史趋势。泉州城内的里社制“铺境”体系[①]在元代以后就确立起来了，明清时期得到很大发展。铺境的功能在乾隆《泉州府志》界定为三项：“辨民数之虚盈”；“审其财蓄之聚耗”；反映“年岁丰凶，兵役动定”。道光《晋江县志》界定为六项：考“闾阎、耕桑、畜牧、士女、工贾休戚”之“利病”；“立铺递，以计行程而通声教”；“稽其版籍”；“察其隆替”；“除其莠而安其良，俾各得其隐愿”；为“治教礼政刑事之施”。据泉州地方史界陈垂成、林胜利两先生的文献与实地考察，泉州铺境都设庙，这些铺境庙后来供奉了不同的地方神。在“铺境制”初设之时，其庙的组织原来应该与里社中社坛或社庙相一致，只是到了后来才被一般百姓改为民间化的神庙。而在功能上，铺境庙也应与里社坛、庙一样，是存放户籍、组织社区大会、举行赏罚会议、办理一年数度的社区仪式的地点。富美境的境主原为文武尊王张巡、许远。张巡、许远宋代就备受崇祀，明清时期，张巡、许远一身兼有司瘟疫、祛瘟、冥判等功能，祭祀他们的“双忠庙”在江南各地都可以见到。历史上泉州城内就有主祀张巡、许远的宫庙十七座。在富美境，境主被萧太傅代替，文武尊王落为配祀，这既是萧太傅官高爵厚、胜人一筹，更是富美宫势力增长所致。萧姓在泉州衰落以后，富美宫的管理转到经营富美渡头的士绅、商人和脚夫等手中，凭借经营码头集聚的强大经济实力、人际关系和没留下姓名的能力卓越的管理者的有效经营，富美宫的影响越来越大，萧太傅的神威也越来越显赫，不仅取代了境主文武尊王，而且成为“代天巡狩”的王爷神，覆盖泉州城，辐射闽南和台湾。据吴幼雄先生发现的《重建鳌旋富美境武圣殿、萧王府行宫捐交姓氏目录》碑文，道光初年，富美宫的全称是“富美境武圣殿、萧王爷行宫”。“王爷行宫”说明萧太傅已是“代天巡狩”的王爷，广有分灵了，像梅

① 泉州城内以城墙为基本范围，城下设“隅”，“隅”下设“铺”，“铺”下设“境”，民间简称“铺境”。

峰萧厝富美宫、台湾云林聚宝宫等；而“武圣殿”说明当时富美宫同时供奉的还有关圣，道光版《萧夫子签谱》载郡人曾炳奎所撰序言中“昭代嘉庆年间总巡天下降神于城南富美武升殿……至今香火增新”“关萧二夫子皆大汉忠勋，英灵显赫”字句也说明了这一点。光绪辛巳年鉴于富美宫因濒临江畔，屡被水淹，迁于现址重建，这时才不再奉祀关圣，成为现在的主祀萧太傅、配祀文武尊王和二十四司王爷的格局。

明太祖《御制文集·卷十一·鬼神有无论》中言：“其鬼神之事未尝无，甚显而甚寂。所以古之哲王立祀典者，以其有之而如是。其与显寂之道，必有为而为。夫何故？盖有不得而死者，有得其死者。有得其时者，有不得其时者。不得其死者何？为壮而夭，屈而灭，斯二者，乃不得其死也。盖因人事而未尽，故显。且得其死者，以其人事而尽矣，故寂。”[①] 萧太傅可以说就是“屈而灭”“不得其死也”，所以“因人事而未尽”，他的神奇灵异之事就“甚显”。我曾在富美宫看到台湾人编的厚厚一本萧太傅神迹录。

五

在富美宫的配殿夫人妈宫，陈列着一艘王船模型，木制，张帆，大小与真船相差无几。王船又叫瘟船，唐代以前，我国中原就有送瘟船以驱邪的习俗。瘟船一般以竹为骨架，锦纸剪贴而成，祭毕，临水焚化。泉州在承袭中原文化的同时又有所发展。乾隆《泉州府志·风俗》记载：“是月（五月）无定日，里社禳灾，先日延道设醮。至期以纸为大舟，送五方瘟神，凡百器用皆备，陈鼓乐仪仗百戏，送水次焚之，近竟有以木舟具真器用以浮于海。”富美宫送出

① 陈宝良，王熹，等．中国风俗通史·明代卷［M］．上海：上海文艺出版社，2005.

海的王船就是木舟，大小、功能与真船完全一样，长约二三丈，能承载二三百担重量，可漂航至台湾，甚至东南亚沿海一带。历史上，富美宫放出的王船据说有一百多艘，不少整船或残骸飘到东南沿海和台湾，从而也将王爷信仰传播出去。过去富美宫边有专门制作王船的作坊，每造一条王船要举行各种祭祀仪式，如聘请师傅，选择材料，决定船体大小、开工时间、下水时辰等，都必须在萧太傅神前扶乩或卜筮决定。所造的王船，中部设神位，正中为主神，左右为配神，船两旁插刀、枪、剑、戟、凉伞、彩旗、回避肃静牌。神座前陈列案桌，上面摆放香炉、烛台、供品，左右放置纸扎的人役、乐队、乐器等。后仓用来装柴、米、油、盐、药材、布料等日常生活用品。船上放一只白色活公鸡，带有耳环，名曰报更鸡，又有活公羊一至三头。现在王船作坊已无处可觅，王船也久已不放了。

据日本人片冈岩所著《台湾风俗志》记载，清光绪廿九年（1903），台湾苗栗一堡后垅外埔庄漂来一艘王船，船名金庆顺号，帆船，三支桅，所载货物有白羊一、鸡一、角时钟一、大秤一、衣柜一、水桶一、米柜一、橱一、皮箱一、小秤一、锣四、茶具十、小船一、梯一、桶十一、柜一、大鼓二、棋盘一、磁石一、鼎三、旗廿五、大小器具物一组、瓶十七、帘四、索三、神殿七、杂品等。船中安置七尊王爷神像，并有信函一封，如下：

谨启者：

兹奉福建泉州府晋江县南门外富美乡萧太傅大人，建造新任大总巡金、韩、池、雷、邢、狄、章七位王府彩船于此，六月十三日诣祥芝沃扬帆驾放出洋，巡游四方。该船如到贵处，希恳贵乡诸善信，即将该船游泊何埠并何时日，仰乞代复一缄，以慰敝乡绅董之遥盼也，并付笔资银四角，到祈收入，顺挥来慰，则获福无疆！而诸善信均沾神庇。此托。

贵乡诸绅董老爷均鉴

泉州晋江县南门外富美乡绅董　公启

看到这样极尽周全的王爷出巡用品，这样郑重其事的“公函”，我们现代人会想到些什么呢？迷信！实际上不单是现代人这样看，一些古人也如此。“迷信”这个词常被宋明理学家用来批评庶民执迷不悟的信仰行为，与“淫祠”“淫戏”等概念在意义上相一致，指与理学所提倡的正统伦理观念和行为方式相对立、有碍正统伦理秩序推行的社会和思想行为。从方志上可以看到，历代笃守儒教的地方长官在闽地往往以铲除“淫祀”为己任：景德二年，李堪任古田县令，曾下令“毁淫祀三百一十五所，佛宫四十九所，取其材为县庙学”；万历年间，惠安县令叶春及看到小小一县竟有“淫祠五百五十有一”，便下令尽皆拆毁。持正统观念的儒家文人也对此口诛笔伐。明福州人谢肇淛著《五杂俎》抨击道：“闽俗最可恨者，瘟疫之疾一起，即请邪神香火奉事于庭，惴惴然朝夕拜礼……即幸而病愈，又令巫作法事，以纸糊船，送之水际。此船每以夜出，居人皆闭户避之，余在乡间夜行，遇之辄径行不顾；友人醉者至，随而歌舞之，然亦卒无恙也。”清末泉州名士吴增著《泉俗激刺篇·贡王》嘲讽道：“有病药不尝，用钱去贡王，请跳童，目连傀儡演七场，资财破了病人亡。此时跳童又跳起，说是王爷怒未已，托神姐，再求情，派刀梯，派火城，五牲十六盘，纸船送王行。送王流水去，锣鼓声动天，吓得乡人惊半死，恐被王爷带上船。”到了19世纪末，“迷信”这个概念逐步被新式知识分子联系上西方社会进化论中的“superstition”一词。“superstition”被翻译为“迷信”，其本意是指与基督教新教伦理相背离的“异教”（paganism），后来被西方人类学与社会学延伸，用来指社会进化史上的远古阶段，指在理性（rationality）缺乏的状态下人类对自然“蒙昧”和“错误”的认识。既然是蒙昧的，是错误的，就要彻底扫除，于是一场又一场各领域的革命不断冲击“迷信”容身的各个角落，随着革命的推进，“迷信”已无容身之地。

“文化大革命”期间，富美宫停止了活动，宫庙先后被用作工厂、老人活动场所，但民间私下里的拜祭行为从来没有停止。改革开放以后，拜祭活动慢慢走向公开。1988 年台胞到大陆访亲寻祖，包括寻祖庙。泉州富美宫是台湾萧太傅信仰的祖庙，到泉州进香谒祖是台湾信众的心愿，这种心愿在台湾被割弃出去的时代也没有断绝。1924 年 4 月，嘉义东石港先天宫黄传心等十九人专程到泉州富美宫进香，迎请萧太傅和五府千岁回台湾奉祀。黄传心还写了题为《泉州城进香》的诗歌，其中有“富美宫前人似海，铃旗争拜汉忠魂”。“人寻根，神找主”，在这种形势下，泉州统战部门为搞好对台工作，逐步准许并协助富美宫恢复活动。1988 年 5 月重新组成董事会，1991 年 1 月于宫左购民房建办公楼、接待楼，1997 年 12 月购宫后民房扩建后殿，1998 年 3 月被泉州市人民政府批准为第四批市级文物保护单位。富美宫一步一步恢复到今天的面貌。

如今，富美宫已成了泉台文化交流的一条重要纽带。每年到泉州进香的台湾团体络绎不绝，我在富美宫考察的那几天里，就遇到了好几拨台湾人。据曾协助富美宫恢复的统战部退休老干部郑国栋先生统计，1988 年 6 月至 1995 年 6 月间，到富美宫进香谒祖的宫庙共有 85 座，进香团 150 批，4753 人次。其中，1989 年 5 月云林县麦寮乡光大聚宝宫组织了一个 200 多人的赴大陆进香团，在台湾首次通过合法途径经澳门转往大陆，实现了到泉州祖庙进香的愿望；1991 年 10 月，高雄市数十名萧太傅信徒特意乘小船跨越台湾海峡直达富美宫进香，在海峡两岸引起轰动。富美宫内台湾云林弟子黄文进、陈秋贵敬献对联：“神明构造海峡道，春风唤起故乡情。”礼尚往来，1993 年，富美宫董事长朱坤辉率团回访台湾 30 多座分庙，几乎踏遍整个台湾，所到之处受到台湾信众的热烈欢迎，这次回访被台湾媒体评为“对提升两岸宗教文化交流甚有助益”。

泉州有句俗语叫作：“富美羊公，行到处吃到处。”这来源于泉州富美宫一种独特的祭祀仪式，每年农历五月十七日萧太傅神诞举行祭祀盛典时，各地信众敬献活公羊在宫内饲养，然后放生。民间把这些放生羊视为神羊，不仅不敢伤害它们，而且认为放生羊肯吃自己的东西是大吉大利。这些放生羊老死病亡后，就埋在宫口附近的江边。现在泉州城内马路纵横、车辆飞驰，已经不可能再放生公羊了，但宫内饲羊还保留着。在富美宫前一个铁皮围成的圈栏里，养着两头黑色公羊，不时有来富美宫拜香的市民拿来东西喂食。相传萧太傅是天下闻名的大孝子，在其母晚年步履艰难、行动不便后，他就造了一个小车让母亲坐上，由公羊在前拖拉，自己在后推送，并加以保护，使母亲能外出游玩散心。陈进国在《信仰、仪式与乡土社会：风水的历史人类学探索》中说：“在中国传统儒家伦理精神‘下落’和‘内化’于民间社会的过程中，以‘敬天法祖’为基础的民间信仰寺庙往往是儒家核心的孝道观念获得展示的重要载体。一些寺庙通过各种宗教膜拜仪式将这种孝道观念灌输到民众的集体意识之中，而与风水有关的扶乩仪式正是将这种观念神圣化的重要手段之一。”这放生公羊的仪式也应该是其中之一吧。不过，难道这里存在的只是单向的“下落”和“灌输”吗？萧德青老人很孝顺，自己七十多岁了还照顾着父亲的日常生活。他的父亲已九十多岁，仍旧健康，拄着拐棍在萧厝村的街道上散步，不时和路人打招呼。接待我的泉州富美宫的董事张爱群先生也是一个孝子，一天晚上陪我去拜访吴幼雄先生，回来时已经晚了，还要绕道母亲那里，因为母亲的脚崴了，他要去按摩、上药。他们的行为使我觉得人性本善的一面在民间信仰中得到提升和涵化。

吴幼雄先生是泉州师院的老教师，早在 20 世纪 90 年代初就和泉州一些志同道合的文化人组织了一个泉州民间信仰研究会（最初叫道教文化研究会），努力发掘泉州民间信仰中的宝藏。富美宫恢复时不少碑文的重新撰写工作，两次萧太傅学术研讨会的资料采集工作，都令吴幼雄先生付出了大量心血。在泉州图书馆，我看到了最早的《泉州民间信仰》，竟然是手刻油印的。在富美宫，我找到了吴先生题撰的两帧石刻："富美宫为萧太傅信仰发祥之圣地，自明迄今已历数百载，胜迹重光"，"谗邪构陷饮恨千古，功高麟阁忠心昭明，德炳云天庙祀永享"。这让我找寻到了儒臣的精神和它的载体。

我还和张爱群先生一起参加了富美宫左近小庙鳌旋寺的一次岁末拜神还愿活动和事后的信众素餐宴聚，近距离地接触了民间信仰的信众。"在儒家的心目中，成为宗教的人意味着一个人投身于充分地成为一个人（或做人）的学习过程。我们可以把成为宗教的人的儒家趋向界定为一种终极的自我转化，这种转化既是一种群体行为，又是对超越者的一种诚敬的对话性的回应。"（杜维明）民间信仰里信众崇拜神明的行为正体现着一种寻求做一个社会的人的努力，"敬前贤善事多行，求神明亏心莫作"，在虔敬地向神明祭拜的时候，实现了一种诚敬的对话。这种对话可能总是关涉着日常琐事，但在对神明倾诉时也实现了一种对于日常的超越。"举头三尺有神明"是民间流行的俗话，但它的道德劝化作用却不弱于众多高头讲章。郑国栋先生在协助富美宫恢复的工作过程中，也多次到过台湾，目睹了遍地民间信仰宫庙的状况，感受了普通民众的讲礼重信。

六

庄子在自己讲的故事中造了许多奇怪的名字，就如"则阳"篇中求教“大公调”的“少知”，“徐无鬼”篇中黄帝要去见的“大隗”。《玉篇》释“隗”为“高也”，那么“大隗”就是广大而无际、高邈而难测的“至人”了。“至人无己”，难怪黄帝见了“小童”就不去找那“大隗”了。“少知求教于大公调：‘何谓丘里之言？’大公调曰：‘丘里者，合十姓百名而为风俗也，合异以为同，散同以为异。今指马之百体而不得马，而马系于前者，立其百体而谓之马也。是故丘山积卑而为高，江河合水而为大，大人合并而为公。是以自外入者，有主而不执；由中出者，有正而不距。四时殊气，天不赐，故岁成；五官殊职，君不私，故国治；文武殊材，大人不赐，故德备；万物殊理，道不私，故无名。无名故无为，无为而无不为。时有终始，世有变化，祸福淳淳，至有所拂者而有所宜，自殉殊面；有所正者有所差，比于大泽，百材皆度；观于大山，木石同坛。此之谓丘里之言。’”积卑为高，合水为大，我倒觉得这里所讲的丘里风俗之化，联系到我所观察的泉州萧太傅信仰的状况，似已是臻于至化之道了，但大公调还说这不是“道”，还继续讲下去，我就不去引了。庄子说自己“以天下为沈浊，不可与庄语，以卮言为曼衍，以重言为真，以寓言为广。独与天地精神往来而不敖倪于万物，不谴是非，以与世俗处”，不知他借少知和大公调之口所说的是卮言、重言，还是寓言？

《康熙字典》还释“际”为“交际”，举的例子除了《孟子·万章下》中“万章曰：敢问交际何心也”之外就是“仁义之士贵际”。我们先来看看《孟子·万章下》中师徒二人那段有趣的对话吧。

万章请教孟子在与人交际时应当秉持一种什么心态，孟子回答说：“恭也。”万章疑惑，说：“可我们常说推却别人的礼物就是不恭，这分明是有礼必受，把恭敬当作幌子，并没有真正内心恭敬，这该怎么讲呢？”孟子此时也意识到自己的回答过于简练，没有设定必要的前提，但在人生的常态中，一个人所交际的不都是正常的伦理范围内的各色人等吗？交际时对何人该“恭”不是很明显吗？所以，他就回答说：“尊者赐予礼物，却一边想他取得这东西是合乎义还是不合乎义，一边接受，这岂不是与人交接之际就预先有菲薄他人之心吗？这就是没有以恭敬之心来交际，所以接受就是了。”万章显然很是理性，知道生活中有些尊者虽然处在那样一个伦理的位子，但实在没有可尊敬之处，于是就说：“那我就不用直接的言语推辞，只要我心中拒绝，认定他那东西是从百姓那里不义而取得的，找个借口推托掉就行了，这样我没有让他觉得我对他有菲薄之意，又不接受不义之物而玷污自己，这样不可以吗？”孟子显然不同意这种将个人的理性和算计置于伦理之上的做法，说：“交际的时候，合不合乎交际之道，合不合乎交际之礼，这都是一眼就能看出来的，有必要算计那么多吗？如果合乎，就是孔子也要接受的。”万章仍旧不解，继续追问：“如果有人在城门外偷偷劫取财物，进到城内将这财物赐予他人，赐予之时，合乎交际之道，合乎交际之礼，难道就可以接受这抢劫之物吗？”孟子说：“这当然不行，康诰中说，杀人越货，贪很而无畏惧天诛之心，这样的人，老百姓没有不怨恨的。这种人触犯公愤，不用讲任何道理，杀掉就是了。”万章说：“那现在的诸侯从老百姓那里掠取，和杀人越货没有什么两样。如果诸侯善于交际之礼，做得天衣无缝，那君子就接受，冒昧地问一下您该怎么解说呢？”孟子说：“那你认为如果有王者兴起，是把这些诸侯统统杀掉呢，还是教育一番如果还不悔改再杀掉呢？把不是自己的东西而掠取的各种情况都称作盗窃，这是尽可能归纳同类的现象而推导到应然的尽头的结果。凡盗窃都是可恶，但也不可用至高的义来责备所有同类现象，有些应不教而诛，有些就要先教育然后看情况诛还是不诛。各诸侯掠取百姓不义，但不像杀人越货，还有不诛之情。交际时以礼相待，不正是一种教育吗？难道除恶务尽就能止恶吗？孔子在鲁国做官，鲁人争相角逐禽兽当作祭品，这实际上与先王之礼已经是不合了，但孔子也照着做，这样的风俗孔子就能接受，更何况接受赐予呢？”“那孔子做官，难道不是为了行道？”万章仍旧不解。孟子说：“当然是为了行道。”“那为何顺从鄙陋风俗？”“孔子这是为了因俗设教，不急于求成。在狩猎之先，孔子先写下正确的祭祀所需要的祭器和祭品，并不用把大家获取的猎物全部充当祭品，那么多取无用，争献无功，陋俗慢慢就会得到纠正了。”“如此一个陋俗就要费那么大的功夫，那什么时候才能真正行道呀！为什么不离开鲁国，去找寻更合适的君主来行道呢？”孟子说：“君子对于天下有着至高的追求，但天下人对于君子也有着深深的怀疑，害怕君子秉持高义来矫正人物，大大违背人情。孔子这样做，正是要小试行道之端倪，因俗而化民。如果鲁国人能体悟君子的苦心善意而慢慢转化，孔子就继续行道，如果这样也不行，那就离去。所以，孔子没有在一个国家淹留三年的，后来断然离去，而不在一开始就过分拒绝。交际不也是这个道理吗？用恭敬之心与人交际，正是顺人情物理而要有所作为呀，与人交际，一上来就凭私智妄加判断，既是自绝于人，也看不出你有什么君子之风、君子之志呀！”万章默然了。

按照王夫之对于庄子所批评的“仁义之士贵际”的理解，庄子是认为仁义之士把人伦交际看作最高价值，因为交际之中难免顺由自己的“形性之偏”而身陷于万物之中不能自拔，不能“游于六合之外”反观自省，所以越是汲汲以求，越会劳而无功，最终沦为“徒有其言，终无其实”之辈。但看看孟子师徒的对话，感觉“仁义之士贵际”没有丝毫虚伪，有的只是至情至理和高尚胸襟；也不会“徒有其言，终无其实”，千年礼仪之邦实实在在，泉州善良风俗实实在在。倒是庄子的“独与天地精神往来而不敖倪于万物，不谴是非，以与世俗处”，除了可以给急于求成的“万章们”提供点解毒剂外，于国于家甚至于己，实在是看不出会造成多少现实的成效。所以，我这有意无意地探求儒臣与神明之际应该也不算是“害马”，但愿能为我所生活的土地和土地上的人民尽一点绵薄之力，那我也足以快慰了，所谓得高明者的赞词只是行文中常有的玩笑之辞，当不得真。

走出韦伯的“儒教”迷幛*

中国问题的复杂性由于引入西方长于分析的各种理论和方法加以研究似乎变得简单明晰了，但中国历史与现实的复杂性及这种复杂性所内含的未来可能性并没有得到有说服力的揭示而仍旧呈现迷雾状。当然，所谓“以中国解释中国”，至少是在“逢三千年未有之巨变”而使“中国”一词本身都发生了巨大的语义递嬗之后，也多呈现为一种豪言壮语而无助于解释复杂、推测可能。也许此时应该搬出“哲学家们只是用不同的方式解释世界，而问题在于改变世界”这样的经典语录，但随着我们认识的深入，我们已经明了解释世界本身就是改变世界。马克思就是一个很好的例子，他对于资本主义性质和机制的揭示影响和塑造了几代人，从而深刻地改造了其身处和身后的世界。所以，解释复杂、推测可能还是要进行，哪怕已深感乏力。而这时我们会思考：乏力的根源只在于西方理论的水土不服和中国自身变化太大吗？会不会是因为我们从来没有真正理会理论和立足中国或者说没有将西方理论和立足中国结合起来呢？无疑，百年的引进和中国自身的深刻变化已经使某些西方理论家及其经典著作成为我们自身传统的一部分，立足中国本身恰恰要求我们有世界眼光，融会已经成为我们自身一部分的西方传统而作天下理论（如

* 本文 2008 年作于北京，发表在电子刊《儒家邮报》第 34 期。收入本书时，做了一些增补和修订。

赵汀阳），由此我们才能拨开中国问题的迷雾，看清眼前的道路。不过，传统真正成其为传统，还在于它构成于中国社会的内在张力中而被学人前仆后继地加以新的诠释并为百姓日用而不知。明清以来，传统商业社会的成熟，北方游牧民族威胁的彻底消解，基本的农业生态不断遭受过密化的威胁，等等，都预示着中国社会已然孕育着新的转型。郑和七下西洋绝非偶然，倭患及西方殖民者的闯入也以倾国之力而待之；顾炎武的天下观、王夫之的夷夏论、黄宗羲的民主说，卓荦而无匹，无疑是孕育期中国学人的自主探寻，清儒对经典的卓越整理催生伟大的新阶段。然而西人的躁进破坏了中国人“回想的随遇而安”（梁漱溟）式的转型步伐，将近代以来中国的每一步变迁都罩上了西方现代化道路的面纱。现在，中国学人开始有了面对西方的自信和将随着中国社会的变迁而融入中国传统的西方理论诠释和消化的自觉。然而这必然是艰苦的工作，因为蒙着面纱的历史叙说统治已近百年，进入中国传统的西人在我们这里迷幛重重，不努力走出迷幛，就无法真正作为传统整理。韦伯就是一个进入中国传统而有待走出迷幛的西人。

韦伯将儒教定义为维护现世秩序的官僚的宗教，这自然是一个错误，也是一个深刻的错误。他至少揭示出儒教的重要承担者士人在国与教关系上的根本价值取向，那就是不着意做上帝与恺撒的两分，而在“国之大事，在祀与戎”上采取积极的担当姿态。其深刻性还在于：明清以来中国社会的内在动力也促使士人在国与教关系上做痛苦切分，制度儒教或儒学的崩塌并不单单是西方帝国主义力量冲击的结果。明末王学左派走向民间，清末以来士人自觉倾向西式革命，都展示出中国内部冲击制度儒教的动力。当韦伯出于对理性资本主义和现代性的深刻体认而对儒教持同情性批判态度的时候，他实际上也暗合中国社会转型的内在机理。也许正因为此，早在20世纪三四十年代，老一代学人贺麟就将韦伯学说引进中国；而当中国革命已然成功，社会学经历被消灭的厄运重新迎来自己的春天的时候，韦伯再度来到中国，从此掀起一波又一拨热潮，至今不衰。据刘东概括，热潮共有三波：其一，20 世纪 80 年代文化热中，“言必称韦伯”，韦伯有关资本主义精神的学说成为学界反思文化传统拥抱蓝色文明的锐利思想武器；其二，20 世纪 90 年代，随着人们关注亚洲四小龙的经济腾飞，海外华人学者余英时与金耀基分别从历史和现实层面对儒家与资本主义精神的契合做出论证，大陆学界再次请出韦伯来借以阐明，儒家文化虽然已然破碎，但已成为现代中国人摆脱不了的文化心理积淀，这种积淀完全可以为已被视为历史必然的西式现代化进程，提供虽有限但必要的“奇里斯玛支持”；其三，借由韦伯《儒教与道教》的翻译而带来的对于韦伯终不过是中国问题的“伟大的外行”的反思，学界探究儒学与资本主义的共生关系，也就是要将儒学也纳入资本主义的世界体系中，“儒家资本主义”研究一时成为学界热潮。①

说到“儒家资本主义”，这本身就是一种中西对比下的概念产物。当韦伯的新教伦理说经帕森斯介绍而“美国化”，火红了学术圈，进而走出学术圈，服务于英美霸权文化时，有意无意认同了这种霸权，又不愿彻底舍弃自己的坛坛罐罐的东亚人拈出了“儒家资本主义”的概念，努力论证儒家伦理与资本主义的契合。实际上说到认同人家的霸权，也没有什么贬低的意味，“霸道”并不就是刀剑和蛮横。《白虎通·号》“霸者，伯也，行方伯之职”，《荀子·成相》“穆公任之，强配五伯”（注“伯，读为霸”），由此“霸道”似还可指一种地方文化行使普世文化之权。既然人家文化先进，认同之也是人之常情。不过，日本及亚洲四小龙战后经济的腾飞似乎为“儒家资本主义”这一概念提供了现实的确证，也使人不知不觉由一种认同他人先进

① 刘东．韦伯与儒家 [J]．江苏行政学院学报，2001(1)：30-47.

的起点走到了推动儒家的复兴。

据说西方最早提出儒家资本主义说的是弗兰克·吉布尼，而《东亚之锋》的作者霍夫亨兹和柯德尔在分析东亚经济的崛起时把儒家文化作为东亚国家和地区“共同的力量源泉”。但我更愿意认为韦伯的研究已经包含了“儒家资本主义”的概念，吉布尼们的逻辑之根要到韦伯那里寻找，真实的意旨同样要回到韦伯。韦伯极力论证儒教的官僚性，顺应黑格尔以降中国社会停滞的成说，论证儒教社会发展不出合理性资本主义。这位“伟大的外行”意向所指并不像帕森斯解读的那样是对外的科学性研究，而是 19、20 世纪之交的德国自身。虽然德国也是宗教改革的发源地之一，但韦伯时的德国并没有如其著作所确证的新教伦理召唤出资本主义那样，在现实中召唤出强大的德国资本主义。在西方内部，先进的英美与落后的德国之间强烈的反差促使韦伯以学术为政治，一要论证德国有着资本主义发展的宿根，即新教文化；二要论证在德国打破容克贵族垄断经济，由国家扶持顺应新教资本主义本性的自由资本主义体系的必要性。而经济也就是政治，经济体系要求相应的政治体系，这在现代性的世界中越来越成为常识。官僚经济与相应的官僚政治会使德国“返祖”（从东方到西方，黑格尔早做过这样的逻辑链条，东方的官僚性儒教莫非是韦伯要避之的“祖”？）而无法应对英美的强势压力。李斯特以来的德国经济学界的清醒者极力走出经济学的学生和侏儒状态，提出“国民经济学”，实际上就是希望一个强大的德国政府扶持起一个强大的自由经济，而这本身就是英国资本主义兴起时的不二法门，只是英国在确立霸权后有意无意藏起了自己的尾巴，向全世界灌输一种科学的、普遍的政府守夜、自由贸易的自由主义经济法则。韦伯讲新教资本主义就是说德国也可以这样，隐隐地谈到或可以冠以“儒家资本主义”的中国经济政策，就是说德国不可以在文化侏儒的同时政治上官僚从而经济上无能。但正因为韦伯生前的影响力并不如身后，德国也没有如韦伯等期望走上了英美标签上的法西斯道路，所以“新教资本主义”只是在帕森斯为了论证美国的成功根源时才真正叫响，这个名字也早已失去了韦伯的原意原旨。而“儒家资本主义”则主要因为日本、亚洲四小龙，20 世纪 90 年代以来又因为中国的经济崛起而真正响亮，实际上也失去了韦伯的原意原旨。

因此，“能否产生合理性资本主义”只是韦伯虚晃一枪的伪问题。刘东已明确提出了这一点，然而切不可以为刘东是在用自己世纪初的文字彻底将韦伯从中国问题或者说中国传统中勾销出去，他在文章末尾用文学性的笔调写道：“这位社会学大师深具原创性的不朽著作……照样可以满足最激越的想象和施展最透辟的思考力……足以使之（指终极关怀）结成精神的某种超越存在形式，来同须臾不能稍离的人间问题构成持续的紧张。至少按照我本人的体验，这种取向跟一个深受儒家文化熏陶的心灵的潜在祈求是刚好相通的，所以韦伯主义和孔子主义完全有可能以某种形式相互激发。”可见，抛开所谓合理性资本主义和西式现代化的迷雾与面纱，从想象、思考力和人间问题入手，韦伯及其思想已然进入明清以来中国社会的内在张力而成为中国传统的一部分。所以，就在刘东概括不尽完全的三波热潮之后，韦伯在 21 世纪初仍旧得到中国学人的持续关注。中国社会科学院社会学所渠敬东主编的“思想与社会”辑刊第一辑就是《韦伯：法律与价值》，其中李猛的长文《除魔的世界与禁欲者的守护神：韦伯社会理论中的“英国法”问题》运用韦伯社会学理论深刻剖析了中西主要法律体系与各自价值体系的关系。这里已没有了刘东所深深痛惜的中国学人那种“唯洋是好”的倾向，有的是对于社会本质问题的深深切入。第二辑《施米特：政治的剩余价值》中，刘小枫《施米特论政治的正当性——从〈政治的概念〉到〈政治的神学〉》长文将信奉天主教大公主义的施米特与阐析新教伦理的自己的老师韦伯共同放到德国“一战”前后的民族政治的漩涡中考察，以解开韦伯师徒政治家和政治哲学家的真实面目。有趣的是刘小枫将魏玛德国译为民国，并处处或明或暗地与近代以来中国面临内忧外患而做的艰难跋涉相比附，让人读来不觉常常要思考自家问题。在如今中国学界政治哲学的热潮下，韦伯再次“降世”以政治家与政治哲学家的面目出现，在笔者看来，韦伯迷幛也是到了走出的时候。

儒学从本质上看是政治哲学，先秦儒学如此，两汉儒学如此，宋明儒学也是如此。从政治哲学的角度看，中国和德国虽然分属两大不同文明，但在英国开启的现代资本主义全球进程中遭遇到类似的内忧外患；虽然英德同属西方基督教文明并共享着新教伦理而使德国问题有着自身的特殊性或者说并不如中国问题那么紧迫，但在面对各自政治共同体的问题时，政治哲学家展开的想象和思考力及承受的持续紧张却是相通的，刘东的玄想和刘小枫的比附也许正是看到了这一点。

近代德国通过三次王朝战争成功地实现了向民族国家的转型，然而国人政治上的幼稚和文化上的侏儒状态使这个强国夹缝中的民族时时处于颠覆的危险之中，从出道时的《民族国家与经济政策》到成名大作《新教伦理与资本主义精神》再到晚年演讲《以政治为志业》，韦伯致思的方向都是政治共同体的前途命运和当下策略。这一点前文已就德国资本主义发展加以分析。另外，Gert & Mill 认为：“韦伯埋首于浩瀚的资料堆中，目的不是要在对人的历史状况的沉思里替无依的宗教需求寻得一处静寂无为的避难所，就像卢梭对自然的感情；而是要从比较性的探讨中找出政治的方向。知识多少是力量——这是一个没有权力的人对知识的这番追求的背后的动力。掌握住这种政治关怀，我们才能了解他思想的取向。”[①] 苏国勋是 20 世纪 80 年代

① 马克斯·韦伯．韦伯作品集：学术与政治 [M]．南宁：广西师范大学出版社，2005：65.

中国最主要的韦伯研究者，他也认为“‘国家理由’和‘对历史的责任’一直是主导韦伯一生政治态度的根本观点，它与第一次世界大战时期德国容克资产阶级政权推行的对外侵略扩张的帝国主义政策是完全合拍的，韦伯与他们的区别只在于策略和方法上，而他们共同的目标都是要使日耳曼民族成为主宰世界的‘主子民族’”，并指出韦伯思想的内在矛盾：“他一方面明确地认识到资本主义发展的实质不合理，把资本主义解释为奴役人的牢笼；另一方面又作为学术界的代言人表达了德国资产阶级的愿望和要求，不遗余力地力陈在德国发展资本主义的合理性。作为一名自由主义者，韦伯一方面是民主政治、个人主义和意志自由的捍卫者，大声疾呼反对官僚制独裁对个人权利的剥夺和对人性的贬抑；另一方面又极力鼓吹德意志民族国家的至高无上地位，反对社会革命并为德国的侵略扩张政策辩护。”[①]

近代以来由传统士人转型而来的中国学人中的政治哲学家也面临着与韦伯一样的学术和政治的命运，从“师夷长技以制夷”到“中体西用”，从创立孔教会到打倒孔家店，从经济改革到政治文明，学术总是自觉地在为政治指向和开路，不同的只是中国学人有历史机缘直接实践到政治中，中国问题在政治、经济、文化全面处于弱势而被打压围堵中有着远较德国问题复杂的纠葛。正是这种一样中有偏差使得韦伯在传统儒学话语面对一个更复杂的世界突然外表失效的时候进入中国传统，成为了一种可资利用的解释资源，而不是我们如今学术市场习见的搬来倒去的西方花哨理论。而且，即便以后儒学话语重新复兴，韦伯也不会走出中国的传统，走出的只会是迷幛，因为复兴的儒学话语只能是打通韦伯所伴随走过的近代以来一百多年中国史内在理路的话语。

① 苏国勋．理性化及其限制·韦伯思想引论 [M]．上海：上海人民出版社，1988：37–38、325.

如今，儒学的话语虽然还没有全面复兴，但承载儒学文明精神的学人已经在做走出韦伯迷幛后的韦伯传统的整理工作。写作《现代中国思想的兴起》的汪晖解构了“帕森斯化的韦伯”，指出帕森斯将一个被美化和乐观化的所谓普世主义现代化硬套在韦伯理论上。通过将被普世主义化的韦伯现代化理论还原到其产生的历史背景，汪晖成功地将韦伯作为一种思想资源来展开对“中国现代性”的反思。这种反思克服了以往将西方社会中的所谓理性化过程作为一种普遍适用的社会指标的贫乏，打开了认识近几百年中西文明互动而造成的中国与世界复杂问题的崭新视角。提出“儒家社会主义”的甘阳通过对韦伯“著述史”的研究，剖析出“第二次世界大战后的美国韦伯”（也就是帕森斯化的韦伯）和“第一次世界大战前后的德国韦伯”两个形象，并在翻译韦伯的过程中针对当代中国社会、政治、经济和文化状况，将韦伯的“问题意识”带到新的历史语境中，产生了“政治化韦伯”的理论冲动，提出了“中国在经济上的崛起今天已为举世所瞩目，但中国在进入下一世纪时必将面临的关键考验或在于，古老的中华民族能否成熟为韦伯所谓的现代‘政治民族’”[①]的追问。甘阳这里的韦伯俨然已经没有了刘东所痛惜的韦伯被高拱上云端来俯瞰中国问题的形象而落入凡尘，成为伴随着中国现实问题的中国传统。关注中国文化政治的张旭东则在甘阳之后追问为什么韦伯真正关注的“在具体的‘经济政策问题’和存在的政治这样大问题之间的联结点，不是民族利益、传统、文化认同这样的集体性、规约性范畴，而偏偏是自由的概念”[②]。张旭东认为韦伯所说的自由意味着一个民族有意志、有能力消化民族的外在环境甚至将其内在化，而这恰好能解释自始至终关注德国现实政治的韦伯为什么要研究儒

① 甘阳．走向“政治民族”[J]．读书，2003（4）．

② 张旭东．韦伯与文化政治 [EB/OL]．中国战略与管理研究会网站．http ://www.cssm.org.cn/view.php ? id=25551.

教和佛教，何以提出“新教伦理与资本主义精神”的命题。对于韦伯来说，德国民族的对外扩张争取生存的空间是自由的要求，德国学者诲人以清明而使德国的一代代精英服侍德国的“神”也是自由的要求。[①]拥有这样的自由意志而认清“我们将成为什么样的人”的民族是政治成熟的民族，而一个政治成熟的民族才是有着自觉的文化政治的民族，当代中国不正需要韦伯这样的思考吗？[②]

而且，中国还有着较之韦伯当年的德国抱负更大的追求。我们更要超越韦伯的思考。

布罗代尔研究过一种普遍的资本主义，从古代一直到现代，这种资本主义一直驯服于各大文明社会的秩序内。或者，我更愿意把那个有着强烈基督教色彩的“主义”尾巴切掉，就留下“资本”与“社会”。与韦伯同时代的法国学者涂尔干的学术研究要积极为西方召回的也就是“社会”，可惜在西方，“社会”一维在理性资本主义深入骨髓的状况下，一直难以从各方面撑起自己曾有的羽翼，宗教改革放出的新教资本主义这个怪兽一直不能彻底降服。当然，西方正是借此建立世界性霸权并从中取利的，在这个“利”还能通过“美元税”等种种手段获得时，怕是没有动力自己降服。

当韦伯被我们顶礼膜拜的时候，韦伯还是外在化的韦伯，那里有着重重的迷幛，而当韦伯为一代学人正视的时候，当我们重新审视自己的儒家文化的时候，韦伯理论已和中国立场紧密结合在一起。韦伯正成为内在化的韦伯，这正是我们走出韦伯迷幛而消化、诠释、超越韦伯传统的努力的结果。

---

① 马克斯·韦伯．韦伯作品集：学术与政治［M］．南宁：广西师范大学出版社，2005：184.

② 罗岗．“韦伯翻译”与中国现代性问题［J］．中国比较文学，2006（3）．

理解儒教的途径
——读葛兰言《中国人的宗教信仰》*

某种意义上，我们可以说先有宗教学研究后有宗教。

我们今天习以为常地扳着指头数世界上有多少个宗教，说宗教如何如何，但在宗教学出现而需要定义宗教之前，在现代社会的种种传播工具将宗教学的定义镶嵌到现代社会中之前，这一切都是无以想象的。传统社会的人们有灵魂的观念，有对自然或超自然神灵的祈祷渴望和行为，有各种神秘主义或非神秘主义的信仰，有各种祖祖辈辈流传下来或根据当下需要创造出来的祭祀仪式和祭祀对象等，这些都是百姓日用而不知的，和人们生活的其他方面纠结在一起而不分彼此。就像到时节，七里八乡的农村妇女组成香团去给泰山老母进香，这是她们群体性生活的需要，祷告神灵与关照家人的健康幸福不可分离。而扩张的科学理性有一天解释了这些现象，产生出宗教学，于是这些东西就要被定义为宗教或巫术，而在宗教里面也被摆在先进或落后的不同层次。农村妇女由拜不拜香被分为有无宗教信仰两类，同样的关爱子女也被分割到宗教和非宗教的领域。

宗教学研究首先产生在与外文化直接接触的过程中，其次是产生在现代与古代的断裂而以俯视的态度研究古代的时候。所以最早

---

*本文2011年作于三亚，发表在《博览群书》2011年第2期，收入本书时有删改。

的宗教学著作研究西方殖民者眼中的低文化社会的原始宗教或遗留和迷信偶像崇拜，然后才发现自己也有这些古代的遗留。对科学的崇拜是导致现代与古代的断裂的重要原因之一，科学为宗教学研究提供了方法和武器，对科学进步的信心是宗教研究者感觉良好和面对所谓宗教现象时自居道德制高点的支撑。宗教学一开始是以比较宗教学的形式出现在西方，并从英国学者缪勒（Max Müller）在1871年的一次演讲中获得了一个独特的名称——宗教科学（science of religion）。从比较宗教学的名称就可以看出它的材料是殖民时代收集到西方的世界各地的所谓宗教现象，而方法是比较方法，而比较方法以现代的科学态度为条件。因为只有以这种态度去研究宗教，才能脱离信仰的或主观的、传教的或反教的立场，使宗教研究走向宗教科学。而1900年前后宗教学传到中国所遇到的是不同的情形。

当中国被动面对外来强大文化时，第一需要不是研究外夷而是自己，认识自己以便富国强兵、跨出古代。梁启超提出用新方法和新视角研究中国过去，提出了宗教学研究的问题，但他也发现问题很多："在中国著宗教史——纯粹的宗教史——有无可能，尚是问题。宗教史里边，教义是一部分，教会的变迁是一部分。教义是要超现实世界的，或讲天堂，或讲死后的灵魂，无论哪一宗教都不离此二条件。其次，宗教必有教会，没有教会组织就没有宗教的性质存在。根据这两点来看，中国是不是有宗教的国家，大可研究。"这样的认识很显然是西方宗教学影响的产物。也就是说，西方宗教学已经把宗教的概念镶嵌到梁启超的知识体系中，进而又由他传给更多的中国人。

那么，中国宗教史似乎没什么好研究的。不过，梁氏还是认为，"作中国宗教史""有一部分可写得很精彩"。这个部分就是"祭祀"，尤其是贯穿祭祀的核心观念——"报"，以及祭祀的对象——"神"。他说："你若是把中国人供祀的神，根究他的来历，大抵没有不是由人变来的。我们看他受祀范围的广狭，年代的久暂，和一般民众祀他的心理，做成专篇，倒是宗教史里很精彩的一部分。所以可以说中国人实在没有宗教，只有崇德报功的观念。”除此之外，他认为“中国人对于外来宗教的一般态度”也“很值得一叙”。[①]

很显然，梁启超在接受西方宗教学的概念的同时也无可奈何地要超出这个概念。西方宗教学研究者实际上也面临同样的问题。西方研究者后来对研究对象也生出感情，开始肯定宗教的灵性意义和社会整合意义，这也与西方现代社会推进中产生的很多问题有关，于是基督教也成了宗教学研究的对象，对基督教的宗教学研究替代了式微的神学研究。梁启超注意到宗教学也与传统经学不再为学人重视有关。

梁启超说唯一可研究的就是民间的祭祀，可这里又没超自然的神，有点勉为其难；梁启超说中国是无宗教的国度，要有宗教也是非西方意义上的宗教，但无论哪种意义上，儒学儒家都不是宗教。如果说基督教还真是与宗教学研究兴起时的研究对象很相似，儒学的确是差得很远；这一点宋儒真是了得，无怪乎利玛窦等要与宋儒为敌。而宋明儒学做了清王朝的伴死鬼后，中国的先进人士也没了把儒家诬为宗教的机会，而把批判对象转到梁启超还肯定的民间祭祀，视为封建迷信，一路加以批判，至今也没大的改观。其实，严格按照宗教学早期的宗教定义，民间祭祀只是原始宗教的遗留或巫术，根本算不上是封建社会的事物。从这一点也可看出客观、理性的宗教学及其定义进入中国后的困境。

将基督教纳入研究对象后，西方宗教学者搞出个由低到高的宗教发展系列；但基督教人士并不领情，基督教当然是高级宗教，但天启和一神是教义基础，也不容破坏。科学和宗教矛盾难以消解。社会学一直谋求为科学，但其人文性使真正的社会学者难以将社会学搞成科学。涂尔干对宗教的研究，将之还原为社会，这既肯定了基

① 林富士．礼俗与宗教［M］．北京：中国大百科全书出版社，2005.

督教在西方社会的意义，但也摧毁了基督教的神学基础。涂尔干是为解决现代社会的失序（anomie）计，用“君子以为文、百姓以为神”来概括涂尔干的宗教说虽不中亦不远。其高弟葛兰言（Marcel Granet，1884—1940）是西方主流社会科学界中唯一专门研究中国的人。当年社会学中国化的开创者吴文藻游法，“曾三过其门，不得一见。嗣经莫斯介绍，方获晤谈”。葛兰言运用社会学理论及分析方法研究中国古代的社会、文化、宗教和礼俗，他的《中国人的宗教信仰》是一本了解中国之书，读此书可令囿于传统进化宗教说的中国人产生全新的宗教认知。

《中国人的宗教信仰》①（以下引自本书的，只在文中标明页码）全书分四章及一个结论。

第一章乡村宗教，实际上是以《诗经》为材料，葛兰言认为这是中国后来宗教的基础，孕育在早期的乡村生活和其涵盖的乡村节日、圣地、古代信仰和民间神话传说中。葛兰言认为中国古代乡村宗教是精英文化的根源，精英文化是由民间文化中生长出来的，两者具有同质性。

第二章封建宗教，葛兰言认为“从封建时代开始，鲁国的风俗文化就被奉为常规；但只是到了封建大一统时代它们才被尊为不可动摇的准则”，于是他“根据鲁国的史料描述封建宗教”。这里“鲁国的史料”实际就是孔子整理的六经，诗经就是六经之一，所以葛兰言区分乡村宗教和封建宗教，依据何在值得细究。荷兰学者De. Groot根据其搜集的清末福建厦门地区民间信仰的资料，对比中国古代文献指出：“民间文化是精英文化流传到民间之后稀释、变质、庸俗化之后的结果。”同样是科学研究，结论却恰恰相反。

第三章官方宗教，也就是封建大一统时代被奉为正统的儒学，

① ［法］葛兰言．中国人的宗教信仰［M］．程门，译．贵阳：贵州人民出版社，2010.

葛兰言说：“儒家思想又被称之为儒教，也有人称其为民族宗教乃至国教。它被称为国教是因其完美地诠释了中华民族的民族特性，至少对社会中的中产阶级有其规约性。从现实意义上说，它其实是文人的宗教；从其起源和礼仪特征来看，它又是一种阶级宗教。因此，我将其定义为官方宗教。”（第 2 页）显然，葛兰言也受传统宗教概念的影响，定义儒教为宗教是一种突破，他说：“我不热衷于列举其神话创造——其中大部分并不出色——因为它更多的是与其人工创造的崇拜体系相适应，而把重点放在研究中华民族文人阶层之宗教习俗的道德和心理方面。……我们居然花费如此大的篇幅来描述一种没有神职人员和实质性教义的宗教，一种仅仅是建立在社会规范性和道德实证主义之上的宗教。”（第 3 页）这里他研究了儒家士人、正统玄学及道德观、宗教崇拜和信仰。因为官方宗教是文人的宗教，葛兰言认为它“并不能完全满足文人之外的普通人在宗教生活方面的需求”（第 4 页），而东汉时形成宗教形态的道教“表现了中国人对于世界的本土观念”，“成为了民间习俗和传统的自然避难所，因为他们受到官方宗教的排挤打压”。也就是说，道教成了乡村宗教遗留在官方宗教时代的避难所。而更熟悉中国的梁启超认为这些是存在于“祭祀”之中的。

第四章宗教的复兴，葛兰言写了道教和佛教的复兴。葛兰言超出当时西方学术流行的宗教概念，“居然花费如此大的篇幅来描述一种没有神职人员和实质性教义的宗教，一种仅仅是建立在社会规范性和道德实证主义之上的宗教”（第 3 页），确实自己也感觉有违这本向西方人介绍中国宗教的著作的宗旨。所以，他要用一定的篇幅来描述有着更多宗教外观的道教和佛教。两汉以后，中国确实有过一段道教和佛教的昌盛期。在葛兰言看来，“道教和儒家正统都源于一个共同的基础，当二者处于竞争状态时，它们通过相互对立来确定各自的身份认同”（第 114 页），人们的等级划分、教派活动存在的合理性等都需要在一个正统主义的儒教之外有一种宗教信仰的复兴。但道教也很难纯粹地归为一种宗教信仰，葛兰言把道教定义为“以神秘主义为取向的本土性的思想运动”（第114页），更多去介绍道家的神秘主义思想。他认为，道教区别于“官方宗教过于抽象化、政治化和城市化”（第126页），大量吸收民间神祇而编织了一套以“帝国官僚体系”为隐喻的庞大神灵体系，也极力追求国家权力，希望“能使自己变成一个官方宗教”（第128页）。葛兰言也发现道教没有西方宗教那样“很好的组织信徒的体系”和“有常规的组织”，在与儒教竞争中，道教的“通常命运是为神秘灵魂提供悟道的实践，以及为普通人群提供巫术魔法”（第128、第129页）。而对于佛教这种外来宗教，葛兰言更多关注了佛教进入中国后的政治冲激，但“儒家最终获胜。没有任何宗教复兴颠覆了中国的古老信仰”，佛教的到来“除了增加了神灵的数量以外，它们主要的影响是增加了对教条的漠视”（第146页）。毫不意外，在本章的结尾，葛兰言讲到12世纪的朱熹和16世纪的王阳明的成功，特别提出王阳明的道德主观主义“在今天似乎仍然能激起中国知识分子对宗教事务的情感”（第147页）。显然，葛兰言虽然受困于宗教概念，但他明白不深入了解儒教,就不可能全面认识中国的宗教状况。跳出西方宗教的所谓范本，我们完全可以看到，发展到宋明理学，儒教重新弥散到中国社会的方方面面，包括道教和佛教，从各方面塑造了中国人的社会生活方式和内心世界，这正是西方宗教所要实现的功能。

在结论部分，葛兰言谈到现代中国人的宗教感情。他说，中国人仍受儒家思想的影响，“他们遵守风俗”，丧礼上和尚道士“只是有术之人，他们发挥不了太大的作用”（第150页），倒是儒学先生指导丧礼，文化人题碑、写墓志铭，更像个祭司，为人尊崇，但把他们“看作神职人员更荒谬了”（第149页）。“中国人的生活包含着许多带有宗教性质但又实难定义的行为，这使得他们看起来似乎生活在完全世俗的理想中。那些反对者由此认为中国人缺乏宗教精神，因为他们觉得只有崇高信仰才算是宗教精神。中国人并不缺乏宗教精神，只是它表现为另一种形式。这种宗教精神的根本在于对传统道德价值观念深信不疑，它精致深邃，激励着每一个人。”（第154页）

今天，距葛兰言写作《中国人的宗教信仰》又过去了八九十年，中国学人对以往习焉不察的儒教也展开了深入的研究，西方学人有关官方儒教或官员的宗教的判断受到越来越多的质疑，但其一开始就跳出早期宗教学的研究范式而以社会学的方法来研究儒教的做法却深深地影响着中国学人。

第二编　儒教与祠庙：闽南萧太傅信仰研究

第一章　导　言

一、现代中国反思

“什么是现代，什么是中国的现代？这些与时间有关的概念曾经是历史研究的中心主题。然而，一旦人们开始质疑历史决定论和现代人的自我确证方式，那些长期以来据以对历史进行分期的各种根据都变得可疑了。”[①]汪晖在其《现代中国思想的兴起》一书前言的开篇如是说。“历史决定论”主要指马克思主义学派以生产方式的演化为中心的历史进化论，“马克思主义学者谴责欧洲殖民主义和帝国主义的政治支配、军事入侵、经济剥夺和资本主义的国际劳动分工，但同时将资本主义力量对传统价值观和社会关系的摧毁性打击看作历史发展的必然过程和人类历史通往未来的普遍发展形式”[②]。于是，中国的马克思主义历史学者将鸦片战争到1919年五四运动设定为中国的近代。“现代人的自我确证方式”则指“现代人将自己区分于古

① 汪晖．现代中国思想的兴起·上卷 [M]．北京：生活·读书·新知三联书店，2004：前言，1.

② 汪晖．现代中国思想的兴起·上卷 [M]．北京：生活·读书·新知三联书店，2004：导论，3.

代人及其世界的方式”[①]，现代、现代化、现代性等概念凝结着现代人的自我认同。这些概念首先兴起于西方，体现着西方人关于古代与现代的断裂意识，西方现代人的自我认同伴随着西方军事、政治、经济、文化势力的世界性扩张而构造了全球现代人类的认同。汪晖分析说：“费正清开创的‘挑战–反应’模式，马克斯·韦伯有关儒教中国的解释，列文森从思想史领域勾勒的历史与价值、情感与理性的冲突，倾向于将中国视为一个有着独特的文化、价值、机制的相对自足的文明，由于缺乏内在的资本主义动力，这个文明——无论多么精致优美——的现代进程是在遭受欧洲文明挑战的语境中展开的。按照这一在18~19世纪欧洲思想中形成的‘文明论’或‘文化主义’逻辑，西方现代性与中国文明处于某种对立和紧张之中，从而只有改变中国传统才能使中国进入现代。”[②]五四新文化运动高扬民主、科学大旗，痛批“孔家店”，固然有着复杂的现实因素，但思想上打开了改变中国传统以使中国进入现代的大门。这以后，即便是对传统无限温情的中国学者也都背负上了西方“现代”的十字架。冯友兰的儒学哲学化的努力及抽象继承说、余英时的关于明清启蒙思潮和商人伦理的探索，甚至牟宗三的关于政统与道统的讨论及第三期儒学的挣扎，无不如此。

对于“历史决定论和现代人的自我确认方式”，汪晖的质疑产生于他运用“帝国”和“国家”这组聚讼不已的现代概念对清代性质及其与中国革命和国家建设间的连续性的考察[③]。汪晖并不接受日本京都学派的“东洋的近世”说，但也许是受其启发而将对现代

① 汪晖．现代中国思想的兴起·上卷[M]．北京：生活·读书·新知三联书店，2004：导论，1.

② 汪晖．现代中国思想的兴起·上卷[M]．北京：生活·读书·新知三联书店，2004：导论，3–4.

③ 汪晖．现代中国思想的兴起·上卷[M]．北京：生活·读书·新知三联书店，2004：19–23.

中国思想的探讨的起点拉伸到北宋理学兴起的场域。这是一个很难用资本主义萌芽说来解释、也完全没有了西方因素影响的场域，如果现代中国思想真能从这里开启，那将意味着我们对“现代”“中国的现代”的理解视域前所未有的开阔，而儒学与现代中国的关系将有可能重新解说。但汪晖并非意在重新审查儒学的现代命运，作为一个现代学者，他无疑要接受现代中国传统儒学话语式微的现实。在《现代中国思想的兴起》中，他做了立和破两个工作：立的是宋明理学的历史意义，破的是“历史决定论和现代人的自我确认方式”的知识霸权。关于前者，汪晖“试图重新恢复那些传统范畴的意义，试图以‘时势’‘理势’等儒学概念为切入点，形成一种历史理解的框架。这些概念将时间与空间组织在一种关系之中，从未将历史变化束缚于目的论的时间框架”；在汪晖眼里，历史上各阶段的儒学并不是具有本质规定性的不变的对象，而是“某种语境的产物”，同时又是“历史变化或历史语境的构成性力量”，建构以传统儒学概念为切入的分析框架的一个关键环节是“如何将儒学的内在视野与儒学的政治／社会史有机地综合起来”①。这样一个分析框架的对立面正是“后启蒙时代的欧洲东方论述”，也即“历史决定论和现代人的自我确证方式”建立的关于中国近现代的知识所提供的认识论框架。这一认识论框架仍旧在指导着现代中国人关于古代中国和现代中国的认识。汪晖意图“不仅分析这一形而上学的认识论框架形成的历史、动力和机制，而且也试图通过将‘中国’表述为一种在历史进化领域中由各种力量相互作用而形成的不断演化的存在来突破这一框架”②。在汪晖那里，立和破的衔接交给了历史因素的介入，现代中国思想也是有着延续和断裂的历史的产物。当西方力量和中国革命的力量不断挤压儒学话语的作用空间，而五四新文化运动以来创造

①② 汪晖．现代中国思想的兴起·上卷［M］．北京：生活·读书·新知三联书店，2004：前言，2.

和引进的新话语不断地适应新语境同时又成为新语境的构成性力量的时候，汪晖只能被动地不断缩减分析框架中的传统范畴。关于现代中国思想兴起的线性的目的论的分析框架固然被汪晖打破，但有着统一范畴的新分析框架并没能建立。汪晖留下的也许就是关于现代中国“反现代性的现代性”[①]的性质的论断，当然还有全书无处不在的丰富的启发性。

但“反现代性的现代性”也透露出将现代中国思想的兴起拉伸到北宋的理由。宋儒以“井田之制对抗两税法、以宗法之制对抗官僚行政制度、以学校的理想对抗科举制度”，以复古的姿态行矫正和弥补唐宋之变[②]乍兴的绝对君主制与平民商业社会的不足，这一点也正如康有为、严复、章太炎面对西方的既接受又超越或反抗的态度。

二、祠　庙

在今日关于中国宗教的研究中，民间信仰研究是个热点。民国

① 汪晖．现代中国思想的兴起·下卷 [M]．北京：生活·读书·新知三联书店，2004：1492．“正是对这些问题的思考把我们带入现代思想得以发生的各种历史条件和久远的历史过程之中，因为现代性充满豪情甚至傲慢地加以拒绝的历史本身蕴含着克服现代性危机的可能性和启示。”

② “构成唐宋转变标志的是：一、贵族政治的式微和君主独裁的出现；二、世家大族组织的消亡和以祠堂、家谱和族田为特征的新型家族制度的出现；三、贵族选举制度的衰败与官僚士大夫体制的空前扩展；四、多民族和多权力中心的帝国体制的瓦解与成熟的郡县体制的形成，以及由于五代十国的历史和持续的民族冲突而产生的浓烈的族群意识。”汪晖．现代中国思想的兴起·上卷 [M]．北京：生活·读书·新知三联书店，2004：220．钱穆也认为：“论中国古今社会之变，最要在宋代。宋以前，大体可称为古代中国，宋以后，乃为后代中国。秦前，乃封建贵族社会。东汉以下，士族门第兴起。魏晋南北朝定于隋唐，皆属门第社会，可称为是古代变相的贵族社会。宋以下，始是纯粹的平民社会。除蒙古满州异族入主，为特权阶级外，其升入政治上层者，皆由白衣秀才平地拔起，更无古代封建贵族及门第传统的遗存。故就宋代而言之，政治经济、社会人生，较之前代莫不有变。”钱穆．理学与艺术 [G]// 宋史研究会．宋史研究集：第七辑．台北：台湾书局，1974：2.

初年虽有学者顾颉刚、容肇祖等人从事相关研究，但多将之视为民俗学、人类学的调查，其结论也多不脱迷信之讥。据高丙中等的研究，约在20世纪20年代，“民间的信仰”“民众信仰”“民间宗教”就常见于中国学者的文章中；至20世纪30年代，“民间信仰”已成为一个相对稳定的术语。[①]新中国成立以后，在台湾地区，以“中央研究院”民族学研究所为主的学术界在研究此领域时仍以“民间信仰”称之，并沿用至今。大陆学界开始较普遍采用“民间信仰”或“民间宗教”的概念是在20世纪90年代，而且一开始就是引进西方宗教学理论，从原始宗教的遗留或小传统（little tradition）的角度来研究民间信仰，将它看作儒释道之外的信仰状态或儒释道在民间的杂糅。如王铭铭认为独立地存在一种民间宗教（popular religion），其内容主要包括：“1、神、祖先、鬼的信仰；2、庙祭、年度祭祀和生命周期的仪式；3、血缘性的家族和地域性庙宇的意识组织;4、世界观和宇宙观的象征体系。”[②]这更多的是延续西方的研究脉络。普林斯顿大学宗教学系教授太史文（Stephen Teiser）指出，在中国的事例中，民间宗教是一个垃圾桶式的术语，用来指称无法纳入儒教、道教或佛教的教义的那些思想和行为。[③]《宗教百科全书》的解释更具体一些：“渗透于中国社区中的宗教信仰和时间的混合物被称为民间宗教。这一宗教现象的集合在中文中没有特定的名称——人们只说‘拜神’或在某一特定的祠堂和庙宇中礼拜。一种结构松散的信仰、实践、神、仪式、神话以及价值的聚合，它由祖先崇拜、丧葬仪式、自然崇拜、万物有灵论、地方祭祀、世俗道教、世俗佛教以及儒教组成。然而，通常中国人关于民间宗教的观点，并没有认识到这一多样性，而是简单地把它描述成三教（儒教、道教以及

① 高丙中. 作为非物质文化遗产研究课题的民间信仰[J]. 江西社会科学,2007(3).

② 王铭铭. 社会人类学与中国研究[M]. 北京：生活·读书·新知三联书店,1997.

③ Stephen Teiser. Popular Religion[J]. Journal of Asian Studies,1995, 54 (2) :378.

佛教）的融合。”国外关于中国民间信仰的研究有两个重要路径，一个是社会学的路径，一个是人类学的路径。前者重点研究民间信仰在中国社会中的性质、地位和功能，以美籍华人学者杨庆堃的《中国社会中的宗教》为代表；后者重点研究民间信仰中的象征和仪式的文化意涵，借此打开理解中国社会的一个窗口，如拉德克利夫·布朗、弗里德曼、武雅士、王斯福等①。国内关于民间信仰的研究目前为止有几种主要倾向：一是民俗学，重视风俗、仪式等，如赵世瑜；二是社会人类学，重视国家与社会关系、仪式、功能等，如郑振满等；三是历史学，重视考证源流。还有一种算是政策研究，如金泽区分民间宗教与民间信仰，做了著名的聚散问题研究②；张新鹰肯定民间宗教，指出“民间宗教不是被‘正统’宗教所指斥的‘邪门歪道’，也不是被上流社会所蔑视的低俗迷信，而是在不断吸收、改造其他观念形态过程中愈加宏富的中国传统文化体系‘普化’于下层民间的缩影。儒家的道德信条、道教的修炼方技、佛教的果报思想，在民间宗教那里有机地结合在一起。中国传统文化不但通过别处，也通过民间宗教展示了它‘海纳百川’‘有容乃大’的品格。”③这些研究为民间信仰走出被漠视或被歧视的状态打下基础。

但我们进入传统中国的语词世界，并不像现代研究者那样能清晰地看到一个“民间信仰”，我们看到的以宗祠、义民祠、乡贤祠等为代表的祠堂和奉祀多神的佛寺道观之外的公庙④可以统称为祠庙。而围绕祠庙祀神赛会，中国基层社会被熔铸成互赡共恤、礼俗相通的多圈共同体，这就是本文所称的宋明以来的祠庙社会。在明清地

---

① 参看王铭铭《社会人类学与中国研究》一书第5章对这方面的一些研究者的介绍。

② 金泽．民间信仰的聚散现象初探［J］．西北民族研究，2002(2)．

③ 张新鹰．台湾“新兴民间宗教”存在意义片论［J］．世界宗教文化，1996（3）：4-9．

④ 公庙是地域社会神明崇拜的中心，传统中国大到一城，小到一村一个角落，有着各种层级的公庙，俗称神庙、宫庙、境庙、村庙、庙宇，等等，本文统称为公庙。

方志中，祠庙被列在寺观之前，撰志者常常引用《礼记・祭义》“夫圣王之制祭祀也，法施于民则祀之，以死勤事则祀之，以劳定国则祀之，能御大灾则祀之，能捍大患则祀之”来说明并肯定祠庙。所谓“民间信仰”，更多只是近代祠庙被破坏和污名化后研究者给它的一个外在的名号。

台湾学者蔡相辉认为：“中国人的宗教信仰中，除了道佛回基督天主等大宗教外，还有一个不具有宗教形态（教主、教义、经典、神职人员）但却拥有最多信仰人口及传播据点的祠庙。祠包括家祠、宗祠及规模较小而常见的义民、乡贤、节孝、名宦等祠，奉祀神、祖先以及德行足供后人表率的人物；庙也种类繁多，奉祀的神也无所不包。古代政府官员将建立祠庙教化百姓称为‘神道设教’，并未将之归纳为宗教，但在佛道等宗教竞争激烈的场合，皇帝常有‘儒释道合一’的说法出现，或可显示古人将神道与儒教画上等号的看法。”[①] 按照蔡相辉的说法，民国政府施政排除既有祠祀政策，既然没有政府的政策指导，祠庙就变成纯粹民间的宗教行为，成为研究者眼中的“民间信仰”。蔡相辉把祠庙说为神道，并在这个意义上与儒教相连。他并没有说明祠庙的产生历史，会让人误以为自古以来中国就是如此。其实，上述所列宗祠、名宦祠、公庙等只是宋代以来才逐步成为中国基层社会的常态，而这个过程也正伴随着宋明理学兴起的过程。

对于宋明以来的中国基层祠庙社会与宋明理学的关系，东南汉人社会的研究者中有一种观点，那就是祠堂和公庙等构成的祠庙体系是“宋明理学精神庶民化”和“庶民理学化”[②] 的载体。祠庙在宋

① 蔡相辉．台湾民间信仰 [M]．台北：台湾空中大学，2001.

② 科大卫，刘志伟，等．宗族与地方社会的国家认同——明清华南地区宗族发展的意识形态基础 [J]．历史研究，2000（3）；郑振满．明清福建家族组织与社会变迁 [M]．长沙：湖南教育出版社，1992；陈进国．理性的驱驰与义利的兼容——宋明理学与东南家族社会经济变迁简论 [J]．东南学术，2001（6）.

明社会成为一种常态，是唐宋转型以来中国社会发展的内在需要和理学家的身体力行、朝廷的推广等共同作用的结果。宋明理学是一场儒学复兴,这已是公认的观点。任继愈把宋明理学看作儒教的完成，那么从复兴的意义上来看，相对汉代儒教，宋明儒教则是儒教重建，祠庙就是重建的一个重要载体。①

① 2002 年福建省民宗厅的调研报告指出:“在全省范围内,几乎村村皆有庙,无庙不成村。据不完全统计，全省共有 3028 座上规模的民间信仰宫庙。”“宫庙的规模相差悬殊，大者建筑面积可达几百平方米甚至几千平方米；小者仅为两三平方米。”官方的统计数字往往低于学者的估计。1996 年福建社会科学院徐晓望先生估计：“福建全省约有 5000~6000 座宫庙。至 2002 年，福建共有佛教、道教、天主教、基督教、伊斯兰教的活动场所 900 座。有学者估算，福建地区民间信仰的宫庙，在数量上是制度化宗教的 10 倍左右。”另外，数目庞大的民间信仰宫庙多为当代建筑，信仰群体庞大，遍及社会各个阶层。习五一．简论当代福建地区的民间信仰 [J]. 世界宗教研究，2008（2）.

第二章　泉州富美宫萧太傅信仰

一、泉州、理学与祠庙

泉州市位于福建省东南部，北接福州，南邻厦门，西毗漳州、龙岩、三明，东面隔台湾海峡与台湾相望；现辖鲤城、丰泽、洛江、泉港四个区，晋江、石狮、南安三个县级市，惠安、安溪、永春、德化、金门（待统一）五个县和泉州经济技术开发区。全市土地面积 11015 平方千米，人口 762 万人（不含金门），汉族占人口总数的 98.2%，少数民族占 1.8%。少数民族有 48 个，以回族、畲族、苗族和蒙古族居多。隋朝开皇九年改丰州为泉州，始有泉州名，但州治在今福州。今泉州在东吴时属建安郡，晋属晋安郡，梁置南安郡，唐嗣圣初置武荣州，景云二年改称泉州，从此，辖区虽有变迁，泉州之名大体固定下来。因宋时古城形似鲤鱼，遂称“鲤城”，因四季常温，亦雅称“温陵”，又因宋元泉州海上贸易发达时满城栽种刺桐，有“刺桐”之名。

背拥群山，面朝大海，古来泉州就与外界交通不便。晋江等河谷和沿海低地，再加上海路，是泉州与外界交通必经之路，至今没有大的改观。三国前泉州基本是以渔猎为生的闽越人的天下，西晋永嘉年间华北汉人在晋江下游形成聚居，带来农业生产方式。唐初高宗时期，陈政、陈元光父子开发漳泉，汉人逐渐成为泉州主要居民。唐末五代大批中原汉人入闽，闽国、南唐等地方性政权的统治带来了泉州经济上经济农业及商业贸易的发展和文化上佛道及民间鬼神崇祀的盛行。经过艰苦开发，宋代泉州已成人口稠密地区，商业繁荣。[①]宋元时泉州蔚为大港，不仅成为东南贸易的重要纽带，而且万国皈依，俨然已成多元都会。据此，王铭铭在《逝去的繁荣——一座老城的历史人类学考察》中将泉州的历史定位为“东方大港”和“世界宗教博物馆”。这也是如今泉州学的重要主题。[②]顺由这样的定位，自然会思考曾经的多种族、多文化的泉州何以会存在，思考这样的繁荣如何在西方殖民主义和从明太祖开始“被彻底官学化，从民间的学术思想论述，转变为官方的‘礼教’”的自身儒学力量双重挤压下“逝去”。[③]泉州有志始于南宋，有嘉定、淳祐两志，惜已散佚。明有嘉靖、隆庆、万历三志，现仅存万历孤本，目前常见的是清乾隆癸未（1763 年）知府怀荫布主持修撰的《泉州府志》。其中，都察院副御史定长所撰《泉州府志叙》这样叙述泉州的历史：

七闽昔天南边徼地，周官以隶职方，战国骀无余守之，秦并百

① 参看《泉州市志》第350页所列宋代泉州的人口数据。宋人谢履有诗：“泉州人稠山谷瘠，虽欲就耕无地辟。周南有海浩无穷，每岁造舟通异域。”

② 王连茂在《泉州学与海外交通史研究刍议》(《海交史研究》1999年第2期）一文中借用李亦园关于海上交通史是泉州学的显学的观点，从中外文化接触的角度阐释了海上交通史在泉州学研究中的重要地位。王铭铭进一步指出：“‘海交史’应指人类地缘－宗教共同体之间，经由海洋来进行的跨地区、跨文化、跨宗教交往的历史过程，而‘海交史研究’应指对这种复杂的历史过程的跨学科研究。”

③ 王铭铭．逝去的繁荣：一座老城的历史人类学考察 [M]．杭州：浙江人民出版社，1999．另，王铭铭将泉州看作“文化边疆区”，认为泉州“海上交通史”研究“这一综合性的人文学研究，需更多地、更活跃地出现在政治地理与文化地理的边界线上，蔑视政治地理的一般分类，抵制民族中心主义，强调介于不同政治－文化实体之间的‘第三领域’的意义，讲求交流与对话”。王铭铭．走在乡土上：历史人类学札记 [M]．北京：中国人民大学出版社，2003。

越，遂为闽中郡，汉初废郡置县，属于会稽，东汉时稍以繁息，然地介偏陬，声名渐被之所不及，故诗书罕得称焉。泉之为郡也，在闽会垣西南四百余里，襟带三吴，袤延二广，控临岛海，包络山川，为南陬一都会也……自唐宋以来，欧阳四门以风雅泽其邦，苏忠简、留忠宣以功烈伟于当世，莅斯土者，又得广平、紫阳、西山诸大儒牖掖而陶甄之，淬磨以理学，彼都人士俗易风移，其异于古之所云者盖为远矣。

这段记述突出了中原移民及海滨邹鲁这两个关键词，与王铭铭的历史记述重心迥异。

南宋闽学的兴起和“紫阳过化”无疑是泉州历史的一大亮点。朱熹与泉州有着很深的渊源，少年时随父亲朱松在晋江石井镇度过；二十三岁初宦即在泉州同安（今属厦门），在泉州迁延近五年之久。由于朱熹经常到泉州各地讲学，创建书院，一时文风大盛，并留下诸多胜迹和社会影响。五十四岁重游泉州，招收诸多泉籍门生；六十一岁知漳州力推经界，曾莅临泉州。泉州历来被认为是“紫阳过化之区，薪传不绝”。今泉州开元寺保存一块从倾圮的朱子祠移入的竖式石碑，上面所镌楹联是“接伊洛之渊源，开海滨之邹鲁”。乾隆《泉州府志·重刻泉州府志序》：“推其人文蔚起，得称海邦邹鲁，则惟紫阳、定夫、西山诸大儒函濡乐育之功为最深。”朱熹对泉州民间礼俗产生了深刻的影响，“海滨邹鲁”也由此叫响。[①]“海滨邹鲁”

① 关于朱熹对泉州礼俗的影响，方宝璋《闽台民间习俗》（福建人民出版社2003年版）搜集了不少这方面的资料，如第33页引光绪《马巷厅志·卷一一·风俗》“居丧用浮屠固有之，但儒者亦多不惑，祭奠俱用朱文公《家礼》”；第92页引道光《重修福建通志·卷五六·风俗》“宋朱子主簿同安及守漳时，见妇女街中露面往来，示令出门须用花巾兜面，民遵公训，名为公兜”；第297页引乾隆《晋江县志·卷一·风俗》“四民各修本业，冠昏丧祭，多仿文公家礼；宴会过从蔬脔，皆有品限无滥设。此淳厚风俗，父老能言之，博询耆艾，犹能道其详也”。

意味着泉州并不是王铭铭所谓的“文化边疆区”。

夷狄入侵，北方胡化，携带华夏文化的南迁汉人在移民开发过程中使华夏文化重新焕发生机。南宋时期，南方已经开始在经济文化上成为华夏文化的重心，以朱子为代表的闽学既是地域文化的产物，更是华夏文化自身的更新。而且，程朱理学本身并不是单纯的学术思想，它包含着兴礼乐、施教化的社会活动。官学化固然使理学僵化，但也使理学获得广泛传播的助力，推动了中国的儒教化。明代正德年间官学外兴起的阳明心学克服了理学的僵化，促进了儒教化的新发展。儒教化构筑了中华文化多元一体的基础，离开这一点来谈泉州历史上的多种族、多文化是空泛、无根基的。元末穆斯林作乱及随后汉人的反击致使泉州尸横遍野；明代执行海禁政策，泉州海港经济没落，泉民不少参与倭乱，深受其害；清初打击郑成功，实行残酷迁界，使久经烽火战乱的泉州又受到巨大损失；随后台湾被收复与开发，泉民大规模移民台湾，闽台的人缘神缘纽带奠定；近代中国内忧外患，泉州也是难免；新中国成立后由于处于台海前线，一直没有得到发展，改革开放以后才借助地缘和人缘优势有所发展。对于这些繁荣逝去的表现，去找文化的原因必然是不得要领的，各种历史力量冲突、纠葛引发的社会变迁才是根本的原因。而生存状况不佳时，泉州人始终保有维护人的尊严和社会基本稳定的儒家伦理，才让人看到文化的力量。

泉州远离政治中心，唐末以来逐渐形成宗族聚居和围绕公庙形成社区的社会状况，宋明时代在理学的影响下，泉州祠庙社会更趋发达。虽然宗族和祠庙自近代以来破坏殆尽，但20世纪80年代以来，泉州出现了重建宗祠的一波波热潮；泉州市区极富特色的铺境体系在泉州的现代进程中逐渐隐没在单位、企业和社区构成的现代城市网络中，但如今稍一留心就会发现，大街小巷大大小小修复的境庙仍旧在发挥着作用。

二、泉郡富美宫

“泉郡富美宫”位于泉州市鲤城区万寿路（古称挑水巷，民国初改称水巷）尾，是旧泉州铺镜体系中的南门聚津铺富美境的境庙，虽占地不足十亩，寺殿面积只有330平方米，却是众多台湾宫庙的祖庙，是今天泉州重要的民间对台交流窗口，是除西街开元寺、东街元妙观、通淮关帝庙、南门（南宋德济门，元明清三代沿用，多有修葺和扩展，今已无存）内天后宫等外，泉州市区内一大香火鼎盛之所。

富美宫坐北朝南，出殿向西数米出1956年修竣的防洪堤门洞，是2006年竣工的双向并行四车道滨江大道。滨江道紧靠浯江（即晋江）下游一段，向南车道一半架于浯江江畔之上。双向车道之间有空地、人行道，正对富美宫处有株巨大古榕树，旁边立有古富美渡头遗址碑及清同治十一年“奉宪富美渡头碑”。沿滨江道向北约100米是清海关南门外口馆遗址，遗址处立有清康熙五十五年“奉督抚两院示禁”碑。再向北约300米是跨晋江的顺济桥，该桥始建于南宋嘉定四年（1211年），后经多次重修，1931年改建为钢筋混凝土公路桥，抗战间被炸毁，1961年重建。在沿滨江路向南约400米处的泉州大桥于1984年建成之前，顺济桥是福州厦门公路上的重要桥梁。从顺济桥头沿中山南路向东北行不足300米，是南门内天后宫。从天后宫前广场出发，沿津横街向南走不足百米，有明末思想家李贽故居；再向南偏东走不足30米，就踏上宋元时商业鼎盛的聚宝街北段，中有草创于清光绪十四年（1888）的基督新教堂聚宝堂，是附近200多信众的活动场所。向南出聚宝街北段为车桥，桥南有明代来远驿遗址，桥下壕沟是唐代泉州城南城垣外壕（即天水淮）的出口之一，向西汇入浯江段，如今被改造成暗沟，上有建筑和长不足30米的街道。这条街道就是水巷尾，鲤城区临江街道新桥社区办公室、社区老人活动中心、富美宫，再加上一些临街小商铺和住户，错杂于水巷尾街道两旁。北起顺济桥，南至溜石六斗门一带是古泉州城的南关。元代庄弥邵《罗城外壕记》叙述泉州中外商客云集，商业繁荣，“一城要地，莫盛于南关”（《泉州府志·城池·卷十一》）。富美宫附近的南关地区还有万寿路头鳌旋寺、新巷青龙宫、古榕树南不远处四王府等多处民间宫庙。

富美宫主体建筑二进，中有拜亭，西侧为夫人妈宫。原山门外有照墙和戏台，解放初毁，没有重建，遇活动时在空地临时搭建戏台。大殿面阔三间，进深三间，硬山式。其殿内殿外的木雕、石雕多取材民间流传的忠孝故事，均甚精美。站在富美宫门口，格外显眼的是大门对联“富经术而事两朝道宗论语，美政声以行三辅绩懋儒臣”，还有两旁立柱对联“富国在藏民论规张敞，美言莫轻听议拒乌孙”“陈善弹非扬正气，穷经问礼振儒风”，俱为清末举人曾遒甲戌（1934）夏日谷旦敬撰并书。正门门扇上贴着秦叔宝等门神，两侧门是老中青少四太监像。进正门是一香案，披着倒书“富美萧太傅”五字的绣布，上摆多样信众进献的供品。香案两侧靠墙有西班头爷、东班头爷小神龛。绕过香案，正对香烛供奉、绣帏高挑的大型神龛，中间供戴王冠、披衮袍的萧太傅二尺高木雕坐像，右侧供福德正神（土地神），左侧供文武尊王（唐代张巡、许远）。龛上高悬民国丁亥年（1947 年）曾遒书、三教厚诚（三教即三教铺，在通淮关帝庙后，厚诚应为人名）敬献的“汉代儒臣”大匾，两侧对联为辛巳年（2001）端月台北萧万长敬撰：“史籍永载千秋颂，声威泉台万古传”（此联由一台商萧良松送来）。殿中及两侧墙内多个立柱镌刻对联，如“御史纯忠勋昭汉史，兰陵发迹灵庇温陵”“相业傅汉廷经明持重，神威宣海国福曜长留”（以上两联为光绪辛巳即 1881 年阳月立，王伯邵书，云山铺生韩镜、董焕章敬），“麟阁当时留绘画，鳌江终古奠馨香”“书勋炎汉尊贤傅，立庙温陵仗福神”“巍峨宫阙奠鳌旋，赫濯声灵崇富美”“敬前贤善事多行，求神明亏心莫作”“神明构造海峡道，春风唤起故乡情”（此联为台湾云林麦寮弟子黄文进、陈秋贵携子敬，时间应该在20世纪80年代后期）等；殿内高悬的匾额还有“日在天上”（传为清光绪年间福建巡抚岑毓英所敬）“源远漂馨”“圣迹长存”“功高麟阁”等。绕过萧太傅神龛进入后殿，后殿正中是一个香案，上奉“玉旨代天巡狩”牌位，香案后的神橱内摆置二十四司王爷[①]及各地宫庙、香客寄放的神明木塑。后殿对联有“麟阁将相光社稷，汉室忠魂壮乾坤”“富有经术名重环宇，美德善政祀享千秋”“儒臣浩气通四极，太傅英灵贯三光”“汉代书香传奕世，兰陵圣人仰贤名”“太傅英灵垂万古，长倩神光泽九州”，等等。正殿西侧是附殿夫人妈宫，奉祀苏、柳、李三夫人，殿内存放有王船模型，西侧墙壁嵌有清道光辛巳（1821年）年立的《重建鳌旋富美境武圣殿萧王府行宫捐交姓氏目录》（以下简称《目录》）、《费用条目》碑记及两块遭火焚大部已难辨识的碑记，可能也出自道光年间[②]。东侧嵌1999年《泉郡富美宫重修记》和《捐资芳名录》。出夫

---

① 二十四司王爷名讳如下：朱王爷讳叔裕，隋嘉兴人，唐高祖时吏部尚书；邢王爷，讳明德，隋邢台人，唐高祖时进士；李王爷，讳大亮，唐高祖时进士，拜越州刺史；池王爷，讳梦彪，隋陈留人，唐高祖时太守；吴王爷，讳孝宽，隋吴兴人，唐进士，官拜太守；范王爷，讳承业，隋江苏宜兴人，唐高祖时进士，官拜太守；温王爷，讳峤，东晋太原人，平王敦、苏峻等乱有功；康王爷，讳保裔，五代时洛阳人，宋太祖时有战功；金王爷，讳素，吉王爷，讳立，姚王爷，讳宾，俱为商朝忠臣；白王爷，讳起，战国秦大将；纪王爷，讳信，汉高祖部将，救主而亡；雷王爷，讳万春，张巡之偏将，共同殉难，后世立祠祀之；伍王爷，讳员，字子胥，死后吴地广为奉祀；包王爷，讳拯，宋开封知府，以廉法著称；侯王爷，讳嬴，战国魏人，助信陵君窃符救赵，后自刎谢主；田王爷，讳单，战国齐人，以火牛阵大败燕军，收复失地；武王爷，姓岳讳飞；叶王爷，讳适，宋永嘉人，嘉泰年间任泉州知府，著名儒家学者；徐王爷，讳达，明初大将；卢王爷，讳越人，号扁鹊，后世成为药王；薛王爷，讳礼，字仁贵，唐大将，有功；罗王爷，讳伦，明吉安人，成化二年进士第一，后谪提举泉州市舶司，在泉州城北讲学，世称“一峰先生”。

② 吴幼雄．泉州富美宫若干问题的研究[G]//泉州市区民间信仰研究会．泉州民间信仰：泉台第二次萧太傅研究专辑，1997（12）．

人妈宫西侧门是一大通间，是富美宫的厨房。正殿东侧是一座四层楼房，是富美宫董事会办公、接待、储存物品之用，存有刻写光绪七年（1881）《重修富美宫记》和民国二十三年（1934）《重修富美宫记事录》的出土方砖。富美宫前空地还有焚烧炉、养羊处、洗手处等。

按照《泉郡富美宫志》，富美宫的历史沿革如下：明代中后期，泉州屡遭各种灾害，特别是瘟疫肆虐，民间纷纷建立小祠供奉保护神，祈求神灵保境安民，沿海沿江地带所设小祠多奉祀赏善罚恶、司瘟驱疫、降灾赐福的“王爷”；相传富美宫始创于明正德年间，因萧太傅生前为西汉一代儒宗，死后为天子追念，且深受人民敬重，故被富美宫择为主神；但清嘉庆以前的历史已不可考；光绪七年当地人鉴于宫濒临江畔，屡遭洪水淹没，于是择地于现址重建，规模扩大，形成以萧太傅为主神，配祀二十四司、文武尊王、苏柳李三夫人的奉祀格局，延续至今；民国二十三年，地方绅商推动重修，规模进一步扩大；“文化大革命”期间，富美宫停止活动，庙宇先后被用为工场、老人活动场所；1988 年 5 月重组董事会，恢复活动。

依托聚宝街的商业繁荣和沿晋江水陆贸易，历史上富美宫曾具有很大的经济实力，有能力通过迎神赛会、办王科、放王船、赞助外地神明驻驾富美宫等方式扩大影响、传播萧太傅信仰，并成为“泉郡王爷行宫”。民国时老城拆除，建设现代城市交通，打破了富美宫的原有格局；新中国成立后防洪堤的修建，滨江路的改造，特别是政治、经济结构的变化使富美宫彻底丧失了获取经济实力的依托，恢复活动后的富美宫只能靠香火和捐助等维持局面。

三、萧太傅信仰状况

神明萧太傅俗称萧王爷、阿爷公，萧太傅信仰遍布于闽南、台湾。据三尾裕子的调查，泉州属富美宫分灵或供奉萧太傅的王爷庙及建庙时间如下：泉州市鲤中街道象蜂巷王爷宫，1846 年；石头街合兴三王府，清代；东海镇法石村王爷宫，清代；北峰镇霞美村王爷宫，1810 年；城东镇城东村王爷宫，不明；城东镇琯头村东园宫，清代；罗溪镇钟山村新兴坛，不明；石狮市永宁镇永宁村富美宫，清代。[①]据萧太傅研究专辑郑国栋、张炳熙、萧德青、吴幼雄等文章，还有安溪县龙门璞兜村进封庙，该村是明万历年间从晋江岑兜移居去的；晋江东石萧下村 1996 年建富华宫，但 1949 年前就到泉州富美宫拜香，供在家中的萧太傅木雕据说在明末雕成；安海西垵村萧氏祠堂内供有萧太傅，该村明末从泉州萧厝园迁来；泉港区萧厝村富美宫，清嘉庆甲子（1804）年建；另晋江、惠安、南安、石狮、同安数以百计宫庙是其分灵。据笔者 2007 年 7 月及 2008 年 5 月两次调查，还有仙游、莆田、厦门等地建有其分灵。萧太傅信仰自明末清初由泉州传入台湾后，其分灵的萧太傅宫庙已遍布整个台湾，并传布到东南亚。新中国成立前，闽台萧太傅信仰宫庙间就有着丰富的交流。1988 年台湾开放到大陆寻亲，“人寻根，神找主”，台湾到富美宫进香的团队络绎不绝。

根据富美宫张爱群董事的介绍和笔者的调查，概述泉州富美宫萧太傅信仰活动如下。

正月初二，信杯[②]确定时辰后在富美渡头旧址举行接神仪式。在摆放香烛、三牲、果盒的红漆方桌前，一人跪捧萧太傅神像，其两

① 三尾裕子. 中国福建省闽南地区的王爷信仰的特质——实际调查资料的整理与分析 [J]. Journal of Asia and African Studies, 1997 (54). 此文由日文写作，对泉郡富美宫及其分灵的地点、创庙时代、主祀配祀神明、祭祀圈、送王船仪礼、王爷的起源、巡境、管理组织等做了概述。

② 即用杯筊占卜。《石林燕语》：高辛庙有竹杯筊，以一俯一仰为圣筊，又或作珓。《广韵》：音教，杯珓，古者以玉为之。《演繁露》：杯珓用两蚌壳或用竹根。又或作教，《荆楚岁时记》：秋社拟教于神。注，教言教令也。

边跪者点香，其后一人站立打着銮盖。周围跪满了举着三支香的信众，男女老幼齐聚。接到神后供上神位，然后在神前信杯确定添香时辰。晚上演高甲戏娱神。

正月十五、十六，添香仪式。糊关限门，由请来的道士施法请神，让神明出来保佑一方平安。道士祈祷一年四季平安。附近求平安的人糊纸人，纸人后面写上“吉日吉时”送到庙里，道士对之祈祷，求把一年晦气带到外面去。道士祈祷完带纸人出关限门，送到外面烧掉，灰放在小缸里，由船送到海里倒掉。

5 月 17 日有萧太傅神诞活动。神诞由董事会组织，境内居民自发参与。由于富美宫有较为丰厚的香火钱、海外捐献和经营收入（像芳名录、派神符和富美宫香袋等），不需要像一般境庙要在举行神诞活动前发布告要求境内居民捐献。神诞日前三天，各项活动就已经开展了。有请戏的，请电影的，布告都在庙外张贴，样式大体是：富美萧太傅千秋，某月某日，弟子某某某敬献高甲戏（或大鼓吹、电影等）。戏剧是传统高甲戏，表现忠义为主，戏台就在宫前空地临时搭成。神诞当晚，正戏开演之前要表演“八仙祝寿”“跳加冠”“打财神”三个短剧，福建各地基本如此。神诞前后几日，拜香、割火的信众不断前来，在神诞日人数达到高峰，估计几日里参拜人次在几万之多。因为人多，各种做小生意的，还有乞丐都来凑热闹。参拜人群多以家庭为单位，全家老小一起出动，也有个人，都要带着供品而来。远处的和有村庙供着分灵的往往是组成团队包车而来，大的团队常常有近百辆车，在富美宫外的大街上排成长队。人车虽然多但秩序井然，神诞期间一个维持秩序的警察也没有出现。分灵要定期到祖庙割火才能保持灵验。家庭供的神捧着来割火，绕着神案转三圈表示割火完成。团体的一般抬来神轿，在宫前空地摇神，询神旨意。轿夫往往一副不由自主的样子，看上去像是神在指挥他们。有的团队深夜而来，常常带着乩童，表演惊世骇俗的各种“法术”。神诞期间富美宫提供斋饭，就在宫庙附近的空地上搭起棚子作厨房，厨师一般是附近信众，自愿服务。参加神诞的人们都愿意吃这斋饭，认为这会带来保佑和福气。神诞这几日，富美境不少人家就跟过年一般，家内摆着香烛和供品敬奉在自家神龛前，每日敬拜神明，虔敬异常，有的还邀请亲朋来家吃饭。

10 月 15 日是水路大醮（三年一次）。请道士祭祀三天，周围人拿纸糊的金、银、水服三种掷入江中。庙里做一个纸糊大厝，放置纸糊男童女娃，祈祷完烧掉送入江中，信众供奉的米面等贡品也一起掷到江中，掷很多东西。12 月 21 日晚，送神仪式。

平常敬神的时间是农历每月的初一与十五，另外，逢庙内神明生日、传统节日和信众有个人和家庭疑难事情时也要拜神。日常的个体拜神是以家庭为单位开展的，这种工作通常由家庭主妇承担，男人较少参与。祭神之前要准备好祭祀用品，如供品、香烛、金银纸、爆竹等。最普通的祭祀仪式过程如下：① 在神前排列供品；② 点燃香烛插在香案和烛台上；③ 在神前献茶三杯；④ 焚香迎神；⑤ 第一次敬酒：⑥ 信杯求问神明：⑦ 神明降临，第二次敬酒；⑧ 有求问神明时，信杯问神是否许诺；⑨ 双手持金银纸在神案前晃动，请神察看；⑩ 焚烧金银纸并燃放爆竹（到神殿外焚烧炉）；⑪ 第三次敬酒；⑫ 信杯问神是否用餐完毕；⑬ 倒酒，将酒泼入纸灰中以防纸灰分散；⑭ 礼成收拾供品。[①] 富美宫处在城区，平时来拜的人不少，并不都是以家庭为单位，一些附近打工的人有时也来拜。求神获得成功，要事后谢神还愿，富美宫内外就摆放了不少信众还愿的物品。郑国栋对大众烧香求拜的内容做过调查，发现问的都是生产、生活方面的，没有一个涉及政治。而且群众的信仰与社会变迁关系密切，改革开放初，问的多是就业、出国（侨乡因素），后来市场经济活跃，问的多是做

① 甘满堂．村庙与社区公共生活 [M]．北京：社会科学文献出版社，2007.

生意行不行，孩子上学成绩怎样、能不能考上学。过去百姓非常相信神，现在不这样，信神也信科学，求神问卜只是一个参考，不会很盲目。①

另外，还有几个有特点的宗教习俗，现在没有条件再施行了。一是放生公羊。泉州有句俗语叫作“富美羊公，行到处吃到处”，来自富美宫放生公羊的仪式。过去在神诞日放生公羊，公羊双角刻有“富美宫”字样，脖子挂有小牌，在城内自由觅食。因为百姓视为神羊，不要说不敢伤害，甚至还以神羊吃了自己的东西为吉祥如意的象征。传说这个仪式是为了纪念萧望之制造羊车方便老母出行的孝敬行为。二是放王船。逢瘟放船是历史久远的习俗，旧时富美宫旁有专门制造王爷船的作坊，每造一条王爷船，都要举行各种祭祀仪式，如聘请师傅，选择材料、船体大小、开工时间、安放神位、下水时辰等，都要在萧太傅神像前扶乩或信杯来决定。王爷船一般长二三丈，能载重二三百担，中部设神位，中部为主神，左右为陪神，每条船上供三位或五位或七位王爷神。船的两旁插有大牌、凉伞、彩旗和刀枪剑戟等兵器。神座前陈列案桌，供奉各种祭品和纸扎的人役、乐队等。后舱装有柴米油盐和药材、布料等生活用品。船上还放养一只白色公鸡和一至三头公羊。王爷船在富美渡头下水，先由佩带符箓的水手驾驶出海口，然后在海滩停泊，择定方向，水手将佩带的符箓焚化并祷告，寓意将王爷船交给神明，然后张帆起锚，水手上岸，任凭王爷船随风逐浪而去。三是借钱。在萧太傅神诞（农历五月十七日）前后，包括惠安、晋江等地在内的善信，纷纷到神前祷告，祈求神明庇佑全家平安，五谷丰登，六畜兴旺，财源广进，并向萧

① 费孝通在《江村经济》中也讲过这个问题，能以人力解决的并不依赖于神，这是人类学调查得出的。郑国栋先生是改革开放以后推动富美宫复兴的元勋，是政府干部又是地方学者，退休后仍然关心富美宫的发展。笔者三次到泉州调查，都和先生做了深入的访谈，得到很大的帮助。

王爷借钱。信杯若允准，则借几分或几角钱，取回放置家中神像前，认为必有吉利。来年，依各自所许心愿到宫还钱。

据《费用条目》，富美宫旧有农历十二月十五收兵、二月初二犒兵的祀鬼神仪式，要请法师；还有遵循惯例到被称为“一邦神祠”的东岳行宫“乞火”，铺境各组织“卜筊”以取得来年祭祀萧王爷的主持权等。

第三章　萧望之：儒臣与神明的递嬗

一、汉代儒臣萧望之

萧望之字长倩，祖籍东海兰陵（今山东苍山兰陵），后迁徙到长安杜陵（今西安）。青年时的萧望之家贫而好学，先后跟随名儒后仓、夏侯胜等学习，十年寒窗，终成京师名儒。汉宣帝表彰中兴良辅，在未央宫麒麟阁为十一人绘图，萧望之就是其中之一。萧望之事昭宣元三朝，历任左冯翊、御史大夫、太子太傅、辅政前将军，被班固称为“儒宗”“近古社稷臣”。

“富经术而事两朝道宗论语”，萧望之有传《论语》之功[①]，但强烈影响西汉政治的还是春秋学。萧望之受学于齐诗大师后仓，后仓受学于“善为《礼》《春秋》”的东海兰陵人孟卿。荀子曾为兰陵令，孟卿的春秋学可能传自荀子，而申公是荀子的再传弟子，传《谷梁春秋》[②]。故“富经术”实际上表现在萧望之运用注重礼仪教化、重视宗法秩序的谷梁春秋学和喜以阴阳灾异推论政治得失的齐诗学干

---

① 何晏《论语集解叙》：“叙曰：汉中垒校尉刘向言：‘《鲁论语》二十篇，皆孔子弟子记诸善言也。’太子太傅夏侯胜、前将军萧望之、丞相韦贤及子玄成等传之。”

② 《汉书·楚元王交传》：“少时尝与鲁穆生、白生、申公同受《诗》于浮丘伯。伯者，孙卿之门人。”《儒林传》云：“瑕丘江公受《谷梁春秋》及《诗》于鲁申公。”申公为荀卿再传弟子，则《谷梁春秋》亦荀子所传。

涉政治上。汉武帝独尊儒术，率先兴起的是长于为更化改制提供理论支持的公羊学，宣帝时召五经名儒、太子太傅萧望之等大议石渠阁后，谷梁学大盛。公羊学的兴起和谷梁学的大盛有着深刻的历史根源。

中国是一个国家，也是一个文明，内部一直存在大的文化和地区差异。夏商周三代，以宗法制度为依托的三代宗教文化“构成了一个不受权力转移和朝代更迭的政治事件的影响而自然生成的连续性的发展系列”[①]，保证了差异中的统一和秩序。春秋礼崩乐坏，战国封建瓦解，如何重新整合，不同的诸侯国都在跃跃欲试，不同的学派都在谋划思量，最终秦国凭耕战与法家学术取得天下。秦的统一标志着中国历史上第一个新的具有共同民族意识和心理意识的大一统政治国家组织的诞生，但共同的民族意识和心理意识并不是自然具备的，中央集权和郡县制保证了“车同轨、书同文”的有效落实，但很难营就“人同伦”。文化的不统一是楚人“苦秦”及汉初实行郡国并行制的深层背景。[②]秦朝在统一宗教和文化上是做了一定努力的。秦始皇并不完全排斥儒生的意见，国家祭祀大典、刻石颂德皆征求鲁地儒生意见，泰山、会稽刻石都强调文化声教，体现以礼正俗。“天下初定，他（秦始皇）把方士、儒生从全国各地招来，本来是请他们兴太平，方士搞宗教，儒生搞学术……统一宗教，才能赢得六国百姓的心；统一学术，才能赢得社会精英的心。”[③]但秦始皇没有认识到三代宗教文化已经决定了中国的文化和社会基因，没有认识到培养、任用以最好地继承三代文化的儒家价值为依归的治理阶层的必要性，口号上强调声教、零敲碎打地兴立六国祠畤、外依内违三代

① 余敦康．宗教·哲学·伦理［M］．北京：中国社会科学出版社，2005：13.

② 陈苏镇．汉代政治与春秋学［M］．北京：中国广播电视出版社，2001．陈苏镇指出“秦以郡县治东方，用秦吏奉秦法经纬天下”和刘邦重建帝业，都遇到区域文化的差异与冲突，以楚、齐、赵三地最为明显。

③ 李零．中国方术考［M］．北京：中华书局，2006.

典制的“以吏为师”[①]，等等，都无法消弭“周秦之变形成的‘state’与‘society’二元矛盾”（陈明）。秦继嗣生变，无力更张救济而早亡，汉承秦制而辅以黄老之术、以孝治天下，使矛盾延缓，但立国六十年到汉武帝时已经是不能不更化改制了。秦制的长处在有效率，但日久俗败吏偷，不仅效率顿失而且天下瓦解。贾谊敏锐地看到了这一点，他在《治安策》中说：“商君遗礼义，弃仁恩，并心于进取，行之二岁，秦俗日败”。汉朝建立后，“曩之为秦者，今转而为汉矣。然其遗风余俗，犹尚未改。今世以侈靡相竞，而上亡制度，弃礼谊，捐廉耻日甚，可谓月异而岁不同矣”，而俗败的根源正是沿用于秦的文吏制度，所谓“大臣特以簿书不报，期会之间，以为大故。至于俗流失，世坏败，因恬而不知怪，虑不动于耳目，以为是适然耳。夫移风易俗，使天下回心而向道，类非俗吏之所能为也。俗吏之所务，在于刀笔筐箧，而不知大体”。其实秦国祚短，俗败并不明显，主要是求急而吏苛。汉朝郡国并行，各方势力交织，浸之以久，加之内忧外患，俗败吏坏才更加明显。文帝后，汉法的执行开始严苛，酷吏得到重用。董仲舒在《天人三策》中尖锐地指出：“今汉继秦之后，如朽木粪墙矣……法出而奸生，令下而诈起。故汉得天下以来，常欲善治而至今不可善治者，失之于当更化而不更化也。”“百官皆饰虚辞而不顾实，外有事君之礼，内有背上之心；造伪饰诈，趋利无耻；又好用憯酷之吏，赋敛亡度，竭民财力，百姓散亡，不得从耕织之业，群盗并起。”故董仲舒提出：“古之王者明于此，是故南面而治天下，莫不以教化为大务。立太学以教于国，设痒序以化于邑，渐民以仁，摩民以谊，节民以礼，故其刑罚甚轻而禁不犯者，教化行而习俗美也”；“臣愚以为诸不在六艺之科孔子之术者，皆绝其道，勿使并进。邪辟之说灭息，然后统纪可一而法度可明，民知所从矣。”可以说，董仲

① 李斯的“以吏为师”，清代章学诚在《文史通义》之中极称其法，认为合乎三代旧典，盖古者政教合一，学术出于官司耳。这被钱穆讥之以“得其事而未得其理者也”。

舒的公羊学正是救时之策，文化统一，政治统一，官吏儒化而能识大体，整个国家在通经为官、察举贤良孝廉的政策下，有了一批维护统一并有能力在乡俗与国家大政之间审时度势化民导俗又革除分裂因素的力量。“儒家社会理想的本质及其与社会结构诸内部要素的关系，那就是以自然形成的文化秩序规范一切，将政治运作及其过程置于文化价值理想的指导之下”①,而公羊学在武帝时的兴起只能说是妥协于家天下的现实，服务于缓和“state”与“society”矛盾的政治治理需要。不过，儒家一旦进入政权，经学一旦有了地位，官吏一变而为儒臣，也会在满足国家与社会的多种功能性需要的同时对家天下产生制约。

在野公羊学者眭孟等挟学术之力鼓动激进的政治变革，带动了谶纬学的发展，也刺激了朝廷中相对温和的谷梁学的大盛。谷梁学着力于内政。从萧望之出道即上《雨雹对》以灾异刺权臣而希望“明主躬万机，选同姓，举贤才，以为腹心，与参政谋，令公卿大臣朝见奏事，明陈其职，以考功能”而达至“庶事理，公道立，奸邪塞，私权废”的局面，到辩义利论规张敞而藏富于民、晓利害议拒乌孙而信申四夷，再到五凤元年力议不因乱灭匈奴、五凤二年建议待来朝呼韩邪单于以不臣之礼，等等，都体现出萧望之作为儒臣的能力。当然，谷梁学也要着意推动礼制革新，而这种礼制革新在很大程度上是基于内政需要而不是浪漫理想。汉初以宗教统一为目的的祭祀制度造成了严重的财政负担（《汉书·韦玄成传》），也使巫蛊盛行，干涉政治，败坏风俗。萧望之以“三光为之不明”表达对丞相丙吉的不满，实有对宣帝不改制的不满。宣帝死后，萧望之为辅政大臣。《汉书·萧望之传》曰：“望之、堪本以师傅见尊重，上即位数宴见，言治乱，陈王事，望之选白宗室明经达学散骑谏大夫刘更生给事中，

① 陈明.儒学的历史文化功能：以中古士族现象为个案[M].北京：中国社会科学出版社，2005：17.

与侍中金敞并拾遗左右。四人同心谋议，劝道上以古制，多所欲匡正，上甚纳之。”改制便开始了。钟国发指出：“经学大师后仓兼习诗、礼，自武帝末期至宣帝初期一直担任博士，传其礼学的主要是戴德、戴圣叔侄，而名臣萧望之、翼奉、匡衡也都是教师后仓传《齐诗》的弟子。以二戴的著述为基础，翼奉、匡衡等相继对国家宗庙、郊社祭祀礼仪发起批判，掀起了一场声势浩大的宗教改革运动，几经反复，终于实现了帝国宗教祭祀体制的儒教化。”[①] 但祭祀制度的改革正如吕思勉曾指出的：“古人率笃于教，故其祭祀之礼甚烦。又各地方各有其所奉之神，秦、汉统一以后逐渐聚集于中央，其烦费遂愈甚。经元成之厘正，而其弊乃稍除。此亦宗教之一大变，不能不归其于儒者之持正也。”所谓“儒教化”实际上是没有认识到改制本身改良政治的本意，重内政、兴教化、制礼乐而变异秦政才是关键所在。但由于朝廷中力量对比、萧望之等的缺乏政治谋略，萧望之被迫自杀。

由于谷梁学本身在礼乐具体方案上的不足，元成哀三朝几经反复，到王莽新朝才算落实，但致朝政混乱，演成大祸，汉代以来儒者的理想受到现实的打击。以后东京之学就多了沉稳，反对理想化的制礼作乐，“以德善化民”，学校与士族也由此兴起。

二、神明萧太傅

《汉书·艺文志》记载萧望之有四篇赋，班固在《两都赋序》中赞誉：“公卿大臣御史大夫倪宽、太常孔臧、大中大夫董仲舒、宗正刘德、太子太傅萧望之等，时时间作。或以抒下情而通讽谕，或以宣上德而尽忠孝，雍容揄扬，著于后嗣，抑亦《雅》《颂》之亚也。”但这四篇赋都没有传下来。石渠阁会议的五部议奏久已亡佚，《通

① 钟国发．汉帝国宗教的儒化改革［J］．福建论坛：人文社科版，2001（2）．

典·礼典》保存了十一条内容，其中萧望之的言论有三条，如下：

1. 戴圣曰："大夫在外者，三谏不从而去，君不绝其禄位，使其嫡子奉其宗庙。言长子者，重长子也，承宗庙宜以长子为文。"萧太傅曰："长子者，先祖之遗体也。大夫在外，不得亲祭，故以重者为文。"

2. 萧太傅云："以麻终月数者，以其未葬，除无文节，故不变其服为稍轻也。已除丧服未葬者，皆至葬反服。庶人为国君亦如之。"宣帝制曰："会葬服丧衣是也。"或问萧太傅："久而不葬，唯主丧者不除。今则或十年不葬，主丧者除否？"答云："所谓主丧者，独谓子耳。虽过期不葬，子义不可以除。"

3. 问："父卒母嫁，为之何服？"萧太傅云："当服周。为父后则不服。"

这些都是有关凶礼中丧服制度的讨论[①]，讨论丧服制度的著作多有引述。另外还有《汉书》收入的《雨雹对》等九条奏议，此外萧望之再无著作传世，这对于"儒宗"来说是很要命的，哲学史、思想史几乎很少论及萧望之，后世只有少数对其行事和奏议的评论，而且宋明时期批评居多。

朱熹曾称赞萧望之的赎刑议"一看义理当然，不为苟且姑息也"，但对于萧望之的学术只说了一句："他说底也是正。"黄义刚说杀韩延寿是萧望之不对，朱子说："望之道理短。"义刚又批评萧望之被两个小人捉弄是"暗于事机"，朱子只是应之而已（《四库全书·朱子五经语类·卷四十八》）。韩延寿史称"循吏"，教礼让，修学宫，化民成俗，却被萧望之奏上"狡猾不道"的罪名而遭斩首，洪迈也

① 关于这三条言论的内容和解读，可参看丁凌华《西汉石渠遗文解读及其在法制史上的意义》一文，文章见中国政法大学法律史学研究院网站（www.legalhistory.com.cn/）"重要史料"下"法文化史"专栏。

批评萧望之"忍以其私陷二才臣于死地乎？"(《容斋随笔·卷六·魏相萧望之》）到王夫之，对萧望之就是极力批评。那么，该如何看待这些批评呢？与宋明理学的兴起有没有关系呢？

汉儒推灾异、运经术以推动政治制度和祭祀体系的改革，对道德和义理并无深究，而宋儒兴起，一以道德和义理匡济天下、矫扶人心。在宋明儒者眼里，汉儒难免"挟经术而行其偏矫之情"（王夫之语），即便是批评宋明理学的晚清章太炎也批评汉儒援引经义断事为"经之虮虱,法之秕稗"[①]。不过班固褒扬的笔法和萧望之的冤死为萧望之在宋明以来的通俗教化领域赢得了位置。明永乐，福建南平人儒学教谕赵弼著讽喻文章《酆都报应录》中有判文："萧太傅，汝生于某处某官家，生为嫡冢，长袭其秩；史高、弘恭生某家为女子，后皆与汝为妾，三十年后忤汝之意，史则捶死，弘恭则杀之……石显生于某处为羊豕十次，尔诸卿因相会宴，屠而食之。"[②]这里所喻报应之意应该与富美宫门上画上四个太监相仿。

而对于萧望之殁后如何成为神明，并成为泉州的王爷神，泉州地方学者和闽台学者一直在研究。

泉州地方学者的研究成果集中在1995年10月出版的《泉州道教文化（萧太傅研究专辑）》和1997年12月出版的《泉州民间信仰（泉台第二次萧太傅研究专辑）》（内部交流资料）中。这些研究成果主要是服务于"弘扬中华民族优秀传统文化，宣传萧太傅高尚人格精神、爱国爱民思想以及泉台神缘关系，应各地在修编宫志资料不足等方面之需"（《泉郡富美宫志》），但也整理了一些可贵资料，提出了一些有价值的观点。如陈垂成的《萧太傅信仰杂考》《泉州富美宫的地理环境》，吴幼雄的《晋江、安溪、惠安的萧太傅崇拜调

① 章太炎．检论[G]//刘梦溪．中国现代学术经典：章太炎卷．石家庄：河北教育出版社，1996：220.

② 赵弼．效颦集[M]．上海：上海古籍出版社，1996：55.

查纪实》《泉州富美宫若干问题的研究》，郑国栋的《萧太傅崇拜与富美宫的历史作用——浅谈泉州同台湾两地神缘关系状况》，虞诚的《萧姓的祖先崇拜——兼析泉州萧氏传衍》，林胜利的《泉台的萧太傅信仰及其签诗浅探》，李玉昆的《略谈王爷信仰》，粘良图的《王爷崇拜与儒教》及沈继生、陈晓亮、郑焕章、廖源泉、林泉、李玉昆、曾经民、吴乔生、郭志超等的文章利用第一手资料梳理了萧太傅信仰在泉州、台湾产生、传衍、演变的较为可靠的过程和复杂而全面的社会功能，辨析了王爷信仰与瘟神崇拜的区别及其与儒教的关联，得出的较为一致的意见是：萧太傅在泉州成王爷神是由入闽萧氏的祖先崇拜演变而来；王爷或有从瘟神转变而来，但更多是“生为英杰，殁而为神”的历代功臣烈士、英雄豪杰，王爷信仰的产生是以上古厉鬼祭祀为基础，贯穿《礼记·祭法》中“法施于民则祀之，以死勤事则祀之，以劳定国则祀之，能御大灾则祀之，能捍大患则祀之”的精神，在官方教化和民众需要的互动中孕育，在明中期以后民间造神运动、人们纪念郑成功等错综复杂的社会背景下形成；王爷信仰是闽台独特的信仰，萧太傅是福神、万能神。

福建师范大学林国平在其《闽台民间信仰源流》“瘟神信仰”一节中对闽台王爷庙总部富美宫及其历史上的放王船活动做了介绍性的评述。关于神明萧太傅的性质，林国平认为闽南地区的瘟神就是“王爷”，富美宫被称为王爷庙的总部，其所奉祀的萧太傅自然就是瘟神。台湾王爷庙数量仅次于土地庙，台湾学者也较早开始王爷信仰研究。刘枝万通过大量的田野调查，写下《台湾之瘟神信仰》《台湾之瘟神庙》二文，是学界第一次比较系统地对于王爷信仰的揭示；蔡相辉的《台湾的王爷与妈祖》一书赞成连横提出的王爷信仰来自郑成功一说，做了大量调查和语言学的考证。康豹的《台湾的王爷信仰》一书以大量的田野调查探讨了王爷是何种神明，其信仰的仪式及其社会功能、含义，认为瘟神与王爷是有区别的，大部分的王爷和瘟神没有直接的关联，甚至扯不上关系。台湾有些地方的王爷是古代的瘟神，有些地方的王爷虽然也像瘟神一样是要被送走，但是从其姓氏、图像、传说来看，他们和瘟神却是完全不同的。总括起来就是瘟神说、郑王说、独立说。但台湾学者有对王爷信仰的研究而没有对萧太傅信仰的专门研究，或许如康豹的书中绪论所言："（王爷信仰）遍及台湾各地，庙宇总数仅次于土地公与有应公，信众仅次于妈祖，但只有三部专著，蔡相辉《台湾的王爷与妈祖》、李丰懋《东港王船祭》加上这本，研究者也还有刘枝万、黄有兴、郑志明等。原因何在？一、王爷的数量多且身份复杂，以致研究所需的时间相对地加长了，一般的王爷只有姓没有名，共一百三十二姓；二、资料零散，一般的宗教书籍里找不到王爷的资料，如《道藏》中就查不到'王爷'这两个字，同时方志中也很少有关于王爷的记载。"

三、萧太傅信仰诸问题探索

对于以上研究，我们有三个问题需要进一步探讨。一、闽南王爷信仰起于何时？它与瘟神崇拜有何关联？二、萧望之是西汉长安人，如何会在泉州成神？在被富美宫择为主神之前，对萧望之的崇拜以何种形式流传？三、一般小祠没有名号，富美宫得名于何时？奉祀格局是如何形成的？

先看第一个问题。王爷信仰起源的郑王说只对台湾王爷有一定解释力，独立说以"流"测"源"，难得要领，所以学术界一般接受瘟神说。瘟神崇拜源于上古厉祭。先民把造成大量人畜死亡的瘟疫与非正常死亡的厉鬼的作祟联系在一起，中国古来历朝都设有厉祭。《礼记·祭法》所言王立泰厉、诸侯立公厉、大夫立族厉的体系在明太祖年间得到有力的复兴，乡厉坛遍及乡野，并与元代开始兴起的里社制结合，同祀五土五谷之神的社坛一起成为社区的中心，意义已不限于驱瘟辟邪。后来坛慢慢变成了庙，供奉上乡民崇拜的各色名号的神灵。郑振满对福建莆田江口平原的神庙研究证实了神庙作为社区中心的地位，他认为从明到清，闽南经历了一个由里社转变为村庙的过程，明初的社坛日益消解，形成大量以“社”为名的神庙。[①] 闽南的王爷庙多是村庙、角头庙或境庙，王爷神实质上就是在里社转村庙的过程中由瘟神转变而来。而且由于早期中原移民在“边陲状态”下形成血缘与地缘紧密结合的生存方式，瘟神即后来的王爷神与祖先神也密切相关。华南单姓村众多，村庙和唐末以来兴起的宗祠常常形成紧密的关联，庙宇的建造是福建宗族组织的一项重要任务[②]，庙宇和宗祠在组织和仪式上也重叠互动。庙与祠的关联正是上古“社”的原意的复现。《礼记·祭法》说：“王为群姓立社，曰大社；诸侯为百姓立社，曰国社。”上古“社”原本包含内祀祭祖和外祀祭土两个内涵，社神的最初形态是祖神，作为集团的保护神，又带有强烈的地域性色彩，社神的权限被看作辖区内的这块土地及附着其上的自然界的阴性力量，兼有禳灾保民的职能。一直到明中后期，闽南都是瘟疫多发区，所以，祖神与瘟神交叉有着种种可能。一般而言，国家祭祀才内外合祭，民社只是祭土地，但华南宗族某种意义上相当于先秦封建诸侯，在远离政治中心的“边陲状态”下内外合祭实属正常，后来消除“边陲状态”，但庙与祠的关联得以延续。

萧望之由祖先神演变为王爷神是对第二个问题最合理的解释。泉州地方学者认为萧太傅信仰是由入闽萧氏带入泉州而演变为王爷神的。下面我们来推测这个演变的过程。

---

① 郑振满．明清福建里社组织的演变［G］//郑振满．民间信仰与社会空间．福州：福建人民出版社，2005.

② 参看陈支平在《近500年福建的家族社会与文化》第十一章“家族的宗教信仰”及《福建族谱》。

萧望之横死，葬在杜陵，“天子追念望之，不忘每岁时遣使者祠祭望之冢，终元帝世。”在鬼神观念流行的汉代，这已足以使萧望之死后为神灵了，但找不到相关证据。在宋代祠堂祭祖产生之前，墓祭是祖先崇拜的重要形式。杜陵萧望之墓，宋元时仍有方志记载①，清代还存于地面，这主要与唐天宝年间开始以国家典礼祀包括萧太傅在内的历代忠臣和地方官有责任营缮名人墓有关。随着萧望之后代迁回兰陵，萧望之墓重建②以便子孙墓祭。永嘉之乱，萧氏南迁，在南兰陵仍有关于萧望之墓存在的踪迹。③在南兰陵，萧望之已经演化为祖先神。据方志文献记载，江浙地区有大量的萧王庙，奉祀萧何、萧望之、萧衍、萧统等④，这些萧王既为萧姓崇拜，也为万姓瞻仰，俨然已经是地方神，来源上虽然不能纯然看作祖先崇拜，但与之应该有很大干系。朱熹绍兴二十年春回婺源省祖墓，朱氏祖墓附近有一座闻名遐迩的五通庙，是萧氏祖庙，奉祀萧氏五子⑤。五通又名为“萧公”，从现有的五通研究中没有找到与萧望之祖先神崇拜之间联系的证据，但从这里我们可以看到由祖先演变到祖先神、再经过民间传说幻化而演变为地方神的情况。唐末王潮由固始南迁入

① 宋代宋敏求的《长安志》载：“当门（春明门）外有汉太子太傅萧望之墓”；“萧望之墓在（万年）县东南五里，古城春明门外”。元代骆天骧的《类编长安志》更具体地记载：“萧望之墓在咸宁县东南五里，古城春明门外，道南。”

② 明万历《峄县志》记兰陵有萧望之墓：“县东五十里，故兰陵城东北。累累数高冢，其一为太傅，余为诸子葬处。”出土文物证实属汉代古墓。

③ 见清《无锡县志》“宋萧侍郎墓”条。

④《浙江通志·苏州府》：“萧王庙在府治乐桥，祀汉萧何。”《延祐四明志》：“萧王庙在贯桥侧，此处旧有佛阁，乃行刑之地，因立酂侯庙云。”《浙江通志·临安》：“萧王庙在斯如坊三畐候潮门内，祀汉太傅萧望之”。雍正七年总督李卫捐修此庙，题曰“万姓瞻仰”，有《关内侯萧太傅赞》。元朝至元《嘉禾志》：“萧梁氏兴江左，实有功在民，故州县多祠之。”清汪巽东有诗作吟咏华亭县的萧王庙：“六县茫茫记析吴，紫云行殿月虚无；老公不主太平寺，笑看海中跳跋奴。”自注称：“庙在郡城中，祀梁武帝。梁置信义郡于吴郡，分县六，半在今郡境。”清《杭州府志》载余杭县“东南十里萧王庙祀萧统。”

⑤ 束景南．朱子大传 [M]．福州：福建教育出版社，1992：59.

闽，随行的南兰陵萧氏将萧太傅信仰携带入闽。萧氏有兰陵派、河南派等几大支系，闽台萧氏多为兰陵派，奉萧曦为入闽始祖。据泉州多本萧氏族谱记载，江南刺史萧曦于唐末僖宗中和元年入闽卜居福建长乐大鳌坑（今漳港），其后世分居福建各处。清嘉庆《凤翼萧氏大宗谱序》说："曦公也立庙长乐，衍派蒲岱，分支泉郡，卜宅莩辉，美号凤凰展翼，而子孙渐衍渐析，分居晋、南、惠、同、安、永、德，子姓蕃昌。"明代泉州萧氏在萧厝园一带形成较大的宗族势力，建立起凤翼宗祠和众多家族庙宇，包括奉祀萧太傅的。据陈垂成考证，萧姓族人分布城里居住，地点之一是港仔乾，所建的崇奉萧太傅的原始富美宫就在富美渡头的大榕树旁，规模只有一个土地庙大小。萧姓在泉州城中繁衍，曾达到"萧半城"的盛况，但经明嘉靖年间的突发事件及隆庆间的再度打击，至清康熙年间，便逐渐衰微了。港仔乾萧氏族人星散以后，富美宫就落到经营富美渡头的士绅、商人和脚夫等手中，萧太傅也从祖先神演变为王爷神。"分居晋、南、惠、同、安、永、德"的萧氏聚居区至今还保留着对萧太傅的祖先神崇拜。如晋江市安海镇洋南村的萧姓族人奉萧太傅为保护一方的挡境神；安溪龙门镇璞兜村萧氏神庙称"进封庙"，中祀"萧府夫子"（萧太傅）神位和"奉玉旨代天巡狩"木牌，右边自右至左，祀报圣大帝、祖妈汪氏（萧太傅的母亲）、萧府夫子、萧府三祖、萧府二祖。5 月 17 日为萧太傅神诞，生日时祭品陈列中有文房四宝。

正德间的原始富美宫演变到今日的富美宫应该是颇有周折的。光绪七年《重修富美宫记》称："鳌旋富美宫始建于嘉庆一十四年。"1934 年《重修富美宫记事录》称"泉郡鳌旋富美宫"始建于前朝。而道光元年《目录》称"重修鳌旋富美境武圣殿萧王府行宫"，道光版本《萧夫子签谱》载有道光二十一年春信生（信徒）曾炳奎的"敬述"称"上帝宠命嘉赐，逮及昭代嘉庆年间，总巡天下降神于温陵城南富美武圣殿"，另有"谱序"称"聚津里武圣殿崇奉关圣帝泊萧王府诸神，关萧二夫子皆大汉忠勋”。

根据这些资料再加上前文列叙的相关资料，对于富美宫演变史可以推测如下：原始富美宫在渡头商人、脚夫的经营下形成奉祀以萧太傅为主的多个王爷的格局，萧太傅也得到“总巡天下”的名号；清嘉庆年间原始富美宫被毁，萧太傅等诸王爷以降神方式落脚富美武圣殿，形成关萧二夫子并重的格局，道光元年武圣殿重修时，全称为“富美武圣殿萧王府行宫”；因通淮关岳庙的关帝更加灵验，富美关夫子慢慢淡出，道光三十年时称号已变成“萧王府”，萧太傅后来居上；富美境境庙原为土地庙，奉祀福德正神，土地庙是一方百姓的“乡贤祠”，配祀“乡贤”文武尊王取而代之，成为境主。但后来福德正神、文武尊王都托庇于萧王爷门下，萧王府开始被称为富美宫，光绪七年迁到现址，形成现有奉祀格局，并延续至今。

第四章　萧太傅信仰与宋明儒教重建

一、儒教重建的汉宋之别

蒋庆对于儒教及儒教与儒家的关系有个影响较大的观点："儒教的历史长于儒家，夏、商、周三代即有儒教，严格说来伏羲时代已有儒教，因儒教是一文明体，伏羲画卦即开创了中国文明。此外，'圣王合一''政教合一''道统政统合一'是儒教的本质特征，也是儒教的追求目标，伏羲时代即具备了这些特征，故伏羲时代即有了儒教。春秋、战国、秦汉之际儒教退出中国文化权力中心边缘化为儒家，汉武帝'独尊儒术'后儒家又回到中国文化权力中心的位置上升为儒教，一直到 1911 年儒教因帝制的崩溃而崩溃，失去了'王官学'的地位，故儒教又退出中国文化权力中心的位置下降为儒家。"伏羲时代即有儒教或许荒渺难测，但闻一多研究过中国古代西方某民族的古道教和儒家所导源的东方宗教[①]，我以为后者就是古儒教。夏商周的传统宗教信仰就是古儒教，它并没有完全铺展到春秋战国时我们看到的中华全地。"如同《天下篇》所描述的，'道术将为天下裂'，传统宗教信仰体制的解体产生了裂变，引起了诸子蜂起、

① 闻一多．神话与诗 [M]．上海：上海人民出版社，2006：127.

百家争鸣的辉煌灿烂的壮观景象。”[①] 解体的过程实际上是各种地方信仰、文化的自然发展过程，战国时各大文化圈已然形成。秦汉的宗教统一就是要把各地的地方信仰统一起来，在统一的过程中，较好地保存周文化并经孔门弟子发展的鲁文化经由进入政权的儒士发挥了重大作用。所以，汉代儒教其实是礼崩乐坏后的儒教重建。两汉以后，汉儒重建作为国家宗教形态的儒教经历了一个长时间的衰落过程，宋明理学应变而生，宋明理学家更多地着眼基层，他们其实重建了一个国家宗教形态之外的新儒教。

从儒教重建角度，我们来看看汉宋儒教重建路径的差异。

蒙文通说：“汉儒言政，精意于政治制度者多，究心于社会事业者少。宋儒则反是，于政刑兵赋之事，谓‘在治人不在治法’。其论史于钱谷兵刑之故，亦谓‘则有司存’，而谆谆于社会教养之道。”我们讨论萧望之时也看到汉儒关切的是国家政治的重建，祭祀和礼仪因为是古代国家政治的必然组成部分而受到关注，从贾谊的《治安策》到董仲舒的《天人三策》，再到“宗教祭祀体制的儒教化”，无不体现的是如何应对社会矛盾，从政治入手来解决问题。汉儒并没有建立一个社会意义上的宗教，所以才会出现民间信仰失控，道教兴起、佛教进入来满足普通大众的宗教需求。[②] 其后魏晋实际上也只是在试图重建稳定的政治，但没有成功。倒是西汉中期以来长期尊崇儒术，经师以孔子整理过的又带有汉儒色彩的经典解释政治，从而形成影响广泛的政治话语，循吏自觉以儒家价值弥合“state”与“society”，而通经得官影响了豪族的价值取向，导致大量儒宗地主的出现，这些都使社会带有了更多的儒家色彩。在这种色彩下，世家大族重视门风，魏晋九品中正制进一步强化了门风，这种门风体现出儒家的教养，如重孝，如礼仪，如重姓氏。司马懿年轻时“服

① 余敦康．宗教・哲学・伦理 [M]．北京：中国社会科学出版社，2005：82.

② 参看李零《中国方术考》序言。

膺儒教”正是教养意义上的，儒学到这里才培养出冠以自己名称的生活方式，但这种儒教还主要存在于世家大族中，也不体现为一种宗教，这从南朝不少士大夫是道教徒可证[①]，从梁武帝佞佛可知。所谓北周武帝排座次，儒教第一，道教第二，佛教第三[②]，并不是存在一个与道教、佛教类似的儒教，而是道佛力图进入政治核心，主导政治，这时要有所明示。这里的“儒教”又有着不同于生活方式的内容，是自汉朝兼用儒术治国而带来的内容：由通经的儒生构成国家治理和教化的核心。这一点到后来越来越明确，清朝《圣祖仁皇帝圣训》：“国家建立学校，原以兴行教化作育人才，典至渥也。朕临御以来，隆重师儒，加意庠序，近复慎简学使，厘剔弊端，务期风教修明，贤才蔚起……乃比来士习未端，儒教罕着，虽因内外臣工奉行未能尽善，亦由尔诸生积锢已久猝难改易之故也。”以学校来进行儒学教育，在培养治理国家的人才的同时范化风俗，这是“儒教”一词在帝制中国最流行的意义。但正是因为民间巫鬼流行和道佛的挑战不仅常常会危及政治，而且败坏风俗，成为儒者实现社会理想的障碍，所以，到韩愈时，道统观念滋长，儒家越来越不愿意只是科层制下的政治工具，也不愿只影响摇摇欲坠的世家大族的门风。而唐宋之变也带来了新的挑战，贬斥汉唐而遥追三代，斥霸归王而重铸以宗法和乡社为依托的普泛于百姓伦常日用的宗教，实现“社会教养之道”，成为宋代以来儒者的目标。范仲淹所推动的儒学复兴开花结果，出来二程朱熹，开出理学。理学有着丰富的内容，既有

---

① 参看陈寅恪《天师道与滨海地域之关系》结论部分：“东西晋南北朝时之士大夫，其行事遵周孔之名教（如严避家讳等），言论演老庄之自然。玄儒文史之学著于外表，传于后世者，亦未尝不使人想慕其高风盛况。然一详考其内容，则多数之世家其安身立命之秘，遗家训子之传，实为惑世诬民之鬼道，良可慨矣。”

② 《周书·卷五·武帝上》：“十二月癸巳集群臣及沙门道士等，帝升高座辨释三教先后。”

知识又有实践，既有哲学又有教团[①]，建构道统，形成学派（也可以叫作教派，儒学的“学”原本就重在学习、操演礼仪，并不是西方意义上学、教两分的“学”），倡导祠祀先贤和理学前辈，以家礼、乡约化民导俗就是理学家的宗教实践。

李申在《中国儒教史》上卷认为西汉是儒教的诞生期，他所定义的儒教就主要是那套国家祭祀、礼仪体系，这一点与钟国发一致，并契合韦伯的儒教说。牟钟鉴的“宗法性传统宗教”实质上就是这个意义上的儒教，但牟钟鉴做出了宗法性传统宗教与儒学的区分。而李申没有区别儒学与儒教，并在《中国儒教史》下卷将朱熹的《大学章句序》说成是儒教新纲领，这实际上是把游离于国家政治之外的宋明新儒教捆绑到宗教内涵完全不一样的政教合一的旧儒教上，虽然在理论体系上多有矛盾，但有助于贯彻其批判儒教和判定儒教死刑的写作意旨。在这一点上，最早提出儒教说的任继愈反而是清醒的，他也没有区分儒学和儒教，但他认为两汉只是准儒教，两宋才是儒教的形成和完成。不过需要指出的是，任继愈认定的形成并完成于两宋的儒教，从其描述来看实际上是礼教，而有关研究表明礼教恰恰形成于反思宋明理学末流耽于空言的清代。[②]宋明理学者并不以是否在国家祀典来判定某神明崇拜的合法与否[③]，也屡屡以建立书院系统和儒者神明系统来摆脱官方学校和孔庙体系。以质疑汉唐为起点的宋明理学正是要挣脱两汉建立起来的旧儒教体系。是儒教的改革，其西方的类似物就是催生现代

① 以理学家为中心形成的师生团体，后来由阳明讲学使这个团体扩展到一般群众，比照基督新教（而不是天主教），完全可以看作教团，儒家学派某种意义上就是儒教教派。关于教会与教派的区别，韦伯和特洛尔奇从传统与现代的区分角度做了开创性的研究，西方已经积累了大量文献。

② Kai-wing Chow（周启荣）. The rise of confucian ritualism in late imperial china [M]. Stanford University Press, 1994. 清儒“以礼代理”的实践可以看作理学的延展。

③ 皮庆生．宋人的正祀、淫祀观 [J]. 东岳论丛，2005（4）.

西方的重要力量：宗教改革中的新教兴起。只是宋明理学与国家祭祀、礼仪体系和帝制中国流行意义上的“儒教”保持形式上的连续性，而新教与天主教则产生激烈的决裂斗争而已。辛亥革命与五四运动之后，宋明理学以哲学形态延续，国家祭祀、礼仪体系和帝制中国流行意义上的儒教解体，而它们的宗教残骸则以民俗、民间信仰的形态保留下来。

二、儒教重建视野里的萧太傅信仰

粘良图的《王爷崇拜与儒教》一文认为：王爷神是由五帝、五通、五圣等瘟神转变而来，在由以昊天上帝为首的神灵系统、祖宗神灵系统和以孔子为首的神灵系统构成的政教合一的儒教的限制、排斥、打击下，王爷神“改头换面，冠以忠义节烈的名字得以保存”，并归附到由家族神演变而来的萧太傅的麾下；以“汉代儒臣”萧望之为王爷之首表明了“王爷信仰主动向儒教归顺”，而“光绪年间，福建巡抚岑毓英向泉州‘王爷总部’富美宫敬献‘日在天上’匾额一方，正标志着王爷信仰正式纳入儒教系统”。这种观点重视了王爷信仰与儒教的关系，但有三个问题：一、一部分王爷神本来就是历史上的忠义节烈人物没而为神，只是后世忘记了名讳而已，改头换面的情况不具有普遍性；二、归附萧太傅的现实情况应该更复杂，关于富美宫成为“王爷总部”，还有前文所述的经济和地理的原因；三、仅从政教合一的角度去看儒教，这是将汉宋儒教混为一谈，忽略了宋明理学的深耕民间、导民化俗、重建儒教。

唐宋贵族到平民社会之变带来的品官庙祭制度的失效、士大夫焦虑于家的维持和士的身份的世代传递、儒者究心于社会教养和救济的载体的建设及东南移民晚唐以来的自发实践等因素促成了祠堂、乡约及相应的宗族和地缘组织的产生与发展[①]。明正德年间，社会生活又发生巨大变化，葛兆光将之概括为“南北之间、城乡之间、贫富之间、知识阶层内部的观念世界发生了断裂”[②]。王阳明正德年间龙场悟道，王学弟子面向宗族和地方社会推行讲会和乡约，还有泰州学派的儒学宗教化活动，指向的都是如何在变化的世界中重构社会和人心的秩序。我们可以在宋明理学推动的祠堂和乡约发展的脉络里来考察萧太傅信仰的演变。

在闽南萧氏的族谱中，萧何被奉为始祖，萧望之为七世祖，萧曦为入闽始祖。按照礼制“不王不禘”，唯天子能祭始祖，但唐末江南聚族而居的中原移民中已有祭始祖现象。北宋时程颐缘情制礼，提出冬至祭始祖的主张。朱熹制家礼时担心有僭越礼制之嫌而没有收纳，但认可墓祭始祖。明初东南儒者宋濂、方孝孺等讨论祠祀始迁祖问题[③]，为民间祠祀始迁祖及以下列祖现象提供了理论支持。到明嘉靖十五年（1536 年），夏言上疏《请定功臣配享及令臣民得祭始祖立家庙疏》，在嘉靖、万历年间形成大建宗祠祭祀始祖的热潮。但萧望之不是始祖也不是始迁祖，他的牌位要能留在闽南萧氏宗祠，就只有“立春祭先祖”和“祖之有封爵在祀典者”两种可能。唐末以来随王潮入闽的萧氏可能多属平民，没有多少文化，从众称祖籍固始[④]可见一斑。所谓萧曦为江南刺史，找不到历史依据，极可能是

① 阎爱民论“品官庙祭制度”(阎爱民. 汉晋家族研究 [M]. 上海：上海人民出版社，2005)；井上徹论“宗法主义”(井上徹 . 中国的宗族与国家礼制 [M]. 上海：上海书店出版社,2008 :618-626)；蒙文通论“宋明的社会设计”(蒙文通 . 儒学五论 [M]. 南宁：广西大学出版社，2007)；常建华论“朱熹祠堂之制受福建民俗影响”及“宗族的乡约化”(常建华 . 明代宗族研究 [M]. 上海：上海人民出版社，2005 : 97、102、258)。

② 葛兆光 . 中国思想史・第二卷 [M]. 上海：复旦大学出版社，2001 : 293-294.

③ 方孝孺《宗仪・睦族》：“为始迁祖之祠，以维系族人之心。”

④ 关于萧曦故里,族谱上多记为固始。宋人郑樵谓：“今闽人称祖者，皆曰光州固始。实由王绪举光、寿二州，以附秦宗权，王潮兄弟以固始至众从之。……故闽人至今言氏族者，皆云固始，其实谬滥。”

后世冒称。因为缺乏文化，萧氏移民迁徙中携带的极可能是关于神灵萧太傅的记忆，甚至可能有神灵保佑事迹，所以，安居后更有可能是为萧太傅建庙塑像而不是在祠堂立牌位。而萧太傅之所以能由祖先神被择为富美宫主神为外姓奉祀，固然因为萧太傅史传有记载，事迹又经明代通俗教化书籍广为流传，但主要还是因为其“灵验”。士绅愿意接受这个神明以表明自己并不是奉祀淫祀，而百姓也愿意接受他，因为他身前位高爵厚，死得又极为冤屈。明太祖重视自上而下的国家祭仪，洪武元年所定祀典中规定，名山大川、圣帝明王、忠臣烈士以及“有功于国家，及惠爱在民者”都是“应祀神祇”，享受朝廷或有司“岁时致祭”的待遇；不在祀典，但过去一直存在并得以流传下来的神庙，只要是有功德于民并且事迹昭著者，也必须对之进行保护。粘良图说“王爷信仰主动向儒教归顺”，在这个意义上成立。但萧太傅信仰分明与宋明理学的深耕民间密切相关。

因为来源于祖先崇拜，萧太傅信仰形式上会受到“朱子家礼”等的诸多影响，表现在降神仪式、敬献三牲、突出孝道的放生公羊等方面。阳明弟子聂豹巡抚泉州，建一峰书院祀罗伦，当地士人以一峰书院为据点，倡讲会行乡约。后来一峰书院成为境庙，罗伦在民间成为王爷，并被收编到萧王爷门下，同时收编的还有叶适这样的儒者演变成的王爷，可以推想富美宫受到明儒的影响。据汪毅夫统计，闽南不少境庙都是约所所在地，约所以寺庙为之，其主要用意在于借助神明的威慑以强化乡约的社会效能。另外，在阳明学的影响下，明清儒者对民间祠祀的某些佛道形式、对“天”有了新的认识[①]，与宋儒对待民间鬼神较为严格的理性主义有了变化。我们看

① 王阳明于儒释道关系有“三间房子”之喻，泰州学派体现出较强的三教合一倾向，这对明清儒者多有影响。关于“天”，颜均奉阳明为“道祖”，称孔子为“圣神”，与同道聚会感格上大，许三礼倡“告天之学”，并发展为“告天教”，在其海昌任上做“告天楼”，日做告天功课为民祈福。许三礼当时吸引了不少人，包括黄宗羲的一些弟子。清初以天为告解对象的还有很多，如李二曲《吁天约》。

到明中期以来儒者文集中通俗教化文章多起来，内容几乎不约而同地指向“神明”。儒家元典里，“神明”是一个常见的词汇[①]，对神明的信仰沟通着社会的各个阶层，这个信仰不像它外在表现得那样是对于天地山川、动植人物、鬼神等的泛灵崇拜和多神崇拜，实则是对天地间伦理精神与秩序价值的一元信仰。而这精神与价值总是配之以仪式、剧乐，即礼乐，存在于天地间，由此在不同的信仰者那里和同一信仰者的不同人生阶段或不同生活境遇中呈现为“文”或“神”[②],和“如神在”或“神在”,换成宗教学的话语就是神圣性或神灵。《中庸》说“至诚如神”，在中国的宗教文化中，“神”与“诚”有着相互贯通的内在结构，我们可以将融通概括如下：由理性以达于宗教体验（“自明诚”），由宗教体验或直觉、洞见而至于实用理性（“自诚明”）。《中庸》概括的这两种人的存在路径在“神明”这里会通。在宋儒对佛道进行一定清理之后，在宗族、乡约这类集体性的组织效用递减的时候，儒者和百姓的要求往往在弥散化的神明崇拜上产生交集。萧太傅曾与关帝共居一殿，关羽进爵为帝,《礼纪·王制》有天子巡狩,关帝巡狩在各地也发展出来,萧太傅的“代天巡狩”极有可能来自关帝巡狩。明清时期,泉州士子躬走关帝祠下祈安求吉,明末泉州儒者李光缙认为出现崇拜关帝的热潮，是因为关帝生前即是一位道德高尚的人，在实践儒家伦理方面为人们树立了典范，他要求人们平时需以儒家伦理观念来规范自己的言行，否则就难以达到崇拜的目的。[③]很明显，对于神明关帝的崇拜在李光缙眼里就是对

① 如《周易》:“始作八卦，以通神明之德”,“昔者圣人之作《易》也，幽赞于神明而生蓍”等;《礼记》:“身致其诚信，诚信之谓尽，尽之谓敬，敬尽然后可以事神明，此祭之道也”,“昔三代明王，皆事天地之神明，无非卜筮之用，不敢以其私亵事上帝”,等等。

② 《荀子·天论》:“君子以为文，百姓以为神。”

③ 参看清道光《晋江县志·卷16·祠庙志》收录的李光缙撰写的泉州通淮关帝庙碑文。

圣贤的崇拜。道光版本《萧夫子签谱》中，曾炳奎写的“敬述”和“谱序”突出的就是通过崇拜“关萧二夫子”和利用灵签来“敬神觉世”。曾柄奎的父亲曾国治是泉州府学生，父子二人都以萧王爷“信生”自居，足见萧太傅信仰呈现出圣贤崇拜的特点。通过宋明儒者的努力，中国社会已是儒教化的社会。

虽然清代一些儒者对三教合一和利用佛道形式多有批评，也常有官吏和士绅破除淫祀的举动，但有些形式也不能很草率地归到佛道那里去。河南彰德人许三礼是个在明末思想界响亮但后来被湮没的名字。他不满宋明以理以心为天而掩盖了天的神秘性，寻找长期被宋明理学的思维所压抑、掩盖、不得出头的神秘思想（如人格神的天、感应、象数等），指出佛道的种种做法和神通，如念经、诵经、筮卦、符箓等都是“吾儒一件法宝，久矣吾儒反不讲矣”。民间宫庙占卜、扶乩，这些实际都是儒家的。儒家与巫史传统有着紧密的关联，《周易》本身就是占卜之书，但随着后世儒者突出显示在政治舞台，占卜似乎与儒者无关了。明清以来，灵签实际上已成为儒者劝善觉世的工具。地方儒者也参与到富美宫的管理中，据郑国栋《浅析泉州富美宫的历史价值》所述：“自清嘉庆、道光以来，先后有多位举人，如黄布瀛、陈尔川、吴如林、曾振仲（曾遒）等亲董其事。”吴幼雄发掘的火毁残碑上也有“据举人黄步瀛等佥请……民事，神之……王声叙注册”字样。黄布瀛为道光五年乙酉科举人，陈尔川是清末武秀才。所以，批评和破淫祀完全可以看作儒教社会发展中的宗教内部矛盾。

三、萧太傅信仰的历史功能

萧太傅信仰集祖先崇拜、王爷崇拜和圣贤崇拜于一身，对其历史功能的考察也可从这三个方面来展开。

祖先崇拜是世界宗教信仰的一种普遍形式，西方基督教在发展中走了一条特殊化的道路，敬天一维独大。晚清康有为在模仿基督教构画孔教会时注意到这一点，认为孔教会应是敬天与法祖并重。祖先崇拜，而且是不断适应新环境变化的祖先崇拜，在中国人的社会生活中发挥着重要作用：对于宗族，祖先崇拜把同姓整合起来，结成一个稳定社会的基层网络；对于个人而言，祖先崇拜使个人知道自己从哪里来到哪里去，知道自己此生的责任。张载说："管摄天下人心，收宗族，厚风俗，使人不忘本，须是明谱系世族与立宗子法，宗法不立，则人不知统系来处，古人亦鲜有不知来处者。宗子法废，后人尚谱牒，犹有遗风，谱牒又废，人家不知来处，无百年之家，骨肉无统，虽至亲恩亦薄。"（《张子全书·卷四》）面对唐宋之变所造成的社会困局，宋儒以经典为据，以现实为用，推行宗法主义，最终促进了有别于宋以前的豪族共同体[①]的平民化宗族形式的产生与发展。祠堂和宗族庙宇的建设使祖先崇拜有了神圣空间，小宗、大宗、联宗、宗族的乡约化等组织形式的变迁，代表的是在变化的环境下努力构筑社会基层网络以满足宗族和个人多方面的需要。中原入闽萧氏数百年追寻祖先的精神，筚路褴褛，本着"收宗族，厚风俗，不忘本"的追求在蛮荒的东南沿海建起自己的物质和精神家园，其历程完全可说是宋以来祖先崇拜变迁的缩影。萧曦立庙长乐，后来子孙繁衍，分居各方，各以小宗形式据地发展，再发展则衍成大宗。如漳州萧氏各系奉南宋状元萧国梁为开漳始祖，而萧氏族谱记载萧国梁作《萧国梁公题宗谱序》说："吾祖曦公入闽，数传而分于永福，散于福州，迁于莆阳，而星罗错处者莫非入闽始祖一脉，所流贯引而伸扩而广，而至于觌面若路人者有之，然溯流而考，按谱而稽，则不外于入闽之始祖，不忘乎江南之源，不忘江南不忘祖也，

① ［日］谷川道雄．中国中世社会与共同体［M］．马彪，译．北京：中华书局，2008．

视夫慕贵显而忘称吾系者岂非自忘厥祖是诚何心？”这体现的正是本着祖先崇拜，追踪溯源，将更多的萧氏聚合在一起，既使社会形成网络克服宋以来蓬勃发展的商业社会带来的离散，又使个人身心得以托付。清代闽南宗族联宗活动盛行，不仅有更广大地域里的同姓联宗，而且不同的姓氏借由关于祖先的传说也结成联宗，闽南萧氏就有萧江一家、萧钟叶一家的说法。不同的姓氏追本溯源到同一个祖先，这类似于很多朝代的统治者都把自己的祖先追溯到黄帝以获得统治的合法性，但自发的联宗主要是为了克服离散带来的传统社会的个人与社会问题。

作为王爷庙,富美宫是富美境的境庙。境庙由里社坛庙演变而来，在明儒推动的创办乡约运动中，又是订立乡约和处理地方民事争端的地方。而据陈金亮的研究，境主神的主要职能是保境安民，还包括掌管生育、报亡，治病，掌管诉讼、教化，保护境内生产活动顺利进行。[①] 虽找不到富美宫作为境庙具体体现上述功能的材料，但从道光元年的《目录》《费用条目》等看，围绕富美宫萧太傅信仰，有一个变化中求稳定的南门外共同体存在。

首先是儒生,《目录》显示黄布瀛等儒生亲董其事，以其儒家文化型构和谐社会。

其次是地方官员。富美宫临近海关，“海关希老爷、文老爷、王五爷同捐佛银二十七大元”,还有的海关下属税行捐十大元、“四将爷”捐二大元，显示地方官员参与到祠庙社会中，而“还禄官工资”“还文老爷犒劳禄官礼钱”“送苗石往来官”等记载显示，这种地方官员的参与涉及地方社会生活的多个方面。据嘉庆二十三年海关口《重修馆口道头碑记》知，文老爷是海关职官长白人文哲，王五爷可能是宛平人王浩。显然，这些外来的具有儒家教养的官员把参与地方

① 陈金亮．境、境庙与闽东南民间社会 [D]．福州：福建师范大学，2006.

祠庙社会看作职责分内的事。

再次是商户。富美宫地处码头，又紧邻聚宝街，周围有着众多商行、郊、帮。捐资者尚有商号59家，船号16家，碗郊、糖郊、广源行各1家，福桔帮2家，桔帮4家。本地郊商多有官绅背景，还有来自台湾的鹿郊，捐款商号中的瑞泉号、德利号等就属于鹿郊。而“宝船”16家反映晋江上往来的商船也与富美宫建立了良好的关系，这些商船有可能将富美宫当作临时的商业会馆，《萧太傅签诗》释签就举有多个外地商人的例子。祠庙是明清商人投资的一大场所，明清商人会馆常常就是祠庙，多集资自建，像泉州商人在宁波建天后宫，少数商人就依托于经商地固有祠庙。另外，从《条目》可看出富美宫直接参加经营活动，拥有自己的“宝行”“公馆”“世店”等产业。仅“宝行”一项每月收入平均达一万二千文左右。依托富美宫祠庙社会，南门外众多利益纠葛、信仰歧异的商家结成了和谐的关联。

再看各地善信。捐助名单没有列明地址的应该就是富美境本地人，约有130人，从名字看可能都为男性，估计是户主，中间有“相公”“大爷”等称呼，体现出境内善信的不同地位。南门内天后宫附近土地后、云山铺也有善信来捐钱，还有周边地区如祥芝、法石等城区及沿江、沿海地区的人，数量不少，应该是有萧太傅分灵在那里分布。

最后我们看富美宫所勾连的各行各业。从《条目》看，重修富美宫需要建材、布匹、装饰、食品、杂货、人工等庞杂用度，需要“上岳什”（即萧王爷到东岳行宫过火）、举行“收兵犒兵”仪式请法师、造王船等仪式花销，这会把整个泉州南门一带各行各业都连带起来。

富美宫信仰活动在南门地区的存在实际上是日常化的、弥散状的，地方秩序的稳定和人心的安顿就在日常和例行的仪式中。泉州地域社会的城乡民间祀神神诞日从正月到腊月依次排列，没有重合，使得每个月都有多起神诞活动。有神诞就有迎神赛会，就有敬神演戏。在神明构筑的泉州城空间里，泉州人几乎一年到头都生活在神明带来的日常生活的开解中。王铭铭在《逝去的繁荣》中借用英国人类学家特纳的仪式理论，分析了泉州迎神赛会和节庆仪式的结构－反结构－结构过程。日常社会结构中，官绅与百姓、长辈与晚辈尊卑分明，但在迎神赛会中，官绅被要求出面、出钱组织，暂时去除他们平日在民众面前维持的士绅面子，与民同乐。在节庆时的家庭仪式中，长辈需要与晚辈展开较之日常时期多得多的沟通，甚至家里当官的老爷，也要与其他家庭成员密切互动，于是日常状态的阶层和个人差异被仪式的凝聚力打破，造成了一个社会结构差异的“空白期”，也就是反结构，仪式过后又重回日常结构。这样一个过程在定时释放社会结构带给人的不适和压抑的同时固化了社会结构。但王铭铭也认识到这个分析很难体现泉州地方社会的面貌。明清泉州社会有着多重的社会空间层次，包括家户、宗族、地缘性社区（如铺镜）和城市整体空间单位，各个层次有着自己的仪式又彼此交叉，如“天和祖先的年度祭祀，促发的认同感是以家户（宗族）为单位的共同体意识；神明的祭祀则可能在地缘性社区和城市整体空间单位中构成其共同体的意识；鬼的祭祀或成为家户（宗族）共同体意识的象征机制，或成为地缘性社区共同体意识的营造手段”；而同时“所有的社会空间单位都各自具有自己的‘核心区位’，如家户有大厅，宗族有祠堂，地缘性社区有各自的神庙，而城市也同样有核心的大庙”。赛会和节庆仪式的“反结构”效力在这种多重交叉中被消弭，仪式用各种非正式的手段营造家户、宗族、铺镜和城市共同体秩序，并没有成为“乱”的根源，而是有着内在的逻辑和秩序，它与官方正统体系所设计的秩序基本是对应的，因此泉州民俗“多依朱子家礼”。王铭铭不能理解的是“这样井然有序的制度却被明清两代的统治者称为‘淫祠’或‘淫祀’”。他恰恰忘记了，一个宗教内部的矛盾本身恰恰是其生命力所在，也是汉宋儒教形态并存所产生的一种张力。

对萧太傅的圣贤崇拜是富美宫历史上获得更多士绅支持参与的原因，萧太傅信仰因此也发挥了更多儒家伦理教化的功能，神殿内触目皆是的体现儒家伦理的对联就是这种功能发挥作用的载体之一。韦伯说新教“贯彻了世界的彻底脱魔（disenchantment）”，而维护民间巫术的魔圈属于儒教伦理最私密的倾向。关于为什么维护，韦伯的理由有二：一是儒者不信宗教，但要“为人民保留宗教”，二是民间诸神认可皇权至上，保留民间诸神就是保证了和皇权绑在一起的官僚士大夫的合法统治。[①] 很明显，韦伯既没有体察宋明儒者容忍民间祠祀诸神以表彰崇德报功的精义，也没有关注到宋明儒者构建的圣贤崇拜体系。

① ［德］马克斯·韦伯．儒教与道教［M］．王容芳，译．北京：商务印书馆，1995：279，280，194.

第五章　祠庙转型

一、祠庙的逝去与归来

晚清以来，随着西方传教士的大举进入和科学观念的逐步流行，萧太傅信仰被看作封建迷信。在泉州 1923 年打击康王爷运动、1929 年破除寺庙偶像运动和 1932 年阻止“关帝出巡”运动中，富美宫多次被冲击，因及时转移萧太傅神像才免遭毁损。应对迷信质疑，富美宫做出了反应。1933 年，泉州国术总馆成立，址设泮官内蔡厝祠，并建立温陵、富美两个分馆，富美宫的董事不少成了国术拳师。1934 年，富美宫重建，曾遒题写大量取材于《汉书·萧望之传》的对联；1947 年，题写“汉代儒臣”。曾遒（1869—1954）字振仲，清光绪壬寅（1902）举人，历任泉州府中学等校教员，工书法，一生为多处祠庙题字，笔迹流传闽南、台湾省及南洋。曾遒对富美宫很有感情，每年神诞必至，直到老年走不动。面对沧桑巨变，这位老儒生用《桐阴旧迹诗纪》记述了 20 世纪初至 40 年代泉州文物古迹的变化情况，其中多篇忧祠庙凋零。例如，《哀文庙》中斥民国官员变卖庙产，致庙产竟租为娼寮：“哀哉人心不古若，藐兹圣域鸿毛轻。划地广狭任估值，利令智昏恣蝇营。门阙尊严失制度，市廛腥秽谁廓清？”王忠文公废祠：“烟笼草色余残瓦，雨渍苔痕蚀断碑。……

酹神何处馨香荐？合祀文忠最得宜”（真文忠公祠亦在东街，与王文忠公祠相离数百步而已。清光绪间，乡衮黄佑堂先生修祠成，即集同人订每年十二月致祭，并祭文忠公。遒躬厕其列，行礼致敬，肃然如在。民国斯举废，祠将圮焉）。《七贤祠》：“千年祠宇兵变余，栋拆榱崩剩残址。乡人好义重重修，道德纲常应奋起”。等等。

当前，全国各地祠庙出现了复兴的势头。在城市由于各种限制较多,祠庙在满足信众需要的功能性恢复上并不充分。而在农村地区，祠庙则弥补了经济快速发展中社会功能的缺位。甘满堂调查过蓬勃兴起的当代福建农村的村庙，指出以下七点“正功能”：宗教的心理慰藉功能、道德教化功能、娱乐功能、经济功能、对传统民间文化的传承功能、对社区公益事业的支持功能、社区整合功能。[①]

复兴的萧太傅信仰也在新的历史条件下发挥其祖先崇拜、王爷崇拜和圣贤崇拜的功能。

遭逢近代以来对宗族的破坏，今天闽南萧氏正在废墟上重构适应新时期的同姓联结形式。重建祠堂、续修族谱是1990年前后的形式，但现在多少有点形同虚设。各级萧氏宗亲会曾经激发出各地萧氏参与的热情，但如今成了少数人联谊的形式。倒是围绕萧太傅信仰正发生着有前景的创造，如厦门市湖里区乌石浦社是一个萧姓聚居的城市社区，萧姓居民据说是萧国梁一脉的后裔，他们成立了由厦门市民政局批准的民办非企业社团——萧氏家庙文物管理站，用家庙房产出租收入，支持社区路灯维护、乌石浦优秀学生奖励和宗亲节庆聚餐，而围绕萧太傅神诞组织一些活动是整合社区萧氏的有效手段。福州长乐漳港是萧氏入闽始祖萧曦始居地，漳港萧氏正集资修建由萧氏礼堂、凤翼宗祠、萧太傅庙及始祖萧曦塑像的园区，力求把漳港建成闽台萧氏的中心。其中，萧太傅庙计划内设四殿，正殿

① 甘满堂．村庙与社区公共生活［M］．北京：社会科学文献出版社，2007.

前排是萧太傅，后排是萧衍、萧道成，左殿萧何，右殿萧太后，后殿安置各地祖厅的各路神明。

传统的王爷信仰功能多少都弱化了，只能从富美境居民参与萧太傅信仰的组织和活动上看到一些遗留，但富美宫适应新形势也创造着新的功能。历史上，通过举行神诞、放王船等，萧太傅信仰圈的人们进行了有效的宗教、文化、经济交流。富美宫与泉州城内各庙宇的联系构造了历史上泉州的动态有序；与泉州四乡分灵的交流则构建了城乡经济文化的网络；而与台湾分灵的互动则有效地克服了海峡和政治纷争带来的族群隔阂，这对于构筑一个克服各种地理人为阻挠的闽台世界发挥了作用。信仰圈的存在对萧太傅信仰的延续和发展产生了很大作用。在20世纪80年代民间信仰复兴的过程中，乡村萧太傅信仰率先复活，反过来促进祖庙的恢复。而台湾人1988年前后返乡寻祖的热潮更进一步促进了富美宫的恢复发展，使富美宫受到政府重视，各种传统得到发掘，萧太傅的圣贤形象得到有意突出，富美宫逐渐成为泉州传统文化发掘的基地和闽台文化交流的基地。在台湾地区，祠庙发展出适应现代化的形式，在教育、文化、公益和慈善等方面发挥着一定的基础性作用，也成为台湾地区社会稳定的基础之一。通过与台湾分灵的交流，富美宫获得了一些适应现代社会发展的经验。

二、从民间信仰中救出祠庙

归来的祠庙仍有被定位为民间信仰的尴尬，其实是延续了民国建立后激烈反传统的路径。在这种路径下，西方现代性对于中国道路的阉割会使我们在“历史决定论和现代人的自我确证方式”下继续百年迷思。我们前面已经提到，大陆学界是从原始宗教的遗留或小传统的角度来研究民间信仰，将它看作儒释道之外的信仰状态或儒释道在民间的杂糅。这样看民间信仰，只会不断迷乱，也就无法制定对于民间信仰的正确政策，错失社会治理的好局面。

大传统和小传统的概念由Robert Redfield提出，他认为："一个文化中的大传统是由该文化中精英分子所创造的文化，是有意识、有传承的一种主动的文化传统；而小传统则是大多数民众所共同接受并保有的文化，在传统农业社会中，也就是所谓的农村文化，是一种习焉不察的文化传统。"大传统和小传统处在并行的两条线上，但很多证据显示，即便有大小传统的区别，它们也是相互影响的。法国学者葛兰言认为中国古代民间宗教是精英文化的根源，精英文化是由民间文化中生长出来的，两者具有同质性。而荷兰学者De.Groot根据其搜集的清末福建厦门地区民间信仰的资料，对比中国古代文献指出："民间文化是精英文化流传到民间之后稀释、变质、庸俗化之后的结果。"[①] 葛兰言的证据是诗经时代的，De.Groot的证据来自清末，但对民间文化有着偏见。杨庆堃希望以"中国宗教"的名目来克服上述问题。在《中国社会的宗教》一书中，杨庆堃全面论述了"中国宗教"如何成功地维持着中国文明的伦理与道德秩序的长久存续。他意识到区别宗教的精英形式和民间形式常常会对信仰与仪式的民间表达方式带有偏见，他将宗教分为"分散型"（diffused）和"制度型"（institutional）两种基本模式，并用前一种模式来描述"中国宗教"，认为"中国宗教"在中国社会中的地位类同于制度型的基督教在西方社会的地位，并不因分散而不提供社会所需的宗教功能和不构成宗教结构体系。杨庆堃将自己的宗教定义限定在有神信仰上，断定儒学是无神论，所以他在"中国宗教"外谈论儒学的宗教性和儒学为"中国宗教"提供伦理价值。且不说

① 蒲慕州.追寻一己之福：中国古代的信仰世界[M].台北：允晨文化,1995：10-14.

杨庆堃的“中国宗教”包括国家祭祀体系这样的制度型元素而使他的“分散型”说法有着内在矛盾，就是他的立论实际还有其儒学非宗教说流行的时代背景，在今天宗教定义呈现多元的情况下，仍旧将“中国宗教”与儒教相区别，只会使“中国宗教”与学界所论的小传统意义上的民间信仰混为一谈。祠庙无疑在“中国宗教”之列，我们借由考察萧太傅信仰认识了宋明以来的基层祠庙社会，看得出来如果以固着在小传统意义上的民间信仰来为之定性，无疑会把祖与社的传统、儒者在地方上推行家礼和乡约、圣贤崇拜等统统看作小传统，这定然是荒谬的。所以，将“中国宗教”明确为我们前面讨论的宋明理学以宗法和乡社为依托构建的普泛于百姓伦常日用的宗教，将祠庙定性为分散型儒教是合适的。

另外，按照大小传统的定义，把儒学看作普泛的大传统也是不确切的。由于有着共同的经典和先贤，儒学的表现形式具有普世性特点，但历史上的儒学兴起之时总带有地域性色彩（如闽学）。清代以来，儒学的地域化得到进一步的发展，统一的儒学只是存在于大家的想象中和大儒的努力中。[①] 儒学的地域化自然带来对儒教统一性的追求，康有为提出儒多种多样[②]，推动建立组织性很强的孔教会。这不能单以应对清末变局来看待，实际上也是对于宋明理学突出“学”而普泛化“教”的方式的扬弃。

两汉经学主要拓展了政治和国家祭祀体系意义上的宗教，而宋明理学主要拓展了哲学和泛化于伦常日用间的宗教。后一个宗教的载体之一就是祠庙。这在传统社会原本是不成问题的，而且很大程

---

① 杨念群. 儒学地域化的近代形态：三大知识群体互动的比较研究 [M]. 北京：生活·读书·新知三联书店，1997.

② “儒为教名，虽为儒教中人，而或为大儒，或为小儒，或为雅儒，或为俗儒，或为通儒，或为迂儒、陋儒，此君子、小人之别也。”“凡从孔子教，衣儒衣冠、读儒书者，便谓之儒。……杨子之言，尊儒太过，忘教旨矣。”康有为. 中国现代学术经典·康有为卷 [M]. 石家庄：河北教育出版社，1996：495、513.

度上也没必要细分。儒教成为问题，一般以为要推到利玛窦入华，原本自明的儒学因为有了天主教这个宗教范本的对照，宗教实质问题凸显出来。但关心宗教实质问题的还只限于少数人，还不成为一个社会问题，实际上这时的天主教在中国人眼里与佛道的处境并没有什么两样。出儒入佛入道，现在有了另一个可能就是入耶，这都不构成要对儒教重新认识的前提。降至晚清，“逢三千年未有之巨变”，引进西学，了解到近代意义上的宗教，儒教是否是宗教才真正成了问题。光绪十四年（1889 年），康有为至京师上书请变法，没有得到回应，次年开始宣传孔子创教。梁启超说康门弟子在万木草堂期间即有意仿效传教士的传教行为，可见康有为是自觉借鉴基督教模式建构孔教或儒教的。其后立孔教会，推动国教化，拟议如何组织等，其实质是在保全传统的同时全盘改造国家并迎接西方和近代化的挑战，虽有保存社会神圣一维的意图，但并不真就是搞什么宗教化。

在 1902 年以“明夷”笔名发表的《公民自治篇》中，康有为设计了自乡达省的公民自治体系，举凡议会、选举、公职、警察、赋税、学校、经济、公益和救济等详列明析。康有为倡导公民自治，有学习西方之意，但主要还是从研究传统乡治利弊和思考现代国家建设中生出。宋明儒者推动乡约，身体力行，目的主要在于地方自治[①]，最终形成了明清以士绅、乡老、族正等为核心的地方自治局面，但康有为认为传统地方自治是“国家未为定制，而议员局长不由民举，

① 如黄佐《泰泉乡约》指出的：“润泽制宜，务合人心而官勿督焉”，“乡约以司乡之政事，乡社以祀乡之祀事，保伍以司乡之戎事，社学以司乡之教事，社仓以司乡之养事。”王阳明提出建构乡约与保甲、社仓、社学配合的乡治体系，后来陆世仪的《治乡三约》将之系统化，提出“乡约为纲而虚，社仓保甲社学为目而实”，乡约“约一乡之众，而相与共趋于社学，共趋于保甲，共趋于社仓也”，“乡正之职，掌治乡之三约，一曰教约，以训乡民；一曰恤约，以惠乡民；一曰保约，以卫乡民”，“凡乡之教事责教长，恤事责恤长，保事责保长”，若“长非其人，责约正”。

故时有世家巨绅盘踞武断之弊，而小民尚蒙压制愚抑之害而不得伸”[①]，他要在现代国家制度体系中为公民自治确立位置。在康有为的现代国家制度设计中，孔教会是另一个必要环节。托克维尔、韦伯观察美国民主，认为美国民主的基础是村镇，而村镇的新教氛围是民主成功的基础。康有为在《共和平议》中谈到中国没有这样的新教，更主要的是中国不像美国共和之初四无强敌、无须常备军而无军阀之虞，贸然学美国搞共和适成墨西哥地削土裂、成法国革命动乱，中国必须保持中央集权。宋明儒者没有去摧毁专制君权，也没去消解国家祭祀、礼仪体系和流行意义的儒教，而是走向教育，化育君子，走向社会，在古儒教的遗留中重建普泛于百姓伦常日用间的新儒教，一定程度上重构了宋以来的国家和社会关系，影响了上层政治制度。岛田虔夫认为儒学发展到阳明心学已经到了极限，超越阳明心学，儒家思想本质上就不再是儒家思想了。富美宫的左邻李贽挣脱出孔孟名教，发现了一套崭新的人伦物理观，相当于西欧的“近代精神”“近代原理”，而李贽的被害和其后儒学回归宋学、汉学代表着中国近代进程的“挫折”，岛田氏对之深为“懊丧”。[②] 余英时倒没说阳明学是儒学的极限，但他认为朱子“得君行道”没能走通，阳明顿悟之后另辟“觉民行道”新路发展到泰州学派有些成效，但也被专制制度扼杀，传统体制下，儒学挣脱不了失败的命运。[③] 按照岛田虔夫和余英时的思路，宋明儒者无疑是悲壮的失败者，但宋明儒者倡行的祠堂、乡约的确成为了现实，并发挥了历史功效。

① 康有为．公民自治篇［G］// 张枬，王忍之．辛亥革命前十年时论选集（第一卷·上册）．北京：生活·读书·新知三联书店，1963：182.

② 岛田虔次．中国近代思维的挫折［M］．甘万萍，译．南京：江苏人民出版社，2005.

③ 余英时．宋明理学与政治文化［M］．南宁：广西师范大学出版社，2006.

附　录

光绪七年《重修富美宫记》

鳌旋富美宫之始建于嘉庆二十四年已卯四月十五日卯时，兴工闰四月二十八日巳时，定磉五月初三日巳时，竖柱六月十五日辰时，安砛六月十五日辰时，上梁清源来龙，向葛草山，坐子向午兼壬丙，并建庙旁宅屋一所，以为烧香人等之去处。庙建已久，不无损蚀，于光绪七年辛巳闰七月十八日兴工，十月十七日连工竖柱，十一月十七日升梁，庙貌更进一番燦然矣。将此庙旁之宅屋改建，始为新夫人庙宇，与富美宫连工建造，一时而并重新矣。

1934 年《重修富美宫记事录》

泉郡鳌旋富美宫崇奉（下约十七字已磨损，无法辨识），萧太傅系前汉麒麟阁（两字不清）也。庙宇始建于前朝，地临海滨，来龙清源，向葛草山，坐子向午，兼壬丙，当时起盖，极其巍峨，颇壮观瞻。嘉庆二十四年重修一次，迄今年久，不无损坏，迨至光绪七年复兴，建筑甚然坚固，以为永远不朽。不图民国十八年己巳四月间开辟马路，竟将庙前凉亭卸尽一空，致门面材料受风雨飘蚀，痛乎不堪回首。虽然有鉴及此，提倡修理，事不或缓，又遇破除迷信，使有心人免暂中止，惟是迁延许久，恐尽废弛。爰即招集乡绅人士开会讨论是否进行、应当如何办法，结果万众一心，赞成重新起盖，随即择日兴工，遥定民国廿三年甲戌三月初二日午时破土，四月十一日巳时连工，四月廿日拆卸，四月廿七日寅时定分金，五月初三日申时定磉，五月初四日竖柱，五月廿一日午时安砛，六月初四日丑时升梁。凡所经过时日，均奉承太傅乩谕，以及图式，一概照旧无改，而庙旁新夫人妈宫并时起盖，燦然一新，以为后来者鉴。谨识。

民国廿三年甲戌陆月日董事会公立。

1999年《泉郡富美宫重修记》

本宫因久年失修，破损甚矣。为扩大场所，改善环境，方便海内外信众参拜，于1994年10月，商得宫邻李宅同意，让出旧厝一座，宅地面积80余平方米，给予补偿搬迁费人民币28万余元。1995年6月，商得防洪堤同意，让出宫前旧厝一座，给予补偿搬迁费9万余元。1996年9月，又商得杨宅同意，让出旧厝一座，宅地面积30余平方米，补偿搬迁费6.94万元，手续清楚，于1997年12月，建宫后殿，夫人妈宫及储藏间。1998年8月竣工，建筑耗资31万余元。1998年10月，主殿落架重修，以保护原貌。1999年6月竣工，耗资48万余元，并建金亭一座，工料费2.1万元，修宫埕工料费1.6万元。重修间，承蒙海内外热心公益者鼎力资助，因限于篇幅仅将捐资300元以上者芳名刊列于下，以资留念。

泉郡富美宫董事会立　公元1999年10月吉旦

道光版本《萧夫子签谱》曾炳奎的“敬述”和“谱序”

上帝宠命嘉赐，逮及昭代嘉庆年间，总巡天下降神于温陵城南富美武圣殿，由是济世庇民，衢歌户祝，阖郡咸仰恩主，兆人虔奉福神，惟富美为最盛焉。忠义勇见，浩气长存，至今香火增新，英灵千古及万斯年，上为天神，下保民生，有求必应，如影斯响，不具。与山川社稷城隍诸神并寿无疆，血祀不替也哉。

聚津里武圣殿崇奉关圣帝洎萧王府诸神，关萧二夫子皆大汉忠勋，声灵赫濯，振古如兹。关圣崇祀遍寰区到处皆有，灵签先辈注解详矣，而本殿王府灵签四方多求，感应几与关圣埒。著作出自前人陈君，未经注解，兹海利苏君莀玉恐高明者易喻晓，浅肤者或暗昧，奉神许，力为刊集一书，嘱奎注正详解，有拟事，有王意，有解注释义占验诸条，以付剞劂，体制一如关圣诗谱。俾通都大邑海澨山陬，占著展卷，了然洞彻，诗义吉凶，确有明证，可与圣帝诗谱并行宇宙于靡涯。奎既订正详明，不得不弁数语以尽虔忝，亦嘉苏君敬神觉世之心，是为序。

第三编　孔教：近代以来的儒学重建

化民成俗与共和肇造

——读《康有为全集》札记*

一

梁启超在1901年所作《康南海先生传》中言："吾中国非宗教之国，故数千年来，无一宗教家。先生幼受孔学，及屏居西樵，潜心佛藏，大彻大悟，出游后，又读耶氏之书，故宗教思想特盛，常毅然以绍述诸圣、普度众生为己任。先生之言宗教也，主信仰自由，不专崇一家排斥外道，常持三圣一体、诸教平等之论。然以为生于中国，当先救中国；欲救中国，不可不因中国人之历史习惯而利导之。又以为中国人公德缺乏，团体散涣，将不可以立于大地；欲从而统一之，非择一举国人所同戴而诚服者，则不足以结合其感情，而光大其本性。于是乎以孔教复原为第一著手。"梁启超认为：康有为的孔教是"进步主义、兼爱主义、世界主义、平等主义、强立主义、重魂主义"；"先生所以效力于国民者，以宗教事业为最伟；其所以得谤于天下者，亦以宗教事业为最多。盖中国思想之自由，闭塞者

---

* 本文由近年阅读《康有为全集》的札记和思考构成。所读全集为姜义华、张荣华编校，中国人民大学出版社2007年版，本文所引此全集的文段不再注明出处和页码。

已数千年，稍有异论，不曰非圣无法，则曰大逆不道”；“先生谓宜立教务部，以提倡孔教；非以此为他教敌也，统一国民之精神，于是乎在。今日未到智慧平等之世，则宗教万不可缺。诸教虽各有所长，然按历史、因民性，必当以孔教治中国。”[①]梁启超这种认为康有为创立孔教的思想受西学和基督教重大影响的观点对后世影响很大，萧公权的《近代中国与新世界：康有为变法与大同思想研究》即以此论评价康有为的孔教实践。但西学和基督教对康有为的早期影响仅在于康有为在香港、上海等地看到西人“治术有本”，不再“以古旧之夷狄视之”，他的早期阅读和生活体验还是儒学传统和晚清基层社会。研究康有为的孔教思想的根源还是要到中国既有的学问和问题中去发掘。

康有为求学期正值清代后期的宋学复兴。他的老师朱九江就是宋学复兴中一个思深行坚的儒者。在1882年所作《南海朱先生墓表》中，康有为指出：“治血气，治觉知，治形体，推以治天下；人之觉知、血气、形体，通治之术。古人先圣之道，有在于是。八达六辟，罔不罗络。其治法章所在，曰《诗》《书》，曰《礼》《乐》《易》《春秋》。后人圣孔氏，奉祓饰之以为教，尊之曰‘经’，演之曰‘史’，积其法曰‘掌故’，撢其精曰‘义理’，行之远曰‘文词’，以法古人道治也。圣人殁而学术裂，儒说纷而大道歧，有宋朱子出，实统圣人之道，恢廓光复，日晶星丽”；而心学敌，考据盗，变乱局面，“风俗殆至嘉道而极矣”；南海朱先生“其治身之条目，敦行孝弟，崇尚气节，变化气质，检树风仪。其治用之章，曰经，曰史，曰掌故，曰义理，曰文词。其说平实敦大，皆出于心得之余，绝浮嚣，屏窈奥，学者由而行之，始于为士，终于为圣人”；“先生抑可谓人治之上贤者也。”这表明康有为所继承的就是经过清代朴学洗礼后重新焕发的以修身与经世为中心的宋明朱王之学。杜维明说：“中国社会的儒学化在清

① 参阅梁启超《南海康先生传》第六章，引自康有为．我史[M]．南京：江苏人民出版社，1999：249-253.

代达到了顶点。清朝皇帝以儒家王者的模范自居，在这方面胜过了明代王室。他们精心地把儒家学说转变成为政治的意识形态，即一种象征型的统治机制，十分警觉地维护自己作为儒学真义最后诠释者的帝王特权。透过严苛的措施如文字狱，他们实际上消磨了学者传授儒道的能力。”①此处不细辨儒者传道能力弱化的根本原因，但儒学社会教化能力的弱化确实造成了清代后期诸多问题无法得以化解。康有为的孔教思想和实践起点端在于此。

“孔教”一名，在康有为之前极不常用。检索电子版四库全书发现，“孔教”一名偶尔用在与他教对举之处，如南朝梁释僧祐《弘明集》“既违释典，复乖孔教”“弱龄出家，早违俗务，游心释风，志乖孔教”，唐释道宣《广弘明集》“公谓佛经为妄，广亦谓孔教不真”，《明儒学案》载泰州学派管志道言“孔教与二教峙，故不期佛老之徒争而自争”等。也偶尔用在一些骈文中，如宋叶适《习学记言》“家寻孔教，人诵儒书”，明李东阳《怀麓堂集》“我皇重孔教，庙祀严春秋”等。

康有为最早用“孔教”是在1886年所著《康子内外篇·性学》中，并将之与佛教、基督教并论。康有为对孔教、佛教、基督教之间的差别做了辨析：

天地之理，惟有阴阳之义无不尽也，治教亦然。今天下之教多矣：于中国有孔教，二帝、三皇所传之教也；于印度有佛教，自创之教也；于欧洲有耶稣；于回部有马哈麻，自余旁通异教，不可悉数。然余谓教有二而已。其立国家，治人民，皆有君臣、父子、夫妇、兄弟之伦，士、农、工、商之业，鬼、神、巫、祝之俗，诗、书、礼、乐之教，蔬、果、鱼、肉之食，皆孔氏之教也，伏羲、神农、黄帝、尧、舜所传也。凡地球内之国，靡能外之。其戒肉不食，戒妻不娶，朝夕膜拜其教祖，绝四民之业，拒四术之学，去鬼神之治，出乎人情者，皆佛氏之教也。

① 杜维明．儒教[M]．上海：上海古籍出版社，2008：75.

耶稣、马哈麻、一切杂教皆从此出也。圣人之教，顺人之情，阳教也；佛氏之教，逆人之情，阴教也。故曰：理惟有阴阳而已。

然则此二教者，谁是谁非，谁胜谁负也？曰：言不可以若是也。方不能有东而无西也，位不能有左而无右也，色不能有白而无黑也。四时无上下，以当令为宜；八音无是非，以谐节为美。孔子之伦学民俗，天理自然者也，其始作也；佛教之去伦绝欲，人学之极致者也，其卒也。孔教多于天，佛教多于人；孔教率其始，佛教率其终；孔教出于顺，佛教出于逆；孔教极积累，佛教极顿至；孔教极自然，佛教极光大。无孔教之开物成务于始，则佛教无所成名也。狗子无佛性，禽兽无知识、无烦恼，佛可不出。人治盛则烦恼多，佛乃名焉，故舍孔无佛教也。佛以仁柔教民，民将复愚，愚则圣人出焉，孔教复起矣，故始终皆不能外孔教也。然天有毁也，地有裂也，世有绝也，界有劫也，国有亡也，家有裂也，人有折也，皆不能外佛教也，故佛至大也。是二教者终始相乘，有无相生，东西上下，迭相为经也。当其时则盛，穷其变则革，智人观其通，而择所从，或尊或辟，非愚则蒙者也。此二教非独地球相乘也，凡众星有知之类，莫不同之；非徒众星为然也，凡诸天莫不同之也。相乘相生，而无有止绝者也。

阳教阴教之分是康有为贯穿始终的观点，所以对于基督教的不足，康有为认识得很清楚，建孔教不是学基督教，而是孔教本义就是不离人伦日用，组织形式的改变只是时代差异。关于孔教为什么要建立组织，康有为后来的一些文章还有讲到。以上关于孔佛的区别和联系要注意的是，康有为从无孔教独尊的念头，他深刻地认识到佛教一类的不可缺失，只是因为这些杂教的阴教特点使它们不能成为政治性的宗教。国教之义恰恰在于政治共同体的社会教化能力问题，化民成俗必须要找到合适的路径。

康有为还思考过为什么历史上孔教不向外传教：

非圣人能为之也，天也。以环境皆山，气无自出，故孔子之教，未尝远行。数千年未闻有如佛之高僧，耶稣之神父，投身传教于异域者，盖地势使然。人民感其气而生，无以易之也。惟日本、高丽因我孔子之教者，以日本为天山、金山之余气。出既复矣，气既薄矣，不能复生圣人。(《地势》)

他还以地势来推论佛教、基督教及泰西政教盛行亚洲：

若印度则为昆仑中龙，故能自出圣人，造为文学、政教。川原平衍八千里，故使其教多仁而平等也。中国地域有截，故古今常一统，小分而旋合焉。印度、泰西山川极散，气不团聚，故古今常为列国，即偶成一统，未几而散为列国焉。其师之教亦祀佛之说，而以平等为教，亦以地气为之也。

佛法能东来，而儒教不能西行者，何哉？盖印度之为国向南，襟带南海，海水东流，故能至中国也。

地中海水泻而东来，泰西之政教盛行于亚洲必矣。亚墨利加洲[①]山川面向于东，有朝宗欧洲之意，此欧洲之教政所以操柄风行于美洲也。若是者，亦非人为之也，天也。

这样的思考也决定了康有为不可能模仿基督教来建设孔教，决定了康有为的孔教之思立足在中国，而所谓海外传教，从后来的一些论述看，除了日本、南洋这样地气相连之地立孔庙设教官之外，其他则依托于学堂。

对于佛教、基督教与政治拉开距离的合理性，康有为在“肇域”篇中也有思考，这也是他后来创立孔教会的一些基础。

① 指美洲。

人民之先，未有不君师合一，以行其政教，如中国者。事势既极，而后师以异义称而释然也，离于帝王之以为教焉。后起者如耶稣之于欧洲亦是也。昔疑耶稣仍能于罗马立教，观于佛氏之立而释然也。中国陆、王之学，离政教而言心，亦是也。(《肇域》)

在 1886 年《教学通义》中，康有为开始系统思考如何解决百姓失教的问题。梁启超说《教学通义》是他老师后来废弃的早期习作，确实是误解了老师。研究康有为的孔教思想的真义，《教学通义》是一把重要的钥匙。近来的研究者如曾亦、唐文明都十分重视此书。

《叙目》开篇即有“朝无才臣，学无才士，阃无才将，武无才卒，野无才农，府无才匠，市无才商”之句，令人触目惊心。早在鸦片战争之前,龚自珍就揭示过这种“万马齐喑”的局面。清朝取代明朝，巩固了中华疆域，丰富了多民族国家内部交往和治理经验，但以小部族集团为核心的政权建构无疑在多方面束缚了政治制度、思想文化和经济建设等的发展，隐藏下种种危局。常州庄存与、刘逢禄推动公羊学复兴，其改制之意正在于如何以大格局来解危济困。其时，康有为还没有进路到公羊学，他从朱子晚年制礼不成推衍到周公制礼,周官之学成为康有为改制思想的第一阶梯。康有为把“万马齐喑”局面的形成归结为“上无礼，下无学”，重修“教学”之制被作为解困之道。

今推虞制，别而分之，有教、有学、有官。教，言德行遍天下之民者也；学，兼道艺登于士者也；官，以任职专于吏者也。下于民者浅，上于士者深；散于民者公，专于吏者私。先王施之有次第，用之有精粗，而皆以为治，则四代同之。微为分之，曰教、学；总而名之，曰教。后世不知其分擘之精，于是合教于学，教士而不及民；合官学于士学，教士而不及吏；于是三者合而为一。而所谓教士者，又

以章句词章当之，于是一者亦亡，而古者教学之法扫地尽矣。二千年来无人别而白之，治之不兴在此。(《原教》)

施之于全体士民的教民之法正是康有为针对时弊藉兴孔教所要恢复的，或者说要打着复兴的旗号而着手建设的。

自汉以后，周公之治道扫地，惟孔子六经、《论语》之义尚存于人心。惟治既不兴，则教亦不遍，且无以辅教，而孔子义理之学亦浸亡矣。今中国圆颅方趾四万万人，而荷担《论语》，负任道统，日以教为事者，竟寡其人，孔子之道亦可云衰矣。作君作师，本分二道，不必强合，反不能精。(《六经》)

显然，康有为所忧虑的正是“日以教为事者，竟寡其人”。

周公避位，孔子独尊，以六经出于孔子也。然自是周公百官之学灭矣。经虽出于孔子，而其典章皆周公经纶之迹，后世以是为学，岂不美哉？虽然，以之教学则可，然亡官守之学则不可。六经言官守之学，道本灿然。然封建已废，井田世禄不行，君日尊，民日远。地日大，虽用六经为教，而六经之治则扫地，是名虽尊孔子，而实非孔子之学矣。然六经之言治虽不宜用，而六经之言道则讲之日精，此则全为孔子之学，而不得属之周公矣。后世之民不幸，不得见周公之治，遇官学之全明，在数系末度，蓄息蓄藏，备养民之理，称神明之容。

康有为指出：后世尊孔子学而不行周公之治，使教化脱离了民生日用。

古者道与器合，治与教合，上与民合。公学务于有用，则凡民皆遍习而不限。

夫以太宗学制之详、诸生之盛，未尝不仿佛三代之规也，然卒远不及古人者，则小学非德行、道艺之教，大学无乐德、乐言、乐舞之学故也。善乎！水心叶氏曰：古之为教，若舜、周公之制是也。汉以后，传经师章句而已。

古者公学、官学之盛，盖自周末王制破坏，自是礼乐不兴。不幸立学者为田蚡、孙弘，以分经教士，诱之禄利，课以章句，于是先王教学之大体不可复起矣。

夫礼、乐、射、御、书、数者，凡人类不得已必然之公学，得之而后有用。有生失之，则无以为用，无以为生。而今自学士不能通之，何论民庶也？是大寒天雪，终岁织铁而不能为衣；大旱饥馑，终日种玉而不能为食也。后世礼乐虽失，而未失于朝廷之上；义理虽坏，而不忘于魁垒之儒。此汉、唐二千年来所由苟且为治也。惟养民、教民之学，则无复几微少存者。(《立学》)

由此，康有为给自己定下了复兴“养民、教民之学”的目标。

今言教学，皆不泥乎古，以可行于今者为用。六艺官守，咸斯旨也。朱子曰：古礼必不可行于今，如有大本领人出，必扫除更新之。至哉是言也。(《从今》)

康有为在《尊朱》中对朱子教学加以褒扬，但指出：“惟于孔子改制之学，未之深思，析义过微，而经世之业少，注解过多”，“孔子改制之意隐而未明，朱子编礼之书迟而不就，此亦古今之大会也。朱子未能言之，即言之，而无征不信，此真可太息也。”也就是说，教不及民缘于礼乐丧失，缘于不明孔子改制，经世之业少，朱子虽有编礼，无奈晚年未就。康有为已经有了孔子改制的思想，而孔子改制的目标所指正在于经世济民、教养万民。孔教之端在于化民成俗。

朱子《小学》一书，名虽小学，而中引古今嘉言善行，实言德行之书也。若汰其高深，别其体例，叙六德为统宗，以诸法拊之，分六行为门目，缀嘉言善行于其下，以经为经、以儒先之言行为传，兼明祸福之报，以耸天下之民，颁之于乡学，令民皆讽诵，州里僻壤广设学堂。朔望与圣谕、国律同讲，民无有不听。不听者以为无教，人共摈之。(《德行》)

今为敷教之书，上采虞氏之五伦，下采成周之六德、六行，纯取经义切于民质日用，兼取鬼神祸福之根，分门列目，合为一经，详加注释，务取显明，别取儒先史传之嘉言懿行为之传以辅之。以诸生改隶书院，以教官专领敷教事，学政领之，统于礼部。每州县教官分领讲生，隶之义学，以敷教讲经为事，以《大清通礼》《律例》《圣谕》之切于民者，以幼稚书数之通于世事者辅之。常教则为童蒙。朔望五日敷宣，则男女老孺咸集。朔望大会益盛，其仪其义简而勿繁，浅而勿深。务使愚稚咸能通晓，推行日广，远方山谷，务使遍及，苗黎深阻，一体推行。愚氓朴诚，耸劝为易；性善之良，人所同具；兴善远罪，共兴于行。下美风俗，上培国命，为政孰大于是。讲生开一善堂，于德行、道艺宜许之以彰瘅之事，以劝风化。其大者上之教官转达学政，有所奖罚，兴行自易，此谏救让罚之义也。(《敷教》)

敷教之书，相当于编制圣经，传布之法，粗具后日公车上书之论。这里可以看到，康有为的孔教依乎朝廷，与基督教显然存在很大的差异。

关于敷教依乎朝廷，一方面固然在于想要恢复周公之制，但圣王之出几不可遇，故还在于康有为认为中国君主挟独尊之势，便于推行。直到民国建立，中国君臣之义沦失，康有为才完全放弃了依政行教的念头。所以，切不可以为康有为国教之说就只是革新政治，实有行教之义。在《康子内外篇》“阖辟”篇中，康有为就曾指出：

天下移人最巨者何哉？莫大于言议、觉议矣。父子之亲，天性也，而佛氏能夺之而立师徒；身命之私，至切也，而圣人能夺之而徇君父。夫以其自有之身，及其生身之亲，说一法立一义而能夺之，则天下无有不能夺者矣。故明此术者，何移而不得！故善为君师者，明于阖辟之术，塞其途，堇其户，令之梯而登天、穴而入地，诱于其前，鞭于其后，若驱群羊……天伦之大，身命之重，犹可以虚言易之，况以政事束民，而礼乐润色之，焉求而不可？匹夫倡论，犹能易风俗，况以天子之尊，独任之权，一嚬笑若日月之照临焉，一喜怒若雷雨之震动焉，卷舒开合，抚天下于股掌之上！但精神能运之，气魄能镇之，则意指所属，顾盼自定。故居今日地球各国之中，惟中国之势独能之。非以其地大也，非以其民众也，非以其物产之丰也，以其君权独尊也。其权之尊，又非势劫之，利诱之，积于二帝、三王之仁，汉、唐、宋、明之义，先圣群贤百千万人、百千万年讲求崇奖激励而成之。故民怀旧俗，而无外思；臣慕忠义，而无异论；故惟所使也。故挟独尊之权，诚如阖辟之术，则人材之乏不足患，风俗之失不足患，兵力之弱不足患，一二人谋之，天下率从之，以中国治强，犹反掌也，惟此时之势为然……王、霸之辨，辨于其心而已。其心肫肫于为民，而导之以富强者，王道也；其心规规于为私，而导之以富强者，霸术也。吾惟哀生民之多艰，故破常操，坏方隅，孜孜焉起而言治，以不忍人之心，行不忍人之政，虽尧、禹之心，不过是也。所以不能不假权术者，以习俗甚深，言议甚多，不能无轻重开塞以倾耸而利导之。若人心既服，风俗既成，则当熙熙皞皞，以久导化之。（《阖辟》）

当地球大通之时，康有为也在考虑全球通行之教法。他的《万身公法书籍目录提要》(1888年前）列了五种，一是《实理公法全书》，二是《公法会通》，三是《祸福实理全书》，四是《地球正史》，五是《地球学案》。后两书都将以教为首，“于地球教术，尤为加详”，《地球学案》实等于一个世界宗教史。惜乎，康有为只完成了前两种。在《实理公法全书》(1888年前）凡例中，康有为说：“是书于地球上诸教所有制度，其非大背实理者，必尽辑无遗。虽显背实理，而地球上之人犹有行用者，亦尽辑无遗。必既背实理，又力复有行用之人者，始不登录。其两教相同之制度，则按语中亦详言之，此外更参以新得之公法及比例之法。”可见，康有为始终是重视各教会通的，对于孔教的改革也不单是因为世易时移，形式要变，内容也要多方学习而加以革新。

在“教事门”中，康有为列实理为：“教之实理有二：一则即其人之智与才力而增长之，且使其能增长爱性及保守信性也；一则以五洲众人所发明之精理及有益之制度与其人，使其人享受利益而有以化其恶性，去其习染而得之诈术，然后智与才力不致误用也。”又列公法为：“教与治，其权各不相涉。”康有为认为：“治教本有自然分为二事之形，盖一人不能同时兼任二事，且事体不同，则人性多各有所长”，“行教者可侵政权”与“教事以行政者主之，教士应得之权，行政之人，得以无理相制”都有害，只能是比例之法。关于“祭”，康有为所列实理为“阴阳相隔”，所列公法为“凡欲祭则以心祭，不用祭物，亦不用仪文，不限时，亦不限地。其前代有功之人，许后人择可立像之地，则立其像以寄遐思，有过之人亦可立其像以昭炯鉴。且器物皆可铭其像焉。若有所爱之亡故，亦许私铭其像于器物，以寄余爱。惟其人本无功，则不许僭用立像于地上之礼。其上帝及百神本无像之可立，皆不许立。”这实际上是“以不立法为立法”。“凡祭则用祭物及仪文，亦限时限地”是愚昧，智学未开，也只能是比例之法。

康有为对于万身公法在一段时间里孜孜讲求，制订了浩大的编著计划，包括“推定圣经”。他说：“万身公法之书籍，博大浩繁，非孩童所能记诵也。今复集海内之书，俟每五年于修定公法各书之后，则并以众论推定圣经数本，俾便于孩童记诵。”据此可看《新学伪经考》(1891 年)、《孔子改制考》(1892—1898 年)，是不是在为按照实理公法重新择选经典敞开道路呢？《孔子改制考》有“儒教为孔子所创考”“孔子为制法之王考”“孔子创儒教改制考”“六经皆孔子改制所作考”“孔子改制托古考”“鲁国全从儒教考”“儒教遍传天下战国秦汉时尤盛考”“汉武帝后儒教一统考”等。这里用“儒教”很有意思，是表示对历史叫法的尊重，还是区别于康有为自己提出的“孔教”呢？《实理公法全书》在康有为生前只以抄件流传，显然不能为当时保守的中国学术界认可，只有走大家熟悉的经学道路。而今文经学富有创制性，清代后期已从常州庄存与、刘逢禄开始流行，康有为应该有很多机会接触到今文经学，并开始采用。

一般认为康有为 1890 年晤廖平于广州广雅书局，由崇以《周礼》为代表的古文经学转而为以《公羊春秋传》为代表的今文经学。但实际上康有为的思想有着一贯性，早期《教学通义》所体现的《周礼》色彩一直没有褪色。梁启超在提到康有为学术与廖平的差异时写到：“康先生之治《公羊》，治今文也，其渊颇出自井研（廖平），不可诬也。然所治同，而所以治之者不同。畴昔治《公羊》者皆言例，南海则言义。惟牵于例，故还珠而买椟；惟究于义，故藏往而知来。以改制言《春秋》，以三世言《春秋》者，自南海始也。”后来的熊十力将《周礼》与公羊学融合，也是有康有为这个榜样，尽管熊十力批评康有为保皇。

《新学伪经考》和《孔子改制考》是康有为孔教实践的重要内容，中心就在于用当时学术界熟悉的考据法把《教学通义》中提出的孔子改制说落实。《新学伪经考》是说刘歆变乱孔子改制之圣法，《孔子改制考》则把孔子改制放到春秋战国百家争鸣的大时代环境中加以突出。康有为清醒地认识到中国又处在了一个和两千多年前孔子改制类似的时代，他要拯世济民，必须挺身而出。他的著书立说和政治活动是孔教实践不可分割的部分。

二

戊戌变法是影响中国近代进程的大事件，是康有为一生政治活动的大关节，以往研究康有为戊戌前后的活动，很少关注康有为的孔教实践。从康有为作《上清帝第一书》积极投身于政治实践，孔教问题就是康有为思考的重要问题。从孔教视角重新看待戊戌变法，也许是打开我们认识现代中国进程的新视角。

在 1888 年 12 月《上清帝第一书》中，康有为列举了列强见迫的非常之局及西方传教而致广东分裂之乱象萌生：

法既得越南，开铁路以通商。设教堂以诱众，渐得越南之人心，又多使神父煽诱我民，今遍滇、粤间，皆从天主教者，其地百里，无一蒙学，识字者寡，决事以巫，有司既不教民，法人因而诱之。又滇、越、暹罗间，有老挝、万象诸小国，及倮苗诸种，法人日煽之，比闻诸夷合尊法神父为总统焉。法与英仇，畏英属地之多也，近亦遍觅外府，攻马达加斯加而不得，取埃及而不能，乃专力越南以窥中国。数年之后，经营稍定，以诸夷数十万与我从教之民，内外并起，分两路以寇滇、粤，别以舟师扰我海疆，入我长江，江楚教民从焉，不审何以御之？

接着他说到文恬武嬉的状况，指出：

今天下所忧患者，曰兵则水陆不练，财则公私匮竭，官不择材而上且鬻官，学不教士而下皆无学。臣虽痛恨之，皆未以为大患，独患我皇太后、皇上无欲治之心而已。

他提出变法，指出官制之不当和教养之无法，州县官员责重而选轻，“其下既无周人虞、衡、牧、稻之官，又无汉人三老、啬夫之化，而求其教养吾民，何可得哉？”他对君主专制本身也提出变革的要求：“今天下非不稍变旧法也，洋差、商局、学堂之设，开矿公司之事，电线、机器、轮船、铁舰之用，不睹其利，反以蔽奸。夫泰西行之而富强，中国行之而奸蠹，何哉？上体太尊而下情不达故也。”从这一点看，这时康有为还是不太了解西方，以致求治太急。戊戌后康有为历游西方各国，看到西方在发展中的乱象，曾多次反思先前不是真正了解西方。

上书后不为所用，他因觉苦闷而在北京城南南海馆之汗漫舫抄碑，作《广艺舟双楫》论书法，尊碑、本汉、卑唐，实喻变革之思。他说：“综而论之，书学与治法，势变略同。周以前为一体势，汉为一体势，魏、晋至今为一体势。皆千数百年一变，后之必有变也，可以前事验之也。”康有为讲到自己“惟吾性好穷理，不能为无用之举，最懒作字，取大意而已”，可见作此书意不在书法。

回广州后，康有为在长兴里开堂授学，作学规《长兴学记》。

夫性者，受天命之自然，至顺者也。不独人有之，禽兽有之，草木亦有之。

夫相近，则平等之谓，故有性无学，人人相等，同是食味、别声、被色，无所谓小人，无所谓大人也。有性无学，则人与禽兽相等，同是视听运动，无人禽之别也。

学也者，由人为之，勉强至逆者也。

然学也者，浩然而博，矫然而异，务逆于常，将何所归乎？夫所以能学者，人也；人之所以为人者，仁也。孟子曰：人者，仁也。荀子曰：人主仁，心设焉，知其役也。董子曰：仁者，人也；义者，我也。

康有为指出："今与二三子剪除棘荆，变易陋习。昌言迟孔子讲学之旧。若其求仁之方，为学之门，当以次告也。"首先，志于道四目：格物（"格，扞格也。物，外物也。言为学之始，旨在扞格外物也……大学为大人之学。大人在不为物所引夺，非扞格外物而何？"）、厉节、辨惑、慎独（"刘蕺山标为宗旨，以救王学末流，美哉"）。据于德四目：主静出倪（陈白沙"于静中养出端倪"）、养心不动、变化气质、检摄威仪。依于仁四目：敦行孝弟、崇尚任恤、广宣教惠、同体饥溺。游于艺四目：义理之学、经世之学、考据之学、词章之学。而学与时异。"欲复古制，切于人事，便于经世，周人六艺之学最美矣。但射、御二者，于今无用，宜酌易之"。故补六艺之学为礼、乐、书、数、图、枪。另仍存科举之学：经义、策问、诗赋、楷法。尚有穷神通化之学以待通才。最后他谈到讲学，先谈学术源流：

后世学术日繁，总其要归，相与聚讼者，曰汉学，曰宋学而已。若宋学变为心学，汉学变为名物训诂，又歧中之歧也。至于今日，则朱、陆并废，舒、向俱亡，而新歆之伪书为经学，荆舒之经义为理学。于是，汉学、宋学皆亡。盖晦盲否塞极矣。

先师朱先生曰：古之学术歧于道外，今之学术歧于道中。董子曰：正天地者视北辰，正嫌疑者视圣人。尝推本二学，皆出于孔子。孔子之学，有义理，有经世。宋学本于《论语》，加《小戴》之《大学》《中庸》及《孟子》佐之，朱子为之嫡嗣，凡宋、明以来之学，皆其所统，宋、元、明及国朝《学案》，其众子孙也，多于义理者也。汉学则本于《春秋》之《公羊》《谷梁》，而《小戴》之《王制》及《荀子》辅之，而以董仲舒为《公羊》嫡嗣，刘向为《谷梁》嫡嗣，凡汉学皆其所统，《史记》、两汉君臣政议，其支派也，近于经世者也。

今与二三子通汉、宋之故，而一归于孔子。

再讲讲学大类：说经、读书、习礼、论文、日课（日课之法，其目有七：曰读书，曰养心，曰治身，曰执事，曰接人，曰时事，曰夷务）、四耻。

康子说性，异于宋明心性之学，而似返回到荀子，以性为生，万物平等，而由学才造成人禽之别、大人小人之别。宋儒也强调学，但以启发自觉为要，偏于义理一路，而康子则义理、经世、词章等汉宋之学一体而括，并重视时学，不断开拓学习的领域，但同时又把学的源头“一归于孔子”。康子的孔教的化民成俗之义，正在于用孔子自觉开启的文化传统在后世所生长出的所有知识和修养来教化万民，有教无类，因人而异。所谓大人小人之别（而不是君子小人之别）正在于把附着在道德和修养上的身份、阶层打消，而以个人学孔、效法圣人的境界大小来分出差异。正是在长兴里的万木草堂，康有为带领众弟子完成《新学伪经考》《孔子改制考》，以“二千年通人大儒辈出而莫之知，而待康某于二千年后发之”（《与朱一新论学书牍》）的担当和勇气，建立起适应并开启新时代的孔教理论。这种理论就是要首先树立孔子今学的绝对权威，建立改制通达的国民义，为传承和创新一切古今学问，开民智，启民德，新民力，敞开道路。

孔子大义之学，全在今学。每经数十条，学者聪俊勤敏者，半年可通之矣。诸经皆无疑义，则贵在力行，养心养气，以底光大。

于是，求义理于宋、明之儒，以得其流别；求治乱、兴衰、制度沿革于史学，以得其贯通；兼涉外国政俗教治，讲求时务，以待措施；而一皆本之孔子之大义以为断。其反躬之学，内之变化气质，外之砥砺名节，凡此皆有基可立，有日可按。(《与朱一新论学书牍》)

要树立并传播孔子大义，康子首先想到的是运用国家权威来更新社会教化渠道和能力，广建孔子庙。

康有为最早公开提出广建孔子庙、设教官传教是在1895年5月《上清帝第二书》(即“公车上书”)。他认为：历朝学校、选举之法弊，以至于“近日风俗人心之坏，更宜讲求挽救之方”。“盖风俗弊坏，由于无教，士人不励廉耻，而欺诈巧滑之风成，大臣托于畏谨，而苟且废弛之弊作。”这正是旧法之弊所致。必须变法革新，讲求新法。但在此次上书中，康有为的孔教还是依托于朝廷官制改革。

六经为有用之书，孔子为经世之学，鲜有负荷宣扬，于是外夷邪教，得起而煽惑吾民。直省之间，拜堂棋布，而吾每县仅有孔子一庙，岂不可痛哉！今宜亟立道学一科，其有讲学大儒，发明孔子之道者，不论资格，并加征礼，量授国子之官，或备学政之选。其举人愿入道学科者，得为州县教官。其诸生愿入道学科者，为讲学生，皆分到乡落，讲明孔子之道，厚筹经费，且令各善堂助之。并令乡落淫祠，悉改为孔子庙，其各善堂、会馆俱令独祀孔子，庶以化导愚民，扶圣教而塞异端。其道学科有高才硕学，欲传孔子之道于外国者，明诏奖励，赏给国子监、翰林院官衔，助以经费，令所在使臣领事保护，予以凭照，令资游历。若在外国建有学堂，聚徒千人，确有明效，给以世爵。余皆投牒学政，以通语言、文字、测绘、算法为及格，悉给前例。若南洋一带，吾民数百万，久隔圣化，徒为异教诱惑，将沦左衽，皆宜每岛派设教官，立孔子庙，多领讲学生分为教化。将来圣教施于蛮貊，用夏变夷，在此一举。且借传教为游历，可洞夷情，可扬国声，莫不尊亲，尤为大义矣。(《上清帝第二书》)

康有为相信孔子之道能解决当前中国所遇的问题，以前的办法不行了，要用新法。一、孔道不明，邪教惑民，设孔庙可救之。二、在科举外另设道学科，起于民间，官加奖礼，科举功名之士也可志愿加入道学；三、使用国子官、教官、讲学生这样的名号，可见已采用了学校之制，但别于以科举为目的的学校，也别于黄宗羲以议政为目的的学校，旨在宣道；四、中华大地广设孔庙，并收纳善堂会馆为用；五、鼓励海外传教，到侨民中，到外国人中，用夏变夷；六、除传教海外说到资助外，其余皆没谈经费问题，是直接官助，还是像基督教等那样靠教民自养呢？从“给以世爵”看，应该是倾向自养，由朝廷给以优待和名爵；七、虽没提孔教之名，但孔庙的功能正是宗教功能，而宗教功能首在化民成俗，从最后一句亦可看出，还要发挥传教士的多种功用。

其后，在北京、上海组织强学会，在两粤组织广仁善堂圣学会，都可以看作孔教思想的一个体现，也可以说是求朝廷之外的自达之路。

在《京师强学会序》中说强学会之设，“岂惟圣清，二帝、三王、孔子之教，四万万之人将有托耶！”《上海强学会章程》规定：“今设此会，聚天下之图书器物，集天下之心思耳目，略仿古者学校之规，及各家专门之法，以广见闻而开风气，上以广先圣孔子之教，下以成国家有用之才。”“会中于义所应为之事，莫不竭力，视集款多寡，次第举行者，又有数事。立学堂以教人才，创讲堂以传孔教，派游历以查地舆、矿务、风俗，设养贫院以收乞丐、教工艺，视何处筹款多者，即在其地举行。”“入会者不论名位学业，但有志讲求，概予延纳，德业相劝，过失相规，患难相恤，务推蓝田乡约之义，庶自保其教。”强学会译印图书、刊布报纸、开大书藏、开博物院等，也是后来孔教会所为之事，现代宗教组织多有这样的行动。

而圣学会更是把宗教慈善事业作为重点。1897 年《两粤广仁善堂圣学会缘起》视明清地方社会流行的善堂为孔教组织，并意图加以改进：“近善堂林立，广为施济。盖真行孔子之仁道者，惟未正定一尊。专崇孔子，又未专明孔子之学。遂若善堂仅为庶人工商而设，而深山愚氓，几徒知关帝、文昌，而忘其有孔子，士大夫亦寡有过问者。外国自传其教，近且深入中土。“顷梧州通商，教士猬集，皆独尊耶稣之故，而吾乃不知独尊孔子以广圣教，令布濩流衍于四裔，此士大夫之过也。”广仁善堂“创行善举，特奉孔子，如劝赈赠医、施衣、施棺诸善事，开办有年，今欲推广专以发明圣道，仁吾同类，合官绅士庶而讲求之，以文会友，用广大孔子之教为主”，而欲广必有学，讲学则合会，圣学会之设，“略仿古者学校之规，及各家专门之法，以扩见闻而开风气，上以广先圣孔子之教，中以成国家有用之才，下以开愚氓蚩陋之习，庶几不失广仁之义云尔”。圣学会五事为要，一曰庚子拜经，一曰广购书器，一曰刊布报纸，一曰设大义塾，一曰开三业学（三业即农工商三业）。可见，既学基督教，又承学校、书院、讲学等旧法，也发挥宗教组织的现代功能。所列五事之后，又云：

右五条，先在桂林开办。本善堂于广州、梧州皆有分局，当陆续办理，视集款多寡，次第推行于各府州县。凡义所当为之事，莫不竭力，如创讲堂以传孔教，立学堂以育人才，派游历以查地舆、风俗、矿务，设养贫院以收乞丐，教工艺，视何处筹款多者，则在其地举行，惟望仁人志士，合力为之。

圣学会的开办，说明条件允许的话，不依靠朝廷推行仍旧能够建起孔教，化民成俗尤能体现。当然，不管是强学会还是圣学会都太依靠地方官绅，缺乏宗教组织的独立性。但对此，康有为也是有所提防的。在 1897 年 6 月《致某君书》中，康有为强调："创办圣学会，为粤西开未有之风气，甚盛举也，必须详筹经久之法"，"请勿理官事，如铁马路、开矿之类万不可经手。中国官场习气无信多疑，必不能始终其事，徒致声名败裂耳，不可不戒"，"请稍为韬晦"。关于圣学会，《康南海自编年谱》"光绪二十三年丁酉，四十岁"记："正月十日到桂林，再寓风洞"，"与唐薇卿、岑云阶议开圣学会，史淳之拨善后局万金，游子岱布政捐千金，蔡仲岐激昂高义主持之，乃为草章程、序文行之，借广仁善堂供孔子，行礼日，士夫云集，威仪甚盛。既而移之依仁坊彭公祠，设书藏讲堂义学，规模甚敞。日与学者论学，义学童幼尤彬彬焉。"《缘起》初发于《知新报》，后来又在康有为民国建立后编的《不忍》重载，可见其重视这种从民间发起的宗教组织活动，孔教会应该是圣学会的一个延续。

在 1898 年春进呈御览的《日本书目志》的"宗教门第三"中，康有为加"按语"议论之：

合无量数圆首方足之民，必有聪明首出者作师以教之。崇山洪波，梯航未通，则九大洲各有开天之圣以为教主。太古之圣，则以勇为教主；中古之圣，则以仁为教主；后古之圣，则以知为教主。同是圆颅方趾则不畏敬，不畏敬而无以耸其身，则不尊信，故教必明之鬼神。故有群鬼之教，有多神之教，有合鬼神之教，有一神之教。有托之木石禽畜以为鬼神，有托之尸像以为鬼神，有托之空虚以为鬼神，此亦鬼神之三统、三世也。有专讲体魄之教，有专讲魂之教，有兼言形魂之教，此又教旨之三统也。老氏倡不神之说，阮瞻为无鬼之论，宋贤误释为二气良能，而孔子《六经》《六纬》之言鬼神者晦，而孔子之道微。岂知精气为物，游魂为变，《诗纬》以魂为物本，魂灵固孔子之道。而大地诸教乃独专之，此亦宋贤不穷理而误割地哉！人智愈凿，贱形而尊魂。必矣，后十年魂教其大明乎！

康有为认为孔子是讲鬼神，讲灵魂的，和世界诸教是一样的。当然同讲鬼神，有三世之别；同讲灵魂，有三统之分。康有为并且预言宗教十年内要在中国大昌。为什么这里突出鬼神和灵魂呢？这也是阴教、阳教之共通之处，甚至像基督教那样的阴教反而不讲鬼神。另外，在 1891 年写的《郑康成笃信谶纬辨》中，康有为讲到当年儒教之兴时说："此（指纬书）虽非孔子所作，亦必孔门弟子支流余裔之所传也。其所以有怪玮之说者，盖时主不信儒，儒生欲行其道，故缘饰其怪异之说。自江都为纯儒，而闭阴求阳，土龙改雨，已挟异术行之；而《符瑞篇》以改麟为太平之兆，则纬书之说，其来已远"；"后世儒术尊明，诚觉前人之迂怪，而未识创始之难也。不然，黄老之后，继之以佛，儒学其能兴哉！"康有为似乎认为创教需要灵验之术。

进呈《日本变政考》等书后，康有为在京组织保国会。保国会力求在全国建立组织，有政党色彩，但在章程第五条中提到"为保圣教之不失"；第九条"本会同志讲求保国、保种、保教之事，以为论议宗旨"；第二十五条"来会者不论名位、学业，但有志讲求，概予延纳。德业相劝，过失相规，患难相恤，务推蓝田乡约之义，庶自保其教"，吸纳宋明儒者乡约之法；保国会会讲办法则吸纳明儒讲学之法。这些都看出孔教的影子。在京师保国会第一次集会演讲中，康有为痛言"圣教式微""民生无保养教之之道"，召唤会众"增心之热力""激厉其心力、增长其心力，念兹在兹，则爝火之微，自足以争光日月，基于滥觞，流为江河。果能合四万万人，人人热愤，则无不可为者，奚患于不能救？"真正有宗教家之鼓动力。

公车上书后，康有为又于 1895 年上清帝二书，1898 年初上清帝二书，都没提到孔教问题。1898 年 6 月 11 日，光绪皇帝颁布《明定国是诏》，宣布变法。6 月 17—19 日，康有为连上多折，这些奏折直接成为变法措施而推行，其中就有立孔教之折。此折有两个版本，一为《请商定教案法律厘正科举文体听天下乡邑增设文庙谨写〈孔子改制考〉进呈御览以尊圣师而保大教折》，是当时原折；一为《请尊孔圣为国教立教部教会以孔子纪年而废淫祀折》，据本折改写，收入戊戌变法失败后康有为编辑的《戊戌奏稿》中，改写时间大致在1902—1903年以后，1911年5月在日本印行，后又收入《不忍》杂志。两者相比较可以看出一些区别。

（1）原折主旨在“商定教案法律，厘正科举文体，听天下乡邑增设文庙，谨写《孔子改制考》进呈御览，以尊圣师而保大教、绝祸萌”，改本主旨在“进呈《孔子改制考》《新学伪经考》《董子春秋学》，敬备定览，乞设立教部教会，并以孔圣纪年，听民间庙祀先圣，而罢废淫祀，以重国教”。显然，改本目标更加明确，从圣师到先圣，从保教到国教的改变，并增加孔圣纪年，也很能说明康有为在时势变化后孔教思想的变化。

（2）原折从解决教案危机入手，指出补救之策在变法，在开教会、定教律，将交涉、定律之权委之以与政权区隔的孔教会，以免一教案起就牵涉政治和天下危亡。设教会也是“通变酌时”而保教之法。设教会之法在“令衍圣公开孔教会，自王公士庶，有志负荷者，皆听入会，而以衍圣公为总理，听会中士庶公举学行最高为督办，稍次者多人为会办。各省府县，皆听其推举学行之士为分办，籍其名于衍圣公，衍圣公上之朝。人士既众，集款自厚。听衍圣公与会中办事人选举学术精深、通达中外之士为委员，令彼教总监督委选人员，同立两教和约，同定两教法律……教律既定，从此教案皆有定式，小之无轻重失宜之患，大之无藉端割地之害。其于存亡大计，实非小补。教会之名，略如外国教部之例。其于礼部，则如军机处之与内阁，总署之与理藩院，虽稍听民举，仍总于圣公”。而改本全不提教案，立教会之法也有异于原本之自上而下，令衍圣公为总理，而是听人入会，有似保国会。这是自下而上的办法，旨在“敬教劝学，匡谬正俗”，详文如下：

夫举中国人皆孔教也，将欲令治教分途，莫若专职业以保守之，令官立教部，而地方立教会焉。首宜定制，令举国罢弃淫祀，自京师城野省府县乡，皆独立孔子庙，以孔子配天，听人民男女皆祠谒之，释菜奉花，必默诵圣经。所在乡市，皆立孔教会，公举士人通六经四书者为讲生，以七日休息，宣讲圣经，男女皆听。讲生兼为奉祀人，掌圣庙之祭祀洒扫。乡千百人必一庙，每庙一生，多者听之。一司数十乡，公举讲师若下，自讲生选焉。一县公举大讲师若干，由讲师选焉，以经明行修者充之，并掌其县司之祀，以教人士。或领学校，教经学之席。一府一省，递公举而益高尊，府位曰宗师，省曰大宗师，其教学校之经学亦同。此则于明经之外，为通才博学者矣。合各省大宗师公举祭酒老师，耆硕明德，为全国教会之长，朝命即以为教部尚书，或大长可也。

教会之长层层公举，有似天主教，又有官助和官方宗教部门指导，合乎现代国家宗教管理体制。还要看到孔教会之设正是应对外来宗教的各种压力。当年佛教东来，声势自民间慢慢兴起，自己中国化后迅速发展起来，对中国固有政教的影响处于可控的范围之内，而西洋之教，挟西洋之军事、政治、经济而来，来势汹涌，不能不酌时应对。而宗教成为中国人避不开的概念和存在，也始于基督教近代入华，所以儒教的宗教化正在此时，并不能不以基督教为参照。但康有为等的贡献正在于对世界宗教做了大考察，对宗教的性质、种类等做了大剖分。西方宗教学之起，本与神学区别，而康有为则直接把宗教学纳入儒教神学，所以康有为所建孔教一开始就不是狂迷的宗教，而是智起，着意于传承、认同、公益、化俗。

（3）原折随后讲到外侮之来有所自，一为孔圣名尊而实不被尊，教官教士而不及民，文庙在城而不在乡，驱民舍孔子而拜淫鬼；一为科举、八股之弊，于“负荷大教、推行圣道、讲明义理、培养人心、美化风俗、立功立政、毗佑国家”“何可得哉”，以至被西人视为“无教之国”。于是，康有为主张改淫祀为孔庙，令士庶、男女膜拜祭祀，令孔教会选生员为讲生专司宣道；主张厘正科举及岁科试，停八股，促士民发明大道，学通今古中外。而改本既不提教案，亦不及科举，而从中国多神之俗弊入手，结合欧美鄙我为野蛮和历朝辟淫祀不利之原因，比较我祀孔之法过尊之害与欧美尊祀教主之美指出“信教自由，为宪法大义”，凡人皆可祀天，“孔子实为中国之教主”，凡人皆能祀孔；然后讲孔教的优势在于“不假神道”，正为文明世之宗教，“兼该人神，包罗治教”，“不为僧道，只为人民”。昔日一统，立义高、厉行严还行得通，现在列国纵横，古之天下宗族而今纯为国民，古今异宜，要立孔教而补人心，就要治教分途，成立教会。显然，治教分途，上帝的归上帝，恺撒的归恺撒，是原折所无的。

（4）原折出于救弊，对孔教的宗教特点没有关涉，而改本除指出孔教为文明世之宗教，当治教分途外，还指出教会的组织办法，传教士的严格仪节道德要求，更多体现了宗教的特点。

（5）改本提出了“行孔子祀年以崇国教”，值得注意的是，康有为不是要借助政权来扶植起一个国教，康有为眼中的“国教”其实是国家固有之教化。因为各国教化往往系之于一个先圣，中国的国教其实就可等于孔子之教，我们可以看到康有为用的词是“尊孔圣为国教”。康有为指出，孔子改制传教，至汉武时儒学一统，孔子就是中国教主，通变酌时而改变教化组织形式，并不改变国教也就是孔子之道的地位，而是使国教得到更好的尊崇以利国利民。广立孔庙，以孔子配天，听人民男女皆祀之，以孔子纪年，都是为了尊崇孔子和行时教化。

康有为变革以保教的担忧是有考察各国变迁的事实依据的。在戊戌变法期间上陈的《列国政要比较表》之“各国比较教民表”后的按语中，他写道：“臣有为谨案：诸教人数比之二十四年，耶稣教多至若是。而吾教未尝有传教士推广日渐月变，所忧滋大。教变，而国亦从之矣。”

戊戌变法失败，康有为流亡国外，次年（1899 年）著《我史》，写到自己早年求学时的神秘宗教体验。二十一岁在九江礼山草堂从朱次琦学，“私心好求安心立命之所。忽绝学捐书，闭户谢友朋，静坐养心。同学大怪之，以先生尚躬行，恶禅学，无有为之者。静坐时，忽见天地万物皆我一体，大放光明，自以为圣人则欣喜而笑。忽思苍生困苦，则闷然而哭。忽思有亲不事，何学为？则即束装归庐先墓上。同门见歌哭无常，以为狂而有心疾矣。至冬辞九江先生，决归静坐焉。此《楞严》所谓飞魔入心，求道迫切，未有归依之时，多如此”。次年在西樵山习静，“居白云洞，专讲道、佛之书，养神明，弃渣滓。时或啸歌为诗文，徘徊散发，枕卧石窟、瀑泉之间，席芳草，临清流，修柯遮云，清泉满听。常夜坐弥月不睡，恣意游思，天上人间，极苦极乐，皆现身试之。始则诸魔杂沓，继则诸梦皆息。神明超胜，欣然自得，习五胜道，见身外有我，又令我入身中，视身如骸，视人如豕。既而以事出城，遂断此学”。这种神秘主义的体验，在宋明儒学里也多有体现，最著名的就是王阳明龙场悟道。陈来曾撰文《儒学传统中的神秘主义》加以揭示。一般人认为一涉神秘主义就与佛道或基督教相关，梁启超也不能免俗，他就据此认为康有为的孔教思想受到了佛教和基督教很深的影响。其实，明白了儒学与神秘主义的深刻关联，就能更好地理解康有为的孔教实践。

《我史》述及戊戌变法以失败而终，文尾康有为言：

此四十年乎，当地球文明之运、中外相通之时，诸教并出，新理大发之日，吾以一身备中原师友之传，当中国政变之事，为四千年未有之会，而穷理创义，立事变法，吾皆遭逢其会，而自为之。学道爱人，足为一世，生本无涯，道终未济。今已死耶，则已阅遍人天，亦自无碍，即作如是观也。后此玩心神明，更驰新义，即作断想，又为一生观也。(《我史》)

这完全是大宗教家的境界。

三

戊戌后，康有为关于孔教的思想发生了哪些变化呢？

佛氏专言鬼，耶氏专言神，孔子兼言鬼神。

惟孝子能有享亲，自智率之则尊天，自仁率之则亲祖。故仁人享帝，孝子享亲，尊亲两尽，公私俱得。此孔子制作之大原也。一切礼义皆由此出，学者宜尽心焉。其有知祖父而不知天者，徇形体而忘知气，是谓不智。其有知尊天而弃祖父者，舍传类而忘腹育，是谓不仁。

孔子大道之本人伦、鬼神、天祖。

三世之法、三统之道各异，苦衷可见，但在救时。孔子知三千年后必有圣人复作，发挥大同之新教者。(《中庸注》)

康有为这里显然有了更明显的宗教创教的意识。

《致张克诚[①]书》(约1902年）最可见康有为政教分途的思想和实践。传教是康有为一直所念，身任国事而不克能行，但未尝一日忘也，所以后来渐离政治后就以孔教会为主要工作。

① 张克诚，四川广汉人，早年在家乡办学兴教，后入京学佛学，曾在北京大学讲唯识。

举国但知图利，而不知保教。竞争新世，强胜弱败，自然之理也。呜乎！每念吾教之式微，忧心殷殷，中夜以思，未尝不感激而涕零也。孔子曰：人能弘道，非道弘人。故有传之教胜，不传之教败。此则宜及今中国之未亡也，大声疾呼，以身殉道而任之。仆不幸以身任国事，践于患难，遂不克任此。而夙昔所著之书，发明孔子改制，以孔子纪年，并开孔教会，曾经入奏，微旨所存，未尝一日忘之。岂吾四万万人，竟同此梦梦哉？大道之寄，必有先觉。顷闻君有传教之请，而蒙陶帅允诺，闻之欢舞，距跃三百，以为吾教之不亡，而日兴基此矣。非大力高志，远识深心，担荷大道如先生者，何能负之？（《致张克诚书》）

立教虽为公理，然人能弘道，非道弘人；教能传习则广，教不传习则微。故曾子首以忠信为本体，即以传教为日用，日日省之能传教否。此曾子所以能为传教之大宗，而后学所当师法也。曾子所生为鲁人，近圣人之居，久染大教，其寿九十，言论最多，发明最久，弟子最众，故与有子分峙，而尤为孔门最大之宗派。曾子十篇，尚散见于《大戴礼》中。其学以修身守约为宗旨，与《论语》各章意义皆同。然于孔子至仁太平之大道不甚发明，其与有子开口言仁者，大小迥殊矣。盖有子为大乘，曾子为小乘；后学以曾子为大宗而尊信凭守之，于是孔子之大道不光，未必不因此。（《论语注》）

康有为类比佛教大小乘之分讲孔教，他所说的“大同之新教”就是超越宋明理学的有着普世情怀的现代宗教。《大同书》写于戊戌前，曾在万木草堂给众弟子授讲，一直秘而不宣。戊戌后，康有为做了大量修改，对外宣说此书是 1902 年流亡印度时所作，仍旧只在小范围传播，直到 1913 年才第一次把它的甲部和乙部发表在《不忍》杂志上公之于众。在卷八全书之尾述大同世耶教和回教亡，孔教已行，人习仙学、佛学、天游之学。可以推想，在康有为看来，孔教是最适合未来世界的宗教。

戊戌变法失败后康有为游历世界，得以近距离地观察欧美，举凡政治、经济、宗教、教育等，康有为无不关心，产生了很多新的看法，中体西用之旨不变，但用“中”的色彩更重了，更多地强调物质救国，其他的还是中国自己的好。“吾戊戌之主毁淫祠，乃为无名之庙宇耳，非有教之庵寺也”，侧面表现出康有为对戊戌的反省。戊戌奏稿改本的指导思想应该和这是同一时期的。

或有谓宗教必言神道，佛、耶、回皆言神，故得为宗教；孔子不言神道，不为宗教。此等论说尤奇愚。试问今人之识有“教”之一字者，从何来？秦、汉以前，经、传言教者，不可胜数。是岂亦佛、回、耶乎？信如斯说，佛、回、耶不入中国前，然则中国数千年为无教之国耶？岂徒自贬，亦自诬甚矣！夫教之为道多矣，有以神道为教者，有以人道为教者，有合人、神为教者。要教之为义，皆在使人去恶而为善而已，但其用法不同。(《意大利游记》)

他介绍了天主教选举教皇的制度，没有评价；认为基督教出自佛教；认为基督教浅，但勇于传教故盛。

夫古之为教主者，多有异术以耸人心。观佛之服大迦叶及诸梵志，皆以异术。耶稣亦然。墨子乃哲学者，王阳明亦直指本心，颇与耶同，然皆有道而无术。于吉之流，有术无道，惟张道陵尊天尚仁，又有符咒之术，道术全备，殆与耶同。

《英国监布烈住大学华文总教习斋路士会见记》(1904 年) 讲到从日本引进“宗教”一词，日本以神道为宗教，而受宋明理学影响认为儒教无神道，故不以儒教为宗教，康有为认为这是大谬，且“宗教”一词就造得实在别扭。他认为“religion”实不局限于神道，还指出欧洲哲学、政治、教育等在中国实“无此数者之分”。关于立孔教的意义，康有为也讲得很深，并讲了措施：

吾国人士，若不念神明之种而甘为野蛮禽兽也，则相约而从之，曰中国无教、无教主可也。苟吾国人士稍能自念身为神明之胄，而不甘遂沦为野蛮禽兽也，其慎无盲从妄说而亦曰吾中国无教、无教主也。知吾国教最文明、最精深，然后吾种贵；知吾国产有教主，道最中庸、最博大、最进化、最宜于今世，可大行于欧美全地，莫不尊亲，然后吾种贵；知吾国有最盛美之教，有神明圣王之教主，我全国及各教宜普奉之，庶将来使大地效之拜之，如欧人之尊敬耶稣然，然后吾种贵。能知吾种贵，然后不媚外为奴，不称人世纪，而卓然自立；知自立而后学盛道尊，而后种强民贵焉。兹事所关者大，可不留意而毋忽耶？盖他教虽各有神圣，而中国数千年民俗之宜、功德之盛，无有如孔子者，此为吾国国教也。民间乡曲，宜尽废淫祠而遍祀之，立诸生以同讲劝焉，一如欧美人之祠耶稣，立祭司、牧师也。大中小学校，宜设殿拜跪，祭祀，敬礼，诵经道。创立经学科，尤宜尊崇，其诸生藉以传道。如欧人学校之必有礼拜耶稣之殿以诵经讲道，又必有神学之科焉。宜立儒教为国教，而其余听民之自由信仰，如欧人之以耶稣或天主为国教，而以其余听民之信奉自由也。宜以孔子纪年，以统中国数千年之记事，用省烦渎，而与国朝今之纪元并行，如日本之以明治君号纪元，而又以神武天皇纪元二千五百年同为并行焉。

另外，他还设想了与科举相结合的新式学校制度。

流亡海外期间，康有为一直没有停止推动孔教的活动。据张颂之《孔教会始末汇考》，戊戌变法失败后，康有为流浪海外，对其孔教主张进行了一系列的实践：

鄙人于戊戌之年，开孔教之会，立大同学校于日本之横滨，与门人徐勤，实始创圣诞之纪念大典，祁祁学子，莘莘俎豆，吾华之群商及日本之元老大隈伯与其大臣犬养毅等，咸来行礼。自是推行于海外，日盛而弥彰。

1899年，康有为又在加拿大成立保皇会，同时兴办义学，“怀故国，思孔教”，“明保种保教之大义”。康有为的万木草堂弟子陈焕章则“于光绪己亥（1899）在高要砚洲倡立昌教会，于光绪丁未（1907）在美国纽约亦创立昌教会”。20世纪初叶，康有为在南洋发起较具规模的孔教运动。1910年，康有为回忆数年的孔教情况说：“乃年来孔子之祀，尊孔之会，创发于海外，波靡于美亚，风发响应，雾沓鳞萃，岁月有加，增华滋盛。”1909年10月10日，康有为参加南洋孔教活动，作《祭孔子文》。

惟我教主，神明圣王。天命性道，人伦纪纲；仁民爱物，大同小康；本末精粗，大小阴阳；四通六辟，三世重张。既范围人以必由，实弥纶配天而严庄。予小子执经陈奠，成书发扬。昔创开乎教会，记纪年于无疆。今幸告夫成功，俎豆遍于海洋。庶凡血气者，咸尊亲大道，代照于日光。（《祭孔子文》）

夫无教等于禽兽，岂有无教之人而能与今大地列强争耶？夫佛教精微而寂灭，不宜于为治；基督尊天爱人与孔教近，而不事祠墓与中国俗异。若孔教以人为道，而铸范吾国数千年人民、风俗、国政者也……故非弘孔道，无以为人心之归宿，养人身之习安。故存廉耻，起礼义，扶教化，则推行孔道宜亟亟也。夫推行孔道，则遣宣教之员，发弘道之报，为合群尊圣之会。（《孔教总会弘道募捐序》）

传道得徒，吾一生发明孔学之道，其不中绝矣。方今国争方竞，旧理诚间有不适于时用者。今必当政教分行，双轮并驰，乃不偏弊。

故教会教部之设，不可以已。计将来不能不用吾此说也。（1910 年秋《致梁启超书》）

可以说，辛亥革命前，康有为就已经确立了在政治之外推行组织化的孔教以扶植社会、教化人伦的思想。

四

辛亥革命前后，康有为面对共和局面形成的大势，更加深入地思考和实践孔教在共和国的国家建构中的地位和价值。

他在 1911 年 4 月《民政部准帝国统一党注册论》一文中历数自己的创党经历，指出政党在中国产生的意义及与国会的关系。他还是按西方国会政治来考虑政党。康有为的政党与孔教会的区别在哪儿呢？政教为两轮，孔教会自然不是政党，康有为历数历史时也没谈到孔教会。

1911 年 11 月与黎元洪、黄兴、汤化龙书谈到虚君共和，初议以衍圣公为虚君，但只为汉族，恐不能孚蒙藏等心，后议以存三恪之法，以清帝为虚君：

夫既为虚君矣，虚者无也，与无君同。公等若尚嫌虚君为满族，行其纪年，称其国号，施其屈伏之礼，用其大臣之名，以兹为耻，则仆又有说。今即改国号为中华或中国，而修清史以九月十三以前为清朝，后此为新中国，未有不听从也。纪元以黄帝或以孔子，其宣统年号从此不用，亦未不听从也。

《汉族宜忧外分勿内争论》（1912 年 1 月）中“让皇宣誓”一节相当于康有为拟的一个虚君共和制宪法。但辛亥革命之后，皇帝已废，共和肇造，面对此局，康有为显示出大立法者的宏阔、通达与审慎。在《中华救国论》(1912 年 5 月）中，康有为明白提出：“夫共和者，听人民自治，乃治之极轨也。而政无全美，必有利弊，共和之最患者，在无政府与暴民为乱也。”针对当时效仿西方政党政治舆论日炽，康有为对于作为政府与人民之机轴的政党之弊再三致意。讲到政党时指出欲成良政党，一要输进通识，二要崇奖道德，因为“共和之治，合全国民之知识道德织成之”。“盖共和自治者，无君主长上之可畏，则必上畏天，中畏法，内畏良心；有此恭敬斋戒之心，然后有整齐严肃之治。不然，则暴民横行而已，盗贼乱国而已。自由自由，由此而死，何共和之足云？”而“欲重道德之俗，起敬畏之心，舍宗教何为？”英德之国，信教自由与推尊国教并行，“宽大以听民之自由，特尊以明国所崇敬”。在中国，“欲宜其民之风气事势，以养其性情，而形其法律者，不能舍孔子之道矣”。

或者谓儒家经传，多重伦纲，今政改共和，君臣道息，诸经旧义，室碍难行，其道既不适于今时，其教即难施于世宙。此盖时流之通论，而亦硕学所深疑也。虽然，此未知孔子之大者也。

孔子有平世大同之道，以治共和之世，吾国人正可欢喜恭敬，讲明而光大之。

且孔子兼言政治，故自昔中国号一统，而孔道托之士夫。今则列国竞争，政党为政，法律为师，虽谓道德宜尊，而政党必尚机权，且争势利，法律必至诈伪，且无耻心，盖与道德至反。夫政治法律，必因时地而行方制，其视教也诚，稍迂阔而不协时宜，若强从教，则国利或失。故各国皆妙用政教之分离，双轮并驰，以相救助；俾言教者极其迂阔之论以养人心，言政者权其时势之宜以争国利，两不相碍而两不相失焉。今吾国亦宜行政教分离之时。

孔子之道，敷教在宽……两千年兼容他教而无碍，尊孔子教，与信教自由无碍。

今在内地，欲治人心、定风俗，必宜遍立孔教会，选择平世大同之义，以教国民。自乡达县，上之于国，各设讲师，男女同祀，而以复日听讲焉。讲师皆由公举，其县会谓为教谕，由乡众讲师公推焉；其府设宗师，由县教谕公报焉；省设大宗师，由府宗师公推焉；国设教务院总长，由大宗师公推焉。夫人能弘道，非道弘人。今若上之政府举之，收效可速。不尔则国之志士，守死善道，应以为任矣。

可以说，康有为对于中国建立共和制度做了十分深邃的思考，对于共和之制下道德教化的重要作用和推行方式的古今变异有着十分清醒的认识，而且愿意善用一切时势而身体力行，以奠定中华共和之牢固基础。

1912 年 9 月、10 月《孔教会序》对以上言之更详，10 月的《孔教会章程》也言及此。

第四条，孟子谓：逸居无教，则近于禽兽。故有教谓之文明，无教者为禽兽，而不止为野蛮。故凡中国生人，必当有教。向来礼典、法律、风俗，皆为孔教。故除入释教、基督、回诸教外，皆为孔教之人。但敬敷在宽，未尝注有教籍，犹之虽为中国人，而亦未注有中国籍也。今列国国籍相迫，必当注有中国籍，乃能享受中国权利。然则今奉孔教者，必当注有孔教籍。故入本教会，必当注籍。

……

第七条，孔子言敬敷五教在宽，孔子言人道，饮食男女，本不可离。既无人能离孔教者，则他教之精深新理，如佛教之养魂，耶、回之尊天，本为同条共贯。奉孔教者，凡蒙、藏之奉佛教，新疆、云南之奉回教者，不妨兼从。

……

第九条，……凡奉孔子教者，当知孔子为立教制法之神明圣王，其道参赞化育，峻极于天，故可以配天。凡奉孔教者，当祀上帝，以孔子配享。

……

第十一条，各乡籍满百数十人者，皆立庙祀天、以孔子配。设讲生，以来复日男女老幼皆沐浴，诣庙跪拜行礼，或手经一卷自诵之，听讲生说经一章。有歌者合歌孔子大成乐歌以释菜，或兼香花清酒，皆从旧俗。一时未能立庙，则乡间各神庙及书院、公所、祠堂借用可也。

第十二条，凡从孔教之家，皆祀祖先，其旧奉杂神者，皆宜改奉天神，而以孔子祀之。

康有为所力求建立的孔教会，正是要作为融通中华建立共和所涉的举凡政治、宗教、民族、自治等重要制度的共同体。

1913 年，康有为结束流亡，回到祖国。1913 年 3 月所作《拟中华民国宪法草案》是我们理解康有为所思考的孔教在国家建构中的地位和价值的重要文献。其中，第九十六、第一百零六条及所作按语十分重要，现摘录如下：

第九十六条，凡国民苟不扰治安，不害善俗，不妨民事政事之义务者，许其信教之自由，而以孔教为国教，惟蒙藏则兼以佛教为国教，其特别之制，以法律规定之。

按，信教自由之大义，欧人以无量铁血得之，自始笃信。旧教与外教争则起十字军九次，死民数百万；及与新教争，则三十年教争之战，但德国三千万人已死千八百万，而英法之焚死新教者无算，而新教卒胜，乃始听人民信教之自由。其获得既备极艰难，故保守不能不郑重。各国所有丁宁，特别著于宪法。为此也，且推欧美立信教自由之义，非有尽排旧教之意，但欲免旧教之压制，而令新思得以发生，俾国民易于进化耳。若吾国信教，早听自由。盖孔子只言公理，敷教在宽，不立独信之规条，不为外道之排斥……盖吾国于信教自由，既以公理，又久经实行，其有教争，只以笔舌，未尝流一人之血，而先得之于二千年以前，岂待今者摹仿它人，而后著定于宪法哉？凡教主无不私，尸子谓孔子主公，诚哉。以敷教在宽，免二千年争教之巨战，此孔子之大德，而为今文明国家之良法也。惟今国人以一时之贫弱，忘己媚外，震于信教自由之说，乃至并吾国三千年固有之大教而弃之。甚至毁圣庙，收祭田，废读经，服本国之孔教者先不自由。遂至教化扫地，道揆凌夷，风俗败坏，人心丧隳。四维不张，国乃灭亡，可忧可惊，岂有甚于今日者哉？……盖各国皆有其历史风俗之特别，以为立国之本；故有孔教乃有中国，散孔教是无中国矣。今者成效之得失已彰明较著矣。且夫佛耶回教皆全地大教，而久行于中国者也。回教既非宜于今进化之世矣，佛耶二教虽美，而尊天养魂，皆为个人修善忏罪之义，未有详人道政治也，则于国无预也。惟孔教本末精粗、四通六辟，广大无不备，于人道尤详悉，于政治尤深博，故于立国为尤宜。吾国三千年前广土众民甲于万国，实以孔教之故，不可以偏嗜口舌易也。……今中国受二千年孔教文明之泽，万里之土，四万万之人，乃震于信教自由四字，畏人议而自弃其立命之国教，岂不大愚哉！

故必以孔教著为国教，明著宪法。其为国教之特别待之如左：

一、崇体制，总统与行政官、地方长吏，春秋及诞日大祭，朔望祠谒，学校奉祀，皆行三跪九叩礼；

二、立学设学位，大中小各学皆诵经，大学设经科，授以学位，俾经学常入人心，其学校特助以经费；

三、立教会。国家特保护而助以经费或设教院专司宏导。

……

第一百零六条，凡中华国旧传经义、典章、律例、法规者，未经民国议院特议删改及核与民主政体不相违背者，一概照行。

按此条采葡萄牙宪法，乃今新旧变易、青黄不接之时，最要之义。故无论中国经义典章，皆经数千年无量数之圣哲所创制损益，行之既久，合乎中国人心，除去君主专制与民主政体相左外，则皆宜民宜人者也。……共和两年以来之大谬，在未制新典法，而先停废数千年之经义、典章、法度。即如天坛孔庙停祀，其一事也。是以革清朝者，即将中国数千年文明之经义、典章、法度而尽革之。然则非革清朝也，自革中国数千年文明之命也。……议宪法者，不为安中国计，亦为宜人民计，宜少留意，幸存旧经义、典章、法度焉。苟非与民主制相左，及删改之者，依葡国例，必宜于宪法明定此条也。

对共和以来之乱象，对建立孔教之意义，康有为所论深切著明，发人深省，其中关节，正在于对中国人来说，举数千年文明积淀而成的孔教乃是化民成俗之根本，立于宪制，正是国家治理之大纲。

另有《以孔教为国教配天议》（1913 年 4 月）一文谈到风俗与孔教的关系：

且夫礼俗教化者，人所以行持云为者也，人道以为主宰，奉以周旋者也。何以立身，何以行事，何以云为，何以交接，必有所尊信畏敬者以为依归、以为法式。此非一日所能致也，积之者数十年，行之者数万万人，上自高曾祖父至于其身，外自家族乡邑至于全国，习焉而相望，化焉而不知，是所谓风俗也。风俗善则易归于善，风俗恶则易归于恶。苟不等奉一教以为之主，则善者安知其为善，而恶者安知其为恶也。故凡国，必有所谓国教也。国教者，久于其习，宜于其俗，行于其地，深入于其人心者是也。虽诸教并立，皆以劝善惩恶，然宜不宜则有别焉。故佛教至高妙矣，而多出世之言，于人道之条理未详也。基督尊天爱人，养魂忏恶，于欧美为盛矣，然中国四万万人，能一旦舍祠墓之祭而从之乎？必不能也。然而今中国人也，于自有之教主如孔子者，而又不尊信之，则是绝去教化也。夫虽野蛮亦有其教，否则是为逸居无教之禽兽也。呜呼！吾四万万之同胞，而甘为无教之禽兽乎？

他还反驳对孔教过时的批评：

于是有疑孔教为古旧不切于今者，有以为迂而不可行者。吁！何其谬也。夫伦行或有与时轻重之小异，道德则岂有新旧、中外之或殊哉？而今之新学者，竟嚣嚣然昌言曰：方今当以新道德易旧道德也。嗟夫！仁义礼智，忠信廉耻，根于天性，协于人为，岂有新旧者哉？

接着，他指出："先圣立君臣之义，非专为帝者发也，孔教与共和道德相合。今日俗败，欲救人心，美风俗，惟亟定国教，惟有尊孔。"接下来，他谈如何尊孔：

凡在国民，皆可祀上帝明矣。其在天坛明堂，则总统率百官行礼；其在地方乡邑，则各立庙祀天，而以孔子配之。其学官因文庙之旧，加上帝于中，而以孔子配可也。听立奉祀生，宣讲遗经，民无男女，皆于来复日释菜而敬礼焉。凡入庙而礼天圣者，必行跪拜礼，以致其极恭尽敬。

家庭是国家的基本单位，更是儒家教化之道和化民成俗的根据。早期的康有为大开大合，并不究意于家庭，并以大同义而揭家庭教养之弊，谋思社会教化之新局，种种立国教之措置，显然有借鉴基督教、佛教等世界宗教之办法的地方。但孔教之为孔教，根于中华之传统，在共和乱局之下，康有为也日益重视家庭在教化中的价值，并对传承已久的家庭神龛提出改造之法。康有为在1914年12月下旬作《人民祭天及圣祔配以祖先说》，纵横说理，力申人民祭天之权，“人皆得祭天者，真孔子之意也”，“及今宜令国民祭天及圣、以祖先祔配之礼”。孔教敬天、法祖、崇圣，天、孔圣、祖先为人之三本，康有为倡导在人人家中设立“三本堂”，并身体力行。1922 年 3 月上海新居三本堂建立，康有为亲自作《三本堂落成奉安昊天上帝至圣先师祖先祭文》：

惟人之为人有本，非天不生，非祖不出，非圣不教；故天为生之本，祖为类之本，圣为教之本。眇眇予末小子，受生于天，传类于祖若父母，受教于圣，其敢忘之哉？

教育是立国之根本，也是作为阳教的孔教发挥教化作用的重要所在。1914 年 12 月，康有为作《参政院提议立国之精神议书后》，批评了民国初效仿欧美，背弃中华政教的种种乱象，指出“可变者政治，而不可变者教俗也”，“鉴于祸败，欲复中国之美俗，存中国之道德，舍孔子何归乎？”康有为还反思了自己认识孔圣的道路：

吾少尝欲自为教主矣，欲立乎孔子之外矣，日读孔氏之遗书，而吹毛求疵，力欲攻之，然而不能也……吾非徇旧俗而空为尊孔之论也，盖实见乎孔道之博大高深也。

最后，他指出：要善俗，必尊教主，学校要读经。

欧美学校之不读经者，一以基督之经多言神道，而少言治道也，与孔子之经浃洽于人道者不同也；一则学校之外，诸教会之学校甚多，必读其经，而基督七日之祈祷，人人必得听讲经读经。吾国有教会之学校乎？有七日之祈祷乎？故学校不读经，即以全废孔教，即以全废孔子。全废孔子，即以全亡中国之人心风俗；亡中国之人心风俗，即全亡国之土地种族。

康有为在辛亥革命后已经被社会视为过时人物，他的以上思想活动基本上没有多大反响。1917年被挟裹入张勋复辟后，康有为更是被社会遗弃。但他即便在晚年做上海寓公时，也一直在关心国家精神和人民思想层面的社会变动，五四运动即被康有为关注。1919年5月6日，康有为发《请诛国贼救学生电》，指出五四运动的学生之怒，正反映辛亥革命以来的八年共和只是假共和："自有民国，八年以来，未见真民意、真民权。有之，自学生此举始耳。即非民国，而在欧洲、日本诸君主国，凡有众怒之举，政府无不徇民意而屈从之。"晚年的康有为一直没有放弃兴复孔教之努力。

因天生之人性以立教，故曰谁能出不由户。若婆罗门之不娶不食，一旬一食，三日一食，则诚非孔教矣。否则不论何教，凡被服别声，饮食男女，皆在孔教范围之中也。但孔子不自尊，不托天神，为人生不可离之道。譬君主然，乱世则专制君主，平世则立宪君主，孔子如立宪君主，公其理于天下，不自尊焉，乃人道之至也。（1920年前《与日人某君笔谈》）

1923年10月7日，《孔子圣诞日演讲辞》："吾中国人而不讲孔子之教，则一切举动行为，皆无所措手足矣。"

1923年11月14日至30日，《长安演讲录》：

日本人所谓宗教，英文为religion，即神道教也。如婆罗门教、佛教、基督教、回教，皆劝人为善者，但只注重灵魂，所谓神道教也。日本人译为宗教，不误也（按：此前，康有为一直诟病日译，认为日译不当，认为religion是“凡能树立一义，能倡徒众者之意”，不专为神道)。日本人信仰佛教，佛教下有禅宗、真宗、天台、华严、慈恩诸宗，故宗教诚为神道教，与中国数千年所谓教固不同也。中国两汉以前，外教未入，所谓教者，非孔子而何？孔子之教，不专言灵魂，而实无所不包，简而言之，曰人道教而已。

欲明明德，又必时时斋戒休浴，内涤妄念，外洁身体。其要有三：一洗心，二洗身，三洗屋。洗心以仁爱和平养其天倪，而以去机变诈讹为第一要务。

今若只守朱子据乱之说，今中国已为共和不必论，而欧美各共和国皆天下为公。若无《春秋》三世、《礼运》大同之学，则孔子之道已不能范围今世矣。其必见改而致倒，虽有力者无能为之辩护也。吾甚敬朱子，惟于大教所在，不能不明之。今人驳孔教者，实是驳朱子，非驳孔子也。以孔子之教，通于三世，圆融无碍。今欧美之制，不能外之。

夫地球之上，各教之多，皆诲人为善。然人数至众，风土至异，吾少著《大同书》，即拟联合诸教。往年英教士李提摩太，博学能仁而有识人也，尝与吾言，谓：大地多教，决非一教主所能统一。吾教同人攻吾叛教，吾谓非此不能保教也。欲采大地各教主之所长，联合诸教，约吾共行之。吾深韪其说与吾同。今万国道德会之设，犹前志也。

五

康有为的最后存世文字中大概是1927年3月所作《敬谢天恩以臣行年七十特赐臣寿折》。此篇文义倒是简单，但以臣礼谢恩之行动确实耐人玩味。

曾亦的《共和与君主》一书研究康有为，第三章“孔教与国教——儒学之保存与重建”分五节，依次是戊戌变法与儒学之宗教化、国教与信教自由、宗教之内涵与南海论诸教优劣、儒家与政治——

论儒学与君主制度之关联与剥离、民国政府之废孔与尊孔。曾亦行文并不急于做结论，但通过孔教存废的历史关联人物由激进到保守的转变，通过对革命的反思，却着意表现出孔教与共和制度的紧张及与君主制度的紧密，所引清末反孔教的保守人物叶德辉的言论“君主兴则孔教昌，民主兴则耶教盛……异日孔子之教，安知不因申君臣之义而亦大行乎”成为全章的文眼。

中国废除君主在世界主要国家中是较早的。1911 年辛亥革命，中国废除君主，而当时世界重要国家中只有美国和法国无君主，英国、德国、日本等都是君主国家。这也在一定程度上说明中国并无特别适合君主制度之处。儒学相比于其他学说的强项在于在维护大一统的同时给予社会以丰富的成长空间，儒学并不必然要和君主制捆绑在一起。康有为营于孔教，民国新进急于废孔，不管出发点如何，都有某种程度上排挤政治旧势力、确立政治新势力的需要，不能单看政治理念。受共和以来各派政治斗争的牵累，最终导致制度儒学被废，康有为的孔教努力也花叶飘零。对于君主到共和的变迁、孔教的浮沉，康有为留下了太多思考。

康有为立孔教实为二千年之未有之变。三代无私学，无私教，政教合一，政亦教，教亦政，故有礼乐社会。孔子兴私学，行私教，百家争鸣，这也是春秋战国政教While分之现实反映。秦一统，有政教合一之基础（数百年之秦族），有政教合一之实践，奈何教之不兴无如也。汉主起于草末，立国即立政，教亦为政之术。故有黄老而儒术。董仲舒言：“臣愚以为诸不在六艺之科孔子之术者，皆绝其道，勿使并进。邪辟之说灭息，然后统纪可一而法度可明，民知所从矣。”二千年来只有孔子之术，而无孔子之教，儒者在基层努力，也不过依附于乡社、宗族，略有功成。孔教之功能在教及下民，其实是在宗祠和乡社解体之后重建基层社会的新形式。

文明再造

——启蒙与救亡之外的胡适思考*

20 年前，在《原道》创刊号上，陈明发表《中体西用：启蒙与救亡之外——传统文化在近代的展现》，提出在中体西用的概念下重新审视洋务运动、维新运动和五四运动“这些本质为救亡的运动”中“传统文化及其承担者”的表现与作用。[①] 在陈明看来，中国的现代化进程中，儒家并没有随着传统中国的崩塌而沦为“游魂”，而是始终在场并发挥积极的作用。如今，以蒋庆、陈明等为代表的大陆新儒家的有效作为，即从社会到国家、从民间到学术界对儒家传统的温情回归，都无疑印证了陈明当年的判断。是到了以儒家立场重新梳理近代以来被左和右的光圈包裹的历史前台人物的文化身份的时候了。

胡适是五四运动的旗手，一直以来他都被视为一个反传统的启蒙者和游走于救亡政治之外的自由主义者，而他对以儒家为代表的传统文化的某些赞美[②]则被看作理性之外的情感依恋。但当我们今天走进他的理性研究世界时，我们会重新发现一个儒家视野里的胡适。

---

* 2014 年作于三亚，发表在《原道》第 24 辑。

① 陈明．儒者之维 [M]．北京：北京大学出版，2004：171.

② 胡适自幼受正统的儒家教育，留学美国期间也长期以孔孟和朱子之徒自居，就是在新文化运动的激烈期，也从未对孔孟口出恶语，更是精思十多年写成平生得意之作《说儒》，称颂孔子为“仁以为己任”的伟大改革家，在给周作人的私信中称孔子是自己神龛中的三位“大神”之一（其他两位是王安石和张居正）。

本文意在探索启蒙与救亡之外的胡适与儒家的关系。

一

启蒙，对于近代中国的特定意义，就是引进以自由主义为代表的西方文化向各种“封建文化”宣战，以期建立起现代社会的文化基础；而救亡则是应对军事、政治、经济等严峻挑战，避免亡国亡种的命运。长期以来，理解近代中国的变革，都是把西方的军事、经济和文化冲击看作主导性力量，而近代以来的中国历史就是一个启蒙与救亡的变奏。单纯以启蒙来看待西方文化进入中国知识和话语体系的意义，以救亡来看待中国革命和建设的成绩和问题，显然已经遭到越来越多的质疑；而今日中国崛起和文明复兴的世界愿景需要知识界跳出依他不依自的启蒙与救亡逻辑，以中华为体，重新梳理近代以来的历史人物和资料。

跳出启蒙与救亡的逻辑，我们会发现，中国近代的变革是从调动儒家资源对古今中西进行重新解释开始的。时点的选择固然有西方力量冲击的因素，但这个外来因素至多起到的是使内部矛盾更加激化而使内部变化早熟的作用，真正起决定作用的还是中国内部因素，特别是思想因素。如同北宋儒学复兴催生出王安石变法，导致变法成为宋明理学这一儒学新范式最终成型的重要动因一样，晚清宋学复兴催生出康有为变法，而变法拉开了近代中国大变革的序幕。康有为如何处理儒家资源，后世又如何处理康有为资源，对这些问题的深究已成为现代儒学新范式成立的重要依傍。

康有为调动汉学和宋学中的外王学，借助历史分期方法，搭建了一个树立中体而广纳众用（其中重要的是西用）的灵动的儒学体系，其后的新儒家熊十力的“纳西学以自广”、马一浮的统摄一切道术（包括西学）的六艺之学，都无出其右。而所谓反传统的“五四”

一代，陈独秀、胡适等都曾经是康有为的拥趸，他们所张扬的民主与科学的新文化旗帜，仅从启蒙与救亡的逻辑来看，注定无法获得真正的历史理解。他们不一定是儒家，但他们的心路只有回到儒家的视野里，才能得到一个更真切的把握。而儒家的始终在场，根本之处就在于文化生命在每个中国人的生命意识中呈现。

胡适出身徽州儒学世家，幼承家学，早年受康有为维新思想影响，有复古更化之志。1910 年 8 月公费留学美国，最初学农科，1912 年自费转入文学院学习哲学、政治、经济和文学。初到美国，胡适一心拓新以复古。1911 年 9 月，胡适致信梅光迪说："吾国经籍譬犹理化之有实验场，今日外人试之而益验，足以坚吾辈信古之心，证吾辈复古之效为可喜。"其后，梅光迪致函胡适直接称赞胡适为"热心复兴古学之士"，而胡适还批评梅光迪对朱子批评过苛，称"程朱心性哲学为世界哲学之一大派"，是"人类最高尚之智识"。[①] 留学期间的观察和思考形成了胡适再造文明的思想："必也先周知我之精神与他人之精神果何在，又须知人与我相异之处果何在，然后可以取他人所长，补我所不足，折中新旧，贯通东西，以成一新中国之新文明。"年轻的胡适希望融通中西文明而造一新文明，恰是因为留学而形成了自己看问题的路径，西方的进化论和系统方法给了他观察中国的新角度，这是传统经典教育所没有的。但胡适的文化生命的根底还在中华文明，他希望古老的中华文明在一个崭新的世界环境下焕发青春。

胡适用新方法来整理国故的最早实践是写作博士论文。他认为近代中国哲学的发展受到了逻辑方法的制约，使科学研究滞后，"近代中国哲学中缺乏的方法论，似乎可以用西方自亚里士多德直至今天已经发展了的哲学的和科学的方法来填补"。但如果思想和方法只

① 刘贵福. 梅光迪、胡适留美期间关于中国文化的讨论——以儒学、孔教和文学革命为中心 [J]. 近代史研究，2011 (1) .

能从西方输入，又如何来实现中西文明的融通呢？他思考："我们中国人如何能在这个骤看起来同我们的固有文化大不相同的新世界里感到泰然自若"；"我们应怎样才能以最有效的方式吸收现代文化，使它能同我们的固有文化相一致、协调和继续发展。"①于是，他研究先秦名学，认为有一个在一定程度上被后来中古的宗教和近世的理学所遮蔽的古典时代，那里有能与西方现代文明融通的哲学精神和方法论。

显然，这是胡适的一个大胆假设：中国思想通过现代西方方法的整理就可以很顺利地既保有固有文明，又能与西方文明接轨。胡适所引进的近代西方实证主义科学已经被西方人自己证明不适用于人文思想领域，胡适是对西学习其皮毛还是别有寄托呢？胡适对于康有为的"托古改制"并不陌生，早在1916年3月29日的留学日记中，胡适已经指出"近人所谓'托古改制'者是也"。他实即接受了康有为"六籍皆儒家托古"的观念，并自觉与当时接触的西学概念"乌托邦"相融会，认为：《周礼》"乃世间最奇辟之乌托邦之一也"，"乃战国时人'托古改制'者之作"，"决非'周公致太平之迹'也"。而章太炎则指出胡适与今文经学的关系："胡适所说《周礼》为伪作，本于汉世今文诸师……六籍皆儒家托古，则直窃康长素之唾余……长素之为是说，本以成立孔教；胡适之为是说，则在抹杀历史……此其流弊，恐更甚于长素矣。"②所以，胡适整理国故的努力完全可以看作一种希图融通中西的新式"托古改制"。胡适说："唯有依靠新中国知识界领导人物的远见和历史连续性的意识，依靠他们的机智和技巧，才能够成功地把现代文化的精华与中国自己的文化精华联结起来。""除了这两个学派（宋学的格物致知，王阳明的致良知），儒

① 严云受．胡适学术代表作（下卷）[C]．合肥：安徽教育出版社，2007.

② 章太炎．致柳翼谋书（1922年6月15日）[G]// 汤志钧．章太炎政论选集（下册）．北京：中华书局，1977：763-764.

学久已消失，我确信中国哲学的将来有赖于从儒学的道德伦理和理性的枷锁中得到解放。这种解放不能只用大批西方哲学的输入来实现，而只能让儒学回到它本来的地位，也就是恢复它在其历史背景中的地位。”“非儒学派的恢复是绝对需要的，因为在这些学派中可望找到移植西方哲学和科学最佳成果的合适土壤。”[①] 每当正统儒学应对乏术，需要转型更新时，诸子化都是一个融通化解之道，这在周秦之变是这样，晚清民初的学术界思潮亦是如此。我们完全可以把胡适的努力看作在为迎来一个儒学的新时代构建基础，而不是所谓启蒙。

二

胡适掀动中国思想变革的进路是文学改革，这个文学改革丝毫不是所谓启蒙，而是他在留学时就和梅光迪商议的复兴道路。通观《文学改良刍议》，体察胡适用心，就可以看到胡适所取法的正是唐宋古文运动，而这正是胡适所认可的历史上儒教革新的一条向外的路向。

早在留学期间，胡适就在思考儒教问题。因为国内的孔教运动和留学期间对基督教的切身体验都使他有必要对宗教问题有一个判断。在 1914 年 1 月 23 日的日记中，胡适以孔教为题作了一篇札记。他写道：“今人多言宗教问题，有倡以孔教为国教者，近来余颇为此事萦心。昨复许怡荪书，设问题若干，亦不能自行解决也，录之供后日研思。”胡适的问题是：立国究需宗教否？中国究需宗教否？如需有宗教，则以何教为宜？如复兴孔教，究竟何者是孔教？今日所谓复兴孔教者，将为一千五百年来之孔教欤？抑为革新之孔教欤？

① 严云受．胡适学术代表作（下卷）[G]．合肥．安徽教育出版社，2007.

吾国古代之学说，如管子、墨子、荀子，独不可与孔孟并尊耶？如不当有孔教，则将何以易之？胡适的儒学儒教研究大致就循着这些问题展开。

胡适作博士论文《先秦名学史》和《中国哲学史大纲》谈儒，是要打消儒的独尊地位，给中国一个吸收西方文明的土壤，但这些著作都不能完整地表达胡适的“托古改制”之意。胡适在发表“诸子不出于王官论”后覃思二十年作《说儒》，一循康有为之辙，描画出一个改制的孔子，一个马丁·路德式的孔子，《说儒》完全是一个新的《孔子改制考》。有言《说儒》是胡适学术生涯中颇具影响力的代表作之一，被论者誉为是其“治学的巅峰之作”。

在《说儒》中，胡适认为儒教是殷代遗民柔顺取容的原始宗教，老子是这个宗教的代表。而孔子作为殷人的后代，承继着殷人“五百年必有王者兴”的“弥赛亚”预言，却“认清那六百年殷周民族杂居，文化逐渐混合的趋势，他知道那个富有部落性的殷遗民的儒是无法拒绝那六百年来统治中国的周文化的，所以他大胆地冲破那民族的界限，大胆地宣言‘吾从周’”。“孔子是个有历史眼光的人，他认清了那个所谓‘周礼’并不是西周人带来的，那是几千年的古文化逐渐积聚演化的总成绩，这里面含有绝大的因袭夏、殷古文化的成分……孔子的‘从周’不是绝对的，只是选择的，只是‘择其善者而从之,其不善者而改之’。”[①]“孔子从那种近于原始意义的‘儒’出来，他的性情人格逼他渐渐地走上刚毅进取的路向，走上‘修己以安人’的积极路线，要从‘学而不厌，诲人不倦’的教学里造出一种能负荷人类担子——‘仁以为己任’——的人格。”“这就是新的‘君子儒’的新精神。”[②]这里所说的“殷”与“周”如换成

① 严云受．胡适学术代表作（中卷）[G]．合肥．安徽教育出版社，2007：369.

② 欧阳哲生．胡适选集[G]．长春：吉林人民出版社，2005：548. 此为胡适1962年为台北商务印书馆影印《淮南王书》作的序，可见是他终生的观点。

“中”与“西”，老子的旧宗教和孔子的新精神如换成晚清的儒教中国和胡适等欲再造的新文明，在熟悉胡适思想的情况下，完全不存在理解的障碍。胡适的中国哲学研究，用西方方法整理的中国哲学史，不是可以看作一种中西文化融合的积聚吗？他的对“从周”的“择善”，不正反映在他对杜威实用主义的态度吗？胡适用了杜威的实验主义，不是引进西学，不是找到理论依据，而是为了找到一个参考、参照。胡适说过，因为有了西方学术的参照，更重要的是有了中国本身产生新思想的环境条件，要重新发现孔子，重新解读诸子了。

孔子儒从原始儒中走出，扩展了儒的精神领域，但作为一种“文士的宗教”，儒家不能解决民众的宗教需要和结束战国离乱的问题，所以，当秦汉帝国建立，并营造帝国的国家宗教的时候，儒家转身成为一种新儒教。在作于1930年的《中国中古思想史长编》中，胡适对新儒教的产生、发展展开了系统的研究，一方面要从科学的角度指出新儒教的蒙昧性，为中国近世的落后找到根据，另一方面则要对儒家的有为主义做出同情的理解，表明儒家内部或者说中国文明内部有着不断反思的力量，最终会承接上世界的潮流和趋势。这无疑也是给胡适自己以再造文明的信心。

在《中国中古思想史长编》中，胡适认为汉儒把儒家变成了儒教，背离了孔子走出老子儒的宗教的路向，但汉儒也是无可奈何。

胡适认为在汉初“那七十年的无为政治之下，所有一点点有为的政治都是几个儒生的计划”。他以专章来写儒家的有为主义，认为贾谊的谏书提出了一些社会政治问题，遂开了后来儒生改革事业的先河。后来的儒生高谈社会问题，主持政治改革，从晁错到王莽，从董仲舒到王安石，都可以说是贾谊开的风气。而儒生的主张很多变成了实际制度，涉及思想、教育、政治、经济等方方面面，影响中国两千年。

随着佛教的进入和中古思想的印度化[①]，儒家也孕育着新生，而韩愈、李翱开启了两条不同的道路。胡适认为："退之向外，以恢复一个'正德利用厚生'的文化为主旨，而习之要昌明'性命之道'，结果还是掉在印度网里爬不出来。《原道》与《复性书》是两部开路的书，以后李德裕、范仲淹、李觏、王安石走的都是《原道》的路，理学走的是《复性书》的路。"[②]胡适指出产生于11世纪中叶的理学是"儒学复兴运动"。由于当时佛道大行于世，而儒学已长久失去了它的生命力，因此，如何恢复儒家经由孔子和汉儒所成就的"范围社会的一切生活"的势力，"满足'民之耳目鼻口心知百体'的需要"就成为宋儒的中心任务，也是"中国近世哲学的中心问题"[③]。胡适认为宋儒有着两条基本路子："李觏、欧阳修、王安石一班人想从礼乐刑政一方面来做那自大其教的事业，程颐、朱熹一班人想从身心性命一方面来做那自大其教的事业。"[④]前者是向外的路向，后者是向内的路向。

找回李觏、王安石一系的主外路线，挖掘反理学的颜元、程廷祚到戴震的新哲学路向，胡适的意旨其实是要梳理近世思想的脉络，规整出一条能够与西方新文明整合到一起的路线，不管这条路线在历史上是否真实地存在，不管这条路线是否还不如玄学那样高明，显得有些粗陋。胡适留学时就明白颜元哲学的粗疏，就此还与梅光迪有过争论。胡适也清楚他在整理李觏、戴震等时有意遗落了什么[④]，但胡适顾

---

① 胡适讲到"中国思想与印度思想的暗斗"，认为其中又可分为三个阶段："一、印度思想的胜利；二、中国思想的反抗；三、中国思想从中古佛教下逐渐抬起头来，但带着极大的伤痕。"见《中国中古思想小史》第一讲。胡适还说："我把整个佛教东传的时代，看成中国的'印度化时代'。我认为这实在是中国文化发展上的大不幸也！"

② 见胡适1937年日记，转引自楼宇烈．胡适的中古思想家史研究述评［M］// 中国哲学：十五辑．长沙：岳麓书社，1992.

③④ 严云受．胡适学术代表作（中卷）［G］．合肥：安徽教育出版社，2007：68.

④ 如张允熠《胡适实用主义中的儒学情结》一文研究胡适遗落了李觏的"乐仙主义"，忽略了"戴震毕竟也是个爱谈天地本体、自然之气的'玄学家'"。见《二十一世纪》1998年2月号（总第四十五期）。

不上这些，他要担负起自认为的“知识界领导人物”的责任，自觉转移和引领“一时风气”。

细思胡适对古典和中古时代儒家的研究，我们大致可以看到胡适的寄托：古典儒家“仁以为己任”，富于理性、合理和自由的精神，与西方现代文明的民主、科学和自由能够契合，但不能走进群众，缺乏政治实践的有效道路；中古儒家吸收墨教而成就新儒教，解决了走进群众的问题，而且与帝国的合作成为国家宗教，一方面以宗教的力量限制君权，另一方面能够在体制内进行“利用厚生”的制度建设，但宗教迷信和思想专制束缚了社会的发展和古典精神的复兴。胡适神龛里的三位大神：孔子体现的是古典精神，王安石、张居正体现的是制度建设和民生日用。胡适把中古的印度化看作中国文化发展的大不幸，近世儒学的复兴就是要走出迷信和谈玄说妙，积极回应社会和民生建设的需要。胡适并不需要去思考为什么历史上王安石和张居正的改革会失败，去思考孔孟精神和宋明理学的真正意涵。他认为一个时代没有解决的问题随着时代的过去会自动取消，知识界的领导人物不应停留在已经被历史掀过的旧问题上耗费精神，而应该依靠远见和历史连续性的意识，依靠机智和技巧，小心谨慎地推进时代的发展和历史的进步，这也正是“大胆的假设，小心的求证”。但知识界人士在书本上假设和求证，影响范围有限，而一旦把这些变成现实社会诉求并积极推动，就可能因为对历史和固有文明的无知或粗疏，导致社会发展走上歧途。

其实，我们还要看到胡适对于向内的路向一直也有着希望。他虽多次指出“宋明理学是从中古宗教里滚出来的”[①]，认为理学的目的是既要打倒印度化的思想，又要打倒道教，但无形中沾染上了很多的印度思想和中古道教思想的成分，是一个不彻底的中国本位文化

① 严云受．胡适学术代表作（中卷）[G]．合肥：安徽教育出版社，2007：110.

建设运动。但他对程朱的“格物致知”论颇为推崇，对于陆王一派的“发明本心”和致良知，也肯定其中反对权威、自由思想、独立判断的精神和态度，这可以看出他对于汲取理学精华而开展一场彻底的中国本位文化建设运动的期望。

三

胡适是留美博士，对于自由主义的常识如数家珍，而且对偏离自由民主的现实政治一直保持着距离和批判，但我们看到胡适一生的学问却是在整理国故，从传统中挖掘现代中国所需要的思想和方法。虽然胡适也常称引西方学术与政治，但多是把它们作为一个参照。而近代中国正是有了这样一个在世界上同时存在的参照，要处理与它的现实和历史的关系，才有了重新认识自身、重新解释自身的需要；而胡适自己还有他要引领的风气，就是要去做这个重新认识和解释中国的工作。胡适说的“多研究些问题，少谈些主义”“大胆的假设，小心的求证”，也可以从这个方面去理解。胡适写出了一个儒家波澜壮阔的历史。孔子把部落性的原始宗教的儒发展为“仁以为己任”的儒家，张扬理性主义、合理主义和自由主义的古典精神，希望整理周政、以礼治国。但秦朝建立了统一的大帝国，文人的天真想法不适用。适应统一国家建立国家宗教的需要，今文和古文儒家建立起新儒教，并在这个过程中形成了儒家的制度化，影响了中国两千年的政治制度、教育制度等。而且儒家自身有着批判的力量，自身有着反宗教化的力量，从王充到韩愈到宋儒，理学的建立标志着走出了宗教化。程朱的致知路线，阳明的自由精神都十足称道。但理学脱胎于禅学，有着宗教的影子，有着玄学的影子，所以反理学的思想家兴起。一场文艺复兴一直铺衍到胡适。这样的复兴也适应了世界发展的潮流，复兴本身就是充分的世界化。把胡适主张的

"充分世界化"与"全盘西化"画等号，只能说是对胡适的误解和对"充分世界化"的误解。胡适用"全盘西化"一词，本意是"一心一意地现代化"，是希望以"全盘西化"作为手段来打掉传统文化的惰性，最后期望仍可达到一种折中调和的结果，也就是他所希望的"再造文明"。关于这一点，他针对潘光旦的批评，做过明确的辩解。[①]

把胡适看作一个启蒙者，那自然就是西方化，至多是完全照搬和模仿、消化加点自我创造的程度区别；把胡适看作一个自由主义者，那还是如何把中国纳入西方世界开启的现代大潮的问题。而通过研究胡适与儒家的关系，我们实际上已经看到，充分的世界化其实就是儒家文明在一个变动的、陌生的世界环境下如何走向新生、不断壮大。中国作为一大文明古国，本就有自己的天下观念。海通以后，中国不可能对西方视而不见，固守传统的天下观和传统的道统和政统，而要根据新的现实进行调整。

因为所处时代东西方物质文明的巨大差距，胡适虽然对于自身文明有着高远的愿望，但偏重向外路向的学思进路，也使胡适在东西文化的对比中常常表现出悲观的色彩。胡适早年曾经说："东西文化的差异是'时间上、空间上的一种程度的差异'，是发展速度的差异，是'古今之别'，已'赶上了几步'的西方文化进入了近代，而东方的中国和印度文明仍停滞在古代时期。"[②] 这个观点在他晚年虽然多有修正，但按照他描画的儒学自己的发展逻辑，它是要走向科学、走向自由、走向自我的消亡、走向世界的融合。胡适说再造文明需要的是解决一个个问题，而不是如宋儒那样悬一个天理，他大谈科学的人生观和对其的信心，谈孔子无法帮助。胡适是认为还没到重建儒家的时候，充分的世界化还不够。他临死时说的东方精神没了，也可以在这个意义上去理解。

---

① 吕文浩．中国现代思想史上的潘光旦 [M]．福州：福建教育出版社，2009 :250.

② 胡适．读梁漱溟先生的《东西文化及其哲学》[J]．读书杂志，1923(8).

呼唤新孔子

——从“志在富民”到“文化自觉”*

已故著名社会学家、人类学家费孝通先生的思想主旨有一个从前期“志在富民”到晚年“文化自觉”的转进，熟悉儒家文化的人很容易将这种转变与孔子“既富乃教”的经世路径联系起来，从而引发关于费孝通与儒家关系的探讨。

较早探讨这种联系的苏力认为：“费孝通先生是儒家思想的伟大承继者和光大者，其对儒家思想的贡献远远超过了诸如新儒家等儒家思想的坚守者和阐释者。”苏力这个论断建立在对费孝通的社会人类学论述与所谓早期儒家的“平民主义和实用主义知识论”的比较上，认为费孝通身处现代中国门槛，与早期儒家有着关于乡土中国的共同经验，“真正建构费孝通与儒家传统之联系的很可能是他们共同面对的那个农耕社会，那个乡土中国”；而“文化自觉”概念的提出表明费先生较之他人有着对于传统的温情和自觉，希望“在社会科学的传统中继承、发展和表达中国的文化”[①]。显然，在苏力那里，费孝通先生这个“儒家思想的伟大传承者和光大者”的存在是以儒家在现代中国的消亡为基础的，这使苏力文尾陷入一种对费孝

---

*本文2012年作于三亚，与社会学博士刘易平合作完成，后发表在《儒学与古典学评论》(第1辑) 2012年12月。

① 苏力．费孝通、儒家文化和文化自觉[J]. 开放时代，2007(4).

通是一个怎样的虚无主义者的辩解中。费孝通先生大半生都在致力于“乡土重建”[①]，晚年又提出“心态”“文化自觉”等概念，对于苏力所认为“拒绝了”的“宋理学、明心学和现代新儒家的理念主义传统”多有关注和肯定，甚至表达了“理学”是成熟形态的社会学的观念[②]。苏力的解释并不成功。

儒家的“富”和“教”经宋儒朱熹阐明而得到普遍的认可，就是“行井田”和“兴学校”，“行井田”重在师古法之意，要在进行制度建设以保障人民安居乐业，“兴学校”重在明礼义，要在进行文化建设以教育人民“内圣而外王”。[③]费孝通的“志在富民”和“文化自觉”若可以纳到这个故辙里，虽然他本人从没有公开自称为孔子信徒，但他与儒家的联系就可以建立起来。本文将研究费孝通先生从“志在富民”到“文化自觉”的儒家性，以期对儒家、对费孝通都能有个崭新的认识。

一、“志在富民”：从实践出发的社会科学

（一）引进社会科学与认识中国

严复引进社会学，目标仍是经世，但有别于传统经世以《周礼》“六官”为基础，社会学经世是以“科学律令”为基础。如果说魏源“师夷长技”还是力图把“西用”纳入传统经世的故辙，严复则开

---

① 20世纪三四十年代，费孝通先生在江村、禄村等乡村社区调查研究的基础上，提出了极具建设性的乡土重建思想；新中国成立后从事的民族工作、小城镇研究都可以看作一种延续。应该看到，“乡土中国”的概念在很大程度上不是对于传统中国的描述，而是基于现代中国的乡土重建而建构的一种理型。

② 费孝通．试论扩展社会学的传统界限[J]．北京大学学报：哲学社会科学版，2003(3).

③ 朱子《论语集注》言：“庶而不富，则民生不遂，故制田里，薄赋敛以富之”，“富而不教，则近于禽兽。故必立学校，明礼义以教之”。程树德认为：“朱子以井田学校为夫子富教之术，自以为圣王良法，无人敢提出反抗。”程树德．论语集释[M]．北京：中华书局，1990：90、906.

启了引进西方社会科学来改造中国的先河，科学渐渐取代传统儒家义理而成为判断是非对错的标准。科学以主客两分为前提，社会科学的引进产生了一批理论上应悬隔于中国社会之外而对之加以客观、价值中立的研究的现代知识分子。费孝通少时接受新式教育，信奉科学是他一生不变的基调，晚年仍在强调传统中国思想“从人本主义出发，没有成长为人文的科学观”“社会科学的根子不是在中国自己传统的土壤里长出来的”[①]。但近代中国的命运和家国天下的传统使费孝通的社会科学研究有着浓厚的“用我所得到的知识去推动中国社会的进步”的价值驱动[②]，费孝通始终坚持社会科学研究既要科学化，又要植根于中国社会和文化的土壤之中。

如何做到这种结合呢？传统中国社会和文化有着很强的吸纳力，洋务运动和严复的翻译就是例子，但近代中国政治的失败导致中国社会和文化在一种中西文化非此即彼的激进思潮中急剧转型，现代中国就是这种转型的产物，面目模糊难辨。如何认识和改造这个中国，传统的学问束手无策，引进的社会科学迅速占位，不断发出新理论、新主张，全然没有了严复溯源传统、进退有据的引进方略，严复的译词被弃置很能说明问题。新理论、新主张搅动的中国俨如试验场的乱局，促使吴文藻推动社会科学中国化。吴文藻在自己主编的《社会学丛刊》总序中声称自己的立场就是“以试用假设始，以实地证验终”，接下来又强调“理论符合事实，事实启发理论，必须理论和事实糅合一起获得一种综合，而后现实的社会学才能植根于中国土壤之上，又必须有了本此眼光训练出来的独立的科学人才来进行独立的科学研究，社会学才算彻底的中国化”。[③]社会科学的科学化在

① 费孝通．师承·补课·治学［M］．北京：生活·读书·新知三联书店，2002：343、344.

② 费孝通．费孝通文集：14［M］．北京：群言出版社，1999：186.

③ 吴文藻．论社会学中国化［M］．北京：商务印书馆，2010：4.

西方也是没有完成而颇受争议的科学化的结果，实质上主要是主客两分、价值中立的科学思维方式在学术研究中的统治地位的确立，学派林立，立场、观点、方法不同是西方社会科学的现实。吴文藻立志认识中国，西方理论和中国事实“糅合”的实质是在悬置西方理论的权威性和有效性的同时运用多种学科理论、方法来研究中国问题。马克思主义中国化的过程是理论与实践的不断磨合，结果产生了毛泽东思想。社会学在课堂上操演，打不起与现实困惑的大仗，课堂上所谓知识和真理常常大于授课者和听课者的现实困惑。但在吴文藻的倡导下，20 世纪 30 年代的中国课堂上还是产生了一个社会学的中国学派，综合运用社会学和人类学的方法研究中国社会，注重社区研究，重视社会调查。林耀华的《义序的宗族研究》是按照拉德夫・布朗的社会功能主义做出来的，但产生出不同于西方学者的中国宗族研究模式的、具有浓厚“国学关怀”的范式[①]；费孝通的《江村经济》运用了马林诺夫斯基的文化功能主义，但马林诺夫斯基却从《江村经济》看到了一个社会学的中国学派和人类学研究范式的转移。研究中国问题成为社会科学走出依附西方状况、真正中国化的现实路径。

（二）《江村经济》开启的探索

认识现代中国，社会学的中国学派并没把目光集中在“东西方接触边缘上发生”的“很特殊的社会”，即沿海城市[②]，而是把乡村研究作为重点，在这里才能找到现代中国发生的动力和方向。社会学强调客观的调查，要求价值中立，而费孝通在调查中始终有着很强的价值倾向。运用社会科学为中国人民服务，通过对制度、文化、现实的调查分析真正做到“对人民实际情况的系统反映”，“在指导

① 刘涛，陈巧云．回忆与反思：《义序的宗族研究》及其价值 [J]．社会科学论坛，2010（14）．

② 费孝通．乡土中国・生育制度 [M]．北京：北京大学出版社，1998（6）．

文化变迁中起重要的作用”[①]，这是《江村经济》研究的目标。

《江村经济》是费孝通早年直到 20 世纪 80 年代末的思想端倪。甘阳认为“全书的最主要论点或可概述如下”：“中国传统经济结构并不是一种纯粹的农业经济，而是一种‘农工混合的乡土经济’”；“近代中国的根本问题乃是中国农民们已无法维持最低生活水准”；“乡土工业的崩溃激化了‘传统经济里早就潜伏着的土地问题’”；“中国共产主义运动的本质不是别的，乃是走投无路的农民对土地所有者及收租人的仇恨所激发的反抗”；“由此，解决中国问题最紧迫而必需的第一步是土改、减租、平均地权”；“最终解决中国土地问题的根本办法乃在恢复发展乡土工业，使之能从传统落后的乡村手工业转化为乡土性的现代工业”；“但这一乡村工业的改造转化并不仅仅是一个单纯的技术改进问题，而且是一个‘社会重组’(social reorganization) 的过程”；“中国乡土工业的转化这一‘社会重组’过程不能模仿西方资本主义工业化的方式，而应建立在农民们‘合作’的原则和基础上，以使经济发展惠及最普通的广大农民，而非集中在少数资产者手中。”[②]

由各种血缘、地缘、业缘等关系网络支撑的“农工混合的乡土经济”是宋明以来文化变迁重组的结果，近代西方列强的政治、经济压力和中国政治、经济的失败打破了支撑网络，带来乡土经济的破产。不同于一些近代知识分子把西方已走过的道路奉为指南，费孝通指出了乡土重建的道路，与宋明儒者因应时势的取向基本相同。费孝通更关心的是由“家”“扩大的家”联系起来的中国人的内外关系网络的变迁和重建[③]，这才是乡土重建的根本。费孝通面对“家”

① 费孝通．江村经济——中国农民的生活 [M]．北京：商务印书馆，2005：23、22.

② 甘阳．江村经济再认识 [J]．读书，1994（10）．

③ 费孝通在《江村经济》中，第一章“前言”表明研究目的，第二章对“调查区域”做了必要的介绍，之后，第三章开始就从“家”开始自己的研究。

的保全与现代化的实现的两难抉择，艰难地思考。无论如何，中国人“齐家”是关键，而“齐家”所需要的经济基础、文化重建也都是要系统考虑的问题，他相信社会科学于此大有可为，因为中国“再也承担不起因失误而损耗任何财富和能量”①。承继着这样的探索，费孝通不断扩展研究的范围，从江村到禄村，从村落群体到知识分子群体；新中国成立后转而做民族调研，有机会扩大到各民族群体；社会学重建后，研究小城镇建设和城乡关系，中国“齐家”和现代化的实现这一对矛盾及其如何化解是贯穿始终的主轴。

（三）从实践出发的社会科学

对于费孝通的这种探索，黄宗智将之概括为“从实践出发的社会科学”。黄宗智指出：“费孝通的著作则能在深入的微观调查的基础之上提炼出跨时间的历史实践演变过程以及强有力的宏观概念，并在其后获得被实践检验的机会”；“费孝通那样的研究从广义上来说正在学术上体现了在中国革命过程中所形成的认识和调查研究方法。”黄宗智认为费孝通的探索形成了一种新的传统，认识方法上“形成了世界上最最重视社区田野调查的社会科学传统”，“十分不同于现代西方的主流形式主义认识论。后者从抽象化了的理性人的构造出发，以之为前提，作为一切认识的基础”；文化意识上“形成的是一个完全不同于儒家传统的历史观。它要求知识分子认同农民的立场和观点，一反过去以士大夫为中心的历史观”。②

“从实践出发的社会科学”很贴切地概括了由吴文藻开创、费孝通深化的社会学中国化的现实路径和方法特点，而且也说明社会科学被引入中国是为中国增加了一种系统、科学和带有新的思维方法的经世手段，它的有效性或者说适合中国的形态、方法要在中国人的实践中检验和发展。但黄宗智把它生硬地与中国革命挂钩，认为

① 费孝通．江村经济——中国农民的生活 [M]．北京：商务印书馆，2005：22.

② 黄宗智．认识中国——走向从实践出发的社会科学 [J]．中国社会科学，2005(1).

它开创了一种有别于儒家的传统，恰恰是忽略了费孝通对作为中国社会黏合剂的士绅的研究。中国革命和建设取得了很大的成绩，但在政治动员力逐渐消解的情况下，新的社会黏合剂始终没有有效形成，以前行之有效的“从实践出发的社会科学”慢慢地被批评为“应用研究和实践的附庸、尾巴，没有理论”。[①] 费孝通的社会学研究不单是从实践出发，还是从认识出发，从认识中国出发。中国作为一个整体图景，包括历史、现实和未来都在费孝通的思虑中，有了这样的一个图景，看起来零散的实践之间的理论勾连就能建立起来。社会学重建以来，新的研究者少了那样的知识背景和整体图景，导致实践的简单重复和理论的缺失，所以，费孝通才提出“补课”，希望以此来接续中国社会学曾经中断了的传统。

（四）现代士绅的富民梦

“江村”作为一个类型能不能成为一个典型而观照全国？带着这样的思考，有了内陆“禄村”的研究。在江村的研究中，费孝通就注意到旧乡绅在“农工混合的乡土经济”中的重要性和新型知识分子在乡村工业化中的作用，在禄村这个外部压力较江村更少的村落，费孝通又感受到乡绅在“消暇经济”中的文化意义。在随后的《皇权与绅权》的研究中，费孝通指出：士绅作为皇权与个体人民之间的黏合剂，是中国社会得以形成和维持的关键要素。因此，王铭铭认为：“无论是《江村经济》的‘内发论’，还是《禄村农田》的‘消暇经济’，都是《皇权与绅权》铺陈的知识分子社会学的‘注脚’。”[②]

费孝通晚年曾给自己一个定位：现代士绅。从农村研究到知识分子研究，从社会学者到社会活动家，费孝通一直在找寻中国现代化的路径和社会中坚，一直在实践中定位自己的社会角色。士绅首先要有儒家文化内涵，苏力的研究证明了费孝通有着深厚的儒家文化

① 苏国勋．社会理论与当代现实 [M]．北京：北京大学出版社，2005：162.

② 王铭铭．从江村到禄村：青年费孝通的“心史”[J]．书屋，2007（1）.

内涵；其次，要成为群众和政府的桥梁，以自身知识和地位所带来的利益服务乡民，费孝通的“行行重行行”和对“迈向人民的人类学”的追求反映了这一点，现代社会知识分子的离乡化并没有隔绝费孝通行走乡间的道路。作为一个现代士绅，费孝通的富民梦不是简单地追求百姓的生活富裕，而是重在制度因素的挖掘和探索。他对土地改革和生产责任制的关注，对乡镇企业和小城镇的提倡，对苏南模式等的研究，都鲜明地体现出他希望找到一条现代化的农工结合的制度变迁道路，保证农民离土不离乡，安居乐业。他希望社会科学工作者不要窝在城市和书斋里，要走到人民中间去，成为各界群众的代言人和沟通城乡、上下的纽带。

二、文化自觉：超越社会学既有传统

（一）对“见社会不见人”的反思

1994 年，费孝通参加“第四届现代化与中国文化研讨会”，做了《个体·群体·社会——一生学术历程的自我思考》的发言。在发言中，费孝通总结自己上半生的学术生涯，说“‘见社会不见人’还是我长期以来所做的社区研究的主要缺点”[①]。

从严复引进社会科学，国家、民族这样的“大群”就是学者们关心的主要问题。在学习西方的浪潮中，运用社会科学理论和方法来认识和改造中国的学者们往往把自己作为一个客观的观察者，去发现社会的病理以寻求诊治；只保证自己是一个爱国者，而不保证自己对民族文化有否自觉、对社会的文化变迁的延续性和未来前途有否关怀，哪怕方法上要求他去调查一个社区、一个人，也是以社会本位来看待被观察者。迫切变革社会的愿望，使社会科学研究遗忘了个人。费孝通早年就学于马林诺夫斯基的时候把文化视为满足

① 费孝通．乡土中国·生育制度 [M]. 北京：北京大学出版社，1998：342.

需要的工具，当他转向布朗或涂尔干的时候，他又把人单纯地看作文化或社会的载体。而无论是生物个体还是社会人都不是自觉的人，他在晚年反思："我初步体会到这个社会里的成员必须清醒地、自觉地看到社会结构的不断变化……处在社会结构中的个人，应当承认其主动性……这种自觉可以说是既承认个人跳不出社会的掌握，而同时社会的演进也靠社会中的个人所发生的能动性和主观作用。这是社会与个人的辩证关系，个人既是载体也是实体。"①

费孝通晚年自觉从"志在富民"转到对人文道德力量的探索。他在评论厉以宁所著《超越市场与超越政府——论道德力量在经济中的作用》时，说："相当长一个时期里，我一直在关心和思考一个问题，即进入 21 世纪前西方有个亨廷顿，一直在宣传他的'文化冲突论'，大讲思想的、宗教的冲突。他的这套理论可以联系上以美国为首的北约在科索沃的狂轰滥炸。我们东方的传统立场和观念与他不同，我们对文化的看法所代表的方向是进入'道德'层面和讲中和位育，而不是冲突和霸权。'道德'是最高一层的自觉意识。""中国人要有一个精神，有一种正气，这种精神不仅来自物质力量，还要有道德力量，要自觉为什么做人和做怎样的人，归根到底是要明白人是什么。在我们中国的老传统中一直都在讲……厉先生这本书里提到韦伯关于西方新教信仰促进和推动资本主义的看法。我自己着重的倒不在韦伯对资本主义的分析，而正是他指出的要建立一种新的制度，建立一个人的新的做人规则，必须有一种推动它的精神力量，就是'气'，在个人来讲是'有志气'的气，在民族和国家来讲是'有正气'的气。气是指一种精神，也许就是孟子所说的'浩然之气'。"② 显然，费先生这里讲的"道德"和传统儒学所讲的"道德"是一致的。

---

① 费孝通．乡土中国·生育制度［M］．北京：北京大学出版社，1998：342.

② 费孝通．师承·补课·治学［M］．北京：生活·读书·新知三联书店，2002：374、375.

（二）从生态到心态的转进

1992年费孝通考察山东，参观了曲阜三孔，祭扫了邹平梁漱溟先生墓。在《孔林片思》中，他说："我想到我对于人的研究花费了一生的岁月，现在才认识到对人的研究看来已从生态的层次进入了心态的层次了。"[①] 费孝通觉悟生物生命之有限，而觉察文化生命之不朽，这些感悟还见诸《游滕王阁小记》中："人老了，体质和心境自不能停留在青年的境界上。要老和壮相统一固然不能在物的层面上，提出白首之心是提到了点子上。"[②] 物很快就会灰飞烟灭，而心世界则常驻，心存在于人文世界中："人可以死，可是人所处的这个人文世界却是长存的。人文世界的延续过程不但比我们的个人寿命更长，也更有价值。"[③]

"心态"概念的提出是费孝通晚年"补课"、重新思考自己的几个老师的结果。沈关宝认为："从马林诺斯基的基本需要，到涂尔干的社会实体，再到潘光旦的中和位育，费老师的聚焦点在个人—社会—个人之间兜了一圈……费老师重新看到的人并非是生物机体的面相，而是在起着主观能动作用的人的思想和感情、忧虑和满足、追求和希望。这就是他所谓的'心态'。费老师认为，研究社会变化不能忽视相应的人的'心态'的变化。"[④]

对社会学学科发展的反思、对现代化带来的人心问题的思考使费孝通越来越关注心态问题，提出"文化自觉"。费孝通说："人文学科就是以认识文化传统及其演变为目的，也就是我常说的'文化自觉'。在文化传统上说，世界没有一个民族有我们中华文化那么长久和丰富。我们中国人有责任用现代科学方法去完成我们'文化自觉'的使命，

① 费孝通．费孝通文化随笔［M］．北京：群言出版社，2000：223.
② 费孝通．费孝通文化随笔［M］．北京：群言出版社，2000：292.
③ 费孝通．费孝通文化随笔［M］．北京：群言出版社，2000：295.
④ 沈关宝．从学以致用、文野之别到文化自觉——费孝通老师的文化功能论［J］．社会，2006（2）．

继往开来地努力创造现代的中华文化，为人类的明天做出贡献。”① “如果大家能同意现代化是当代世界中人际关系的新发展，那么也可以认为现代化应当是一个文化自觉的过程，即人类（包括学术人）从相互交往中获得对自己和异己的认识，创造文化上的兼容并蓄、和平共处的局面的过程。从这个角度来理解现代化，为的是在跨入 21 世纪之前对 20 世纪世界‘战国争雄’局面应有一个透彻的反思；为的是避免在未来的日子里现代化的口号继续成为人与人、文化与文化、族与族、国家与国家之间利益争夺的借口；为的是让我们自身拥有一个理智的情怀来拥抱人类创造的各种人文类型的价值，克服文化隔阂给人类生存带来的威胁。因此，文化自觉并不是一句口号，而是对人文价值的重新思考，是人类美好前景所依托的基础。”②

可见，“文化自觉”还是承接着走向实践的社会科学，只是实践从外走到了内。严复的鼓民力、开民智、新民德，费孝通早期主张的乡村工业化，都是外部的实践，都是外王，“文化自觉”则是内圣。社会学以“群学”的名号进入中国，为外王提供了新手段，打开了新局面；但随着外王的进步，问题却也越来越多起来，这是因为这种外王手段并没有以中国文明为基础，只是对今天新问题的疲于应付，没有看到今天的问题很大程度上与文化传统不得彰明有关。宋明心学（即理学）复兴，有力地彰显了汉晋以来被佛道遮蔽的中华文化传统，费孝通晚年重提理学是对群学状态的社会学既有传统的超越，而“文化自觉”作为一个总括性的概念，揭示的正是现代境况下的回归内圣之道。

（三）超越社会学既有传统

社会学一直存在社会物理学与社会现象学的紧张。前者偏重于客观地看待社会，它忽视了对象的主体，研究者也自居于客观的旁

---

① 费孝通．费孝通论文化与“文化自觉”[M]．北京：群言出版社，2007：208.

② 费孝通．跨文化的“席明纳”——人文价值再思考[J]．读书，1997(10).

观者。而后者虽然发觉研究者自身以及对象的主体性，却有无视条件的意志主义之嫌。实际上，诚如马克思所言，人是在既定的历史条件下进行创造。故而社会与个人是辩证关系，内圣与外王紧密相连。

就社会学发展看，20 世纪 80 年代出现方法论的综合。无论是型构理论，还是场域理论，抑或是结构化理论，都表明社会学研究在试图把主体与客体、集体与个人等方面综合。时刻关注社会科学发展的费孝通自不会忽视这个综合潮流。苏国勋就认为费孝通提出“文化自觉”顺应了社会科学自身发展的趋势：“社会科学研究需要文化自觉，这既是研究对象的性质决定的，也是研究者本人应具备的学术素养。众所周知，社会科学的对象并非自然生成的现象，而是由人们有目的行动造成的结果，其中除了有时空、环境等客观因素作为条件的作用之外，更多的是由人的主观动机、意图乃至价值观所引发的行动建构而成。与此相关，现代认识论已不再把科学，如数学视为对可见的和不可见的物的研究，而是看作对关系和关系类型的研究。循此思路可以看到，当代科学的对象正经历着从实体向关系的转变。”①

但苏国勋没有关注到，费孝通的“文化自觉”概念有着深厚的儒家文化和中国式思维方式的因素。费孝通在晚年《试谈扩展社会学的传统界限》一文中阐述了社会学的科学和人文的双重性格，重提中西思维方式的差异。费孝通说：“19 世纪末到 20 世纪初，中国知识分子在救亡图存的努力中，曾经在短时间内大量借鉴西方近代和现代社会思想，这种借鉴对中国现代学术发展起到了非常重要的促进和推动作用，为现代中国学术建立了一个重要的基础。但是也应该看到，这种匆忙的、被动的借鉴的过程也存在着很多粗糙和不协调之处，特别是对于人和自然的关系上，我们在接受西方现代科

① 苏国勋．社会学与文化自觉——学习费老“文化自觉”概念的一些体会[J]．社会学研究，2006（2）．

学的同时基本上直接接受了西方文化中‘人’和‘自然’的二分的、对立的理念，而在很大程度上轻易放弃了中国传统的‘天人合一’的价值观。”“对于‘人’和‘自然’的关系的理解，与其说是一种‘观点’，不如说是一种‘态度’，实际上是我们‘人’作为主体，对所有客体的态度，是‘我们’对‘它们’的总体态度。这种态度具有某种‘伦理’的含义，决定着我们‘人’如何处理自己和周围的关系，而这种关系是从我们‘人’这个中心，一圈圈推出去，其实也构成一个‘差序格局’。问题的核心是：我们把人和人之外的世界视为一种对立的、分庭抗礼的、‘零和’的关系，还是一种协调的、互相拥有的、连续的、顺应的关系。对这一问题不同的回答，反映出人类不同文化、不同文明中世界观深刻的差异。”“社会学对这一问题的回答，如果是基于东亚文明的历史和文化传统，那么理所当然地是一种强调协调、共处、‘和为贵’的哲学基础，这种文化传统，使得我们很自然地倾向于‘人’和‘自然’相统一的立场。”①

显然，如果说《乡土中国》中提出“差序格局”还是基于一个观察者的角度，这里已经是以儒家“亲亲”的哲学观念来重构社会学的基础。在费孝通这里，完成了一个从群学到心学的转移。这是对儒家的回归，也是对社会学传统的超越。

赵旭东认为：“不仅要指出中国社会学既有性格中的这种实用性倾向的存在，更要去思考在何种意义上实现对这种社会学实用性格的自我超越，这是费孝通晚年所提倡的‘自觉’意识的自我超越。”“在费孝通晚年，他恰恰从方法论上试图超越中国社会学长期沿袭西方社会学所形成的实用性的、二元对立的以及在人与社会之间加以割裂地去看待社会与文化的那些既有性格。在这种超越之中，他似乎再一次揭开中国文化中可以用来理解中国文明自身发展

① 费孝通.试论扩展社会学的传统界限[J].北京大学学报：哲学社会科学版,2003(3).

中的那些概念，这在中国社会科学发展的道路上可以算是一种真正意义上的承前启后的新探索。”“费孝通晚年的反思对于人、我、天等有了更加体贴的认识，不再只是以一个观察者的角度，以一个社会改造者的角度去看待中国社会和人，而把内圣问题提了出来，并且认为达不到内圣，社会学不能算是一门成熟的学问。所谓内圣，建立在天人合一、人与社会合一、人我合一的基础上，建立在心心相印，理解社会要从理解我开始，改造社会要从改造我开始，这正是儒家的内圣功夫。”“‘将心比心’文化可能更加具有包容性和融通性，社会秩序更多的是靠一种发自内心的比较和理解构建出来的。”[①]

（四）社会学的中和位育之道

潘乃谷在《潘光旦释“位育”》中说：“费孝通教授提出文化自觉的论点,正是在新的历史条件下所寻求的民族位育之道。”[②] 潘光旦先生国学造诣颇深，又兼通西学，一直力图在继承中重建中国儒家学术。位育理论，或者叫新人文思想，就是潘光旦先生学术探索的集中体现。费孝通与潘先生亦友亦师，晚年回忆潘先生为自己的《生育制度》作序时，说潘先生“认为我这本书固然不失一家之言，但忽视了生物个人对社会文化的作用，所以偏而不全，未能允执其中”，“他从社会学理论发展上提出了新人文思想，把生物人和社会结合起来，回到人是本位、文化是手段的根本观点。这种观点我们当时并没有会通”。[③]

20 世纪 80 年代以来，随着全球化进程日渐加深及扩大，地球成为一个村子，对此费孝通认为大家“你中有我，我中有你”。而世界

---

① 赵旭东. 超越社会学既有传统——对费孝通晚年社会学方法论思考的再思考 [J]. 中国社会科学，2010（6）.

② 陈理，郭卫平，王庆仁. 潘光旦先生百年诞辰纪念文集 [G]. 北京：中央民族大学出版社，2000：245.

③ 费孝通. 乡土中国·生育制度 [M]. 北京：北京大学出版社，1984：339.

各地的人们在一起不见得就和平相处，而是不断争斗，陷入“全球性的战国时代”。物质之争以外还有“观念之争”，因此世界并不太平。“海湾战争后人们已经注意到战争造成的环境污染，认识到人与地球的关系，这是生态关系。地球上是否还能养活这么多人已成全球关心的问题，这是人与地的关系，但最终还是牵涉到人与人之间怎样相处，国与国之间怎样相处的问题。这才是第一位的问题。”[①]

面对危机，费先生想到了自己的两位老师：派克和潘光旦。他在《补课札记》中追述派克在1938年对世界问题的担忧，说：“派克不相信任何平衡状态是永恒的。变动是不会停止的，世界是一个不断更新的过程。人文区位学最终的任务就是研究生物秩序和社会秩序两者如何取得平衡的过程，以及一旦两者的平衡被破坏后，怎样重新取得调整。也许可以用潘光旦先生的位育论来说，这就是‘致中和，使天地位焉，万物育焉’。人要位育于天地万物之间。”[②] 人要赞天地之化育，正是儒家思想的集中体现。中国化的社会学自觉继承文化传统，正是儒家学术的现代转型中的一种，这一点在费孝通晚期的“文化自觉”中得到了更好的体现。

“文化自觉”作为一个社会学理论，它是对以往片面强调社会学的科学性、实证性和工具性的超越，社会学要形成自己的理论自觉，就要突出人文性，发挥“位育”教育的作用。费孝通说：“社会学的价值还不仅仅在于这种‘工具性’。今天的社会学包括它的科学理性的精神，本身就是一种重要的‘人文思想’；社会学科研和教学就是社会人文精神养成的一部分。社会学的知识、价值和理念通过教育的渠道成为全社会的精神财富，可以帮助社会的成员更好地认识、理解自我和社会之间的关系，以提高修养、陶冶情操、完善人

① 费孝通．费孝通文化随笔［M］．北京：群言出版社，2000：222.

② 费孝通．师承·补课·治学［M］．北京：生活·读书·新知三联书店，2002：22、323.

格，培养人道、理性、公允的生活态度和行为，这也就是所谓‘位育’教育的过程，是建设一个优质的现代社会所必不可少的。”[①]

修养、情操、人格，这些现代词汇表达的正是古儒“明礼义”的内涵，“位育”教育要培养的是具备儒家人格和境界的现代中国人，这也正是朱子对“富而教”的“教”的思想的继承和发展。费先生谈“文化自觉”根本就是谈做人、谈为己之学、谈推己及人，他晚年还在比较自己和前辈学者的差距：“在我和潘先生之间，中国知识分子两代人之间的差距可以看得很清楚。差在哪儿呢？我想说，最关键的差距是在怎么做人。潘先生这一代人的一个特点是懂得孔子讲的一个字：己，推己及人的己，懂得什么叫作己。己这个字要讲清楚很难，但这是同人打交道、做事情的基础。”“造成他（潘光旦）的人格和境界的根本，我认为就是儒家思想。儒家思想的核心就是推己及人。”[②]

费孝通说：“孔子的仁就是讲处理人与人之间的关系，讲人与人之间如何相处。”[③]仁，就个人来看，是“推己及人”“将心比心”，借此方可以“通感”对方之心。仁还包含处理群际关系。如何处理群际关系，尤其是对于而今全球化的世界，实乃无可回避的问题。对已走出“各是其是，各美其美”封闭世界的人来说，无论对于处理人际关系，还是对待群际关系，费孝通指示说：“各美其美，美人之美，美美与共，天下大同。”这正是从一己之仁出发，焕发精神，完善人格，推己及人，成人之美，以此来寻求实现美好社会、美好世界。

费先生以“各美其美，美人之美，美美与共，天下大同”揭示“文化自觉”的内涵，是对潘先生位育理论的继承和发展，是对儒家

① 费孝通．试论扩展社会学的传统界限［J］．北京大学学报：哲学社会科学版，2003（3）．

② 费孝通．费孝通谈潘光旦先生的人格和境界［J］．北京日报，2004-2-28．转引自光明网：http：//www.gmw.cn/content/2004-05/31/content_36317.htm.

③ 费孝通．费孝通文化随笔［M］．北京：群言出版社，2000：239.

思想的继承和发展。

时代呼唤新孔子，费先生在晚年明确提出这一点。在《游滕王阁小记》中，费先生说："老当益壮，宁知白首之心；穷且益坚，不坠青云之志。"先生先去，后生者当知先生"白首之心"，且以之为"青云之志"，以传先生薪火。我辈当云：舍我其谁？

黄昏的起飞

——评陈明《文化儒学：思辨与论辩》*

这是个名实乖离的时代。余英时研究儒学，著作等身，不少人以为他是新儒家，但其实他只是一个历史研究家；陈明希图经世，著作罕出，不少人看他出没媒体便叫他公共知识分子，但其实他致力于建构“一个可以叫作大陆新儒家的理论学派”[①]。对于此,余英时很坦白，他研究古今儒家，虽颇有同情，但他不愿用“儒家”的帽子来拖累自己出入中西的研究家的声誉。而陈明则很明白，他拈出王弼的“得意忘言”就是为了应对名实乖离，以貌似反儒家的方式来建构儒家，而提出“即用见体”则完成了解构和建构并举的理论布局。如果说陈明的第一本文集《儒者之维》如其自序所言是“迂远之思”“如此保守”，那么这第二本文集《文化儒学：思辨与论辩》则是改动“传统儒学图景”，多少有点“狂妄”地要为尚为幻影的儒学之新阶段安基定盘了。

传统儒学是什么样，古代人那里其实是模糊的或者说是自明的，相反，现代人却言之凿凿。哲学观是天人合一，伦理观是三纲五常，人性论是性善，制度论是仁政，等等，让人感觉传统儒学就是这么明晰。

---

*本文 2009 年作于北京，发表在《博览群书》2009 年第 8 期。

① 陈明．文化儒学：思辨与论辩 [M]．成都：四川人民出版社，2009：147.

西方人有强烈的传统与现代断裂的意识，因为他们借以走出中世纪基督教传统的是几近埋没的古希腊文明和西渐的东学。即使作为传统之自我更新的宗教改革也是以一种相当惨烈的方式进行，与其叫自我更新，不如说是浴火重生。而中国走入现代，不考虑日本学者的“近世说”，至少也要从康有为变法算起。在康有为那里，传统以重新阐发的方式在新的历史情境下更新而转入现代，传统与现代的关系不是断裂而是连续，因此有人形象地称之为“狸猫倒上树”。虽然五四运动拉开了现代中国激进变革的序幕，西学对中国政治、经济、文化的影响与日俱增，传统日渐式微，但早年引进西学着力甚劲的严复、章太炎等晚年都回归传统。1978 年以来，康有为渐渐成为学术界研究的重点，因为中国社会百年变迁后的问题仍没超出康有为当年的思量。所以，陈明是不是真正改动了“传统儒学图景”还要另说，他可能只是改动了熊十力以来的几代新儒家因应世变、参照西学而建构出的儒学图景。有别于康有为将西学只是作为一种资料来阐发中学，熊十力、冯友兰、牟宗三等则是援用各路西方哲学来建构哲学化的儒学图景。康有为的公羊学路径使他能够容开新于旧途，熊、冯、牟的哲学化进路则消解了旧途的丰富性，以致要开新就要走别径，离旧途越来越远，最终消失掉自己的特色，成为现代学科体系中的一个弱小分支，与进入博物馆没有什么大的差异。

因为“文革”等原因，大陆新儒家借径港台新儒家而起，但问题意识、思想范型及实践取向等方面，都与港台新儒家迥异。他们无疑是要接着康有为来说，这一点在蒋庆和康晓光那里表现得比较明显。而在陈明这里则显得有些迂曲，因为他对“今天的问题包括现代性深入中的政治建构、全球化冲击下的文化认同以及现代性和全球化双重语境里的身心安顿”[①] 有着更深的焦虑，不能满足于仅仅

① 陈明．文化儒学：思辨与论辩 [M]．成都：四川人民出版社，2009：15.

重新阐发传统，竟至于要把传统之“体”还原为含糊其辞的个体和民族之“生命的本真结构”。较之他批评的新儒家之参照西方哲学，他是更全面地引入西学，如哲学、宗教学、人类学、现象学、社会学等来解释传统，建构新阶段之儒学。从这个意义上看，他好像确实是改动了传统儒学图景，以致有人说他这样建构儒学实际上是在摧毁儒学。

陈明的迂曲是有道理的。公羊学太强的政治冲动使它很难建构起庞大的儒学体系以应对方方面面的挑战。蒋庆抱怨过公羊学的被埋没，殊不知从某种意义上说今文经学以应变，古文经学才是以不变应万变的日常状态的儒学；而日常状态的儒学一直被视为文化，是一个知识、信仰以及艺术、习俗等的复合体。陈明将自己试图建构的儒学体系命名为“文化儒学”，正是要萃取康有为政治儒学推动下发生的现代中国百年变迁中的文化积淀而将之结构为体系化的新儒学。如何萃取？陈明在传统中所没有的文化人类学的意义上解释自己的“文化”概念，即“一个由人创造出来用以解决其生存、生活问题，协调其与自然、社会及自己身心关系的符号性、工具性或意义性的体系”；并把张之洞为批评康有为而提出的“中体西用”说作为自己新儒学之思的起点，他的“即用见体”说“不仅在问题意识和价值立场上与之衔接，其思想内涵也可以视为‘中学为体，西学为用’这一命题在当代语境里的深化和拓展”[①]。康德和马克思晚期都走到了人类学，人类学建立之初的使命是取代曾经是万学之学的、面对现代政治和科学的冲击已经落没的形而上哲学体系，重新成就包罗万象的整体性学术体系。陈明理解的人类学当是这个原初意义上的。张之洞力求调和因维新变法而加深的新学与旧学的矛盾，既因应春秋以来未有之世变，又知本而不歧出，陈明提出“即用见体”，

① 陈明．文化儒学：思辨与论辩 [M]．成都：四川人民出版社，2009：5.

目的用心也正在于此。

但这样的努力无疑是要面对很多责难的。首先，将儒学看作符号性、工具性的文化，消解了董仲舒、程朱以及社会心理和意识形态所赋予其的神圣性，给人以浅薄的实用主义的印象。其次，将中体西用转换为即用见体以适应进一步加深的现代性，殊不知从晚清开始就有不少人把中华文化的复兴看作解救现代性的不二良方，逆反于儒门内部的主旋律。

很多人这样批评陈明：你可以说你就是要为今天的中国提供一套话语体系，就是要实用，并且你的实用主义是杜威意义上的行动主义；传统儒学是“一以贯之”，是浑圆的，孔子贯之以仁，董仲舒贯之以天，朱熹贯之以天理，阳明贯之以良知；而你这里只有分裂，任由西方的科学工具四处跑马，最终内容也不复全牛。你陈明在今天仍旧要中体西用，甚至走得更远，即用见体，让整个承载的、行动的全部是西方的，体只成了稀薄的生命意志，则更加是挂儒学羊头卖西学狗肉了。更何况你的西学也是在西学的海洋里寻章摘句式的，跟今天的大多数中国学者一样，不入西学门径，以此鲁莽灭裂之学而希图经世，那是痴心妄想；你动辄以缺乏操作性来批评蒋庆，恰恰是自相矛盾之处，你的即用见体导向的是分科之学，你作为学问家总想着操作性，替政治家担忧，不是越俎代庖是什么？

显然，上面的批评是言过其词了，但不能不做出回应。因为陈明学问的指向不是只面对少数人，他说过“不主流，毋宁死”，学术意向所指正是让儒学重新回到主流。关于主流，习惯的看法是主流意识形态，从意识形态的角度看，儒学在历史上的确承担过主流意识形态的作用。但它不仅仅是意识形态，陈明要找到的正是儒学作为百姓伦常日用所不离的状态，至于今天的主流意识形态要不要变换，不是他所考虑的。宋代帝王崇道，清代以佛教为国教，都不妨碍儒学的主流和基础地位，因为儒学形塑着士绅、民众，是习焉不察的生活方式。

在现代社会，理性是普遍的思维方式。当天理转变为公理，论证的方法就要改变，空谈心性转变为考据之学，考据之学转变为分科之学，有着中国学术内在的演变机理。所以严复引进社会学，感觉似曾相识；康有为建构实理公法，颇类西学演绎；章太炎也是欣然接受种种西学知识——换言之，学问上的古今衔接是没问题的。质疑者是因为自己将古学形上化，不能把握中国学术演进的脉络；而真正可能出问题的是价值立场，用源自于西方的科学方法来研究中国问题会不会丧失自身的价值立场？陈明提出即用见体说，首先就是要打消儒学引进现代科学或社会科学方法的顾虑，而逐步将“体”由生命的本真结构慢慢规定为“仁”，越来越凸显出主体性的价值立场。如果陈明的努力能使儒学重回主流，那么能调动百年来积累的学问来重新研究儒学，对于儒学来说又有什么不好呢？那样不仅能打破长期以“历史决定论和现代人的自我确证方式”强加给儒学的简单化规定，打开对于历史和传统理解的新视野，而且会更快地催生出儒学之新阶段。所谓浅薄的实用主义的批评正是没有明白人类学、知识社会学等从工具和符号角度来理解文化所带来的发人深省的领悟，而宗教学等的研究则让人体会研究文化的工具性、符号性，并不会打消其神圣性。“君子以为文，百姓以为神”，以为文的君子并没有丧失对“文”的神圣性的敬畏。所谓屈服于现代性的批评，是没有认识到我们的古今断裂虽然不如西方那么明显而存在某种连续性，但古今差别是显著存在的。从越来越多的关于复数现代性的研究来看，我们正处在中国特色的现代性之中，正视它的长处、研究它的问题以探求解决之道，才是真正的儒家态度。把现代性简单化为西方现代性，以为标举反现代性的旗帜就可一劳永逸地解决问题,那反而是陷入西方现代性的悖反逻辑中不能自拔。而百年来学习、消融西学之用，固然使中学之体显得有些模糊，但也给了我们超越汉宋，回到中学源头处把握中学之体的机会，使我们有可能在变迁巨大的新历史情境下建构适合时代要求的新儒学。

当然，正如文集名称所标示的那样，陈明的文化儒学是以思辨的形式展开的，有着丰富的延展性。笔者的解读可能只是切近了陈明文化儒学的某一方面，但笔者认为这是以前别人所没有发现的一方面。迄今为止，还没有一个儒者或者是希望建构体系的其他学者愿意这么做，因为这么做充满着风险，如被骂为伪儒、骂为狂妄，但这是唯一有前途的做法。原教旨主义者抹杀百年来的积淀，自由主义者和新左派对这百年各取所需。只有陈明正视这百年，认为在这百年历史情境中，中国人智仁勇相结合的实践性、创造性活动使中国人的生命存在的内在可能性实现出来，所积淀下来的学术虽然呈现出种种西学面貌，但都不能完全作“西学”观。新儒学的建构要以此为基础，并随着对当前问题的创造性解决而不断得到完善。

“群学何？用科学之律令，察民群之变端，以明既往测方来也。肄言何？发专科之旨趣，究功用之所施，而示之以所以治之方也。故肄言科而有之。今夫士之为学，岂徒以弋利禄、钓声誉而已，固将于正德、利用、厚生三者之业有一合焉。群学者，将以明治乱盛衰之由，而于三者之事操其本耳。”显然，严复是把群学当作了儒学新形态，以代替形而上的旧儒学。陈明有时说人类学，有时说社会学，主要是人类学和社会学在后来的发展中都被狭隘化了。陈明的意旨应该是和严复一致的，但他相比严复的优势在于在他前面有了百年的积淀。所以，当严复遇到问题会有所回头的时候，陈明却能勇往直前。这种勇往直前表现在他不断地思考、推进自己的即用见体和公民宗教理论，还在于他总是站在时代的风口浪尖，对重大的文化问题论辩不已。

文集除了收录陈明关于“得意忘言”“即用见体”和儒家政治哲学的思辨外，还收录了陈明关于李零出版《丧家狗》事件和施琅问题等的论辩。《丧家狗》事件中，他斥责李零的“去政治化、去道德化、去宗教化”方式的《论语》解读是十足的愤青式解读，是要颠覆儒家的价值系统；关于施琅问题，他批评西体中用者对文化认同问题的漠视，批评原教旨主义者对历史情境的漠视，批评自由主义者对民族主义问题的漠视。由于种种原因，这些论辩并没有完全展开，但它们体现出陈明要在当代历史的情境中展开自己关于新儒学的思考和思路的用心，陈明所关心问题之广泛，所思考问题之深入，所对话面向之全面，都是同时代多数学者所难以比拟的，而唯有此才是志在建构新儒学的大家风范。

这是一个名实乖离的时代，是一个过渡的时代，陈明认为“希望产生什么宏大成熟的思想未免有些不切实际”，这是清楚地明白自己的理论还有一些因时代限制而无法达至精深的地方，但陈明无疑已具备了达至精深的基础。

一个人的文化复兴

——陈明：儒学、儒家*

牛仔裤、T恤衫，头发纷乱，嘻哈中透着深沉，疑惑中带着执着。

讨论学术时固执己见，不让于师；立身行事时荷戟驱驰，不遑宁处。

1994年创办《原道》辑刊；2000年组建儒学联合论坛网站；2006年编发电子杂志《儒家邮报》；如今正砸锅卖铁要建一个都市书院。

这就是陈明。他说儒家文化如果要复兴，就必须建立自己的社会平台。书院作为可欲可求的选择，必须在北京落地生根，而在北京，他最有条件去做也最有责任去做。

一个现代人捣鼓着古老文化的复兴！

当人们从自由主义、保守主义和新左派的思想光谱中分辨出他的文化保守主义成色时，他迫不及待地宣称自己是一个儒者；当人们以“南蒋北陈”定格他为大陆新儒家的代表人物之一时，他匆匆分辨蒋庆的顽固和自己的革新，表白自己是一个自由主义者；而当自由主义者认真端详他这个自称的小伙伴时，他时不时要暴露一下自己民族主义的根底。

---

* 本文2011年作于三亚，发表在《传记文学》2012年第5期。

他是谁？他自己能否说得清楚？谁又能真正说清楚他？

一个频频接受媒体访谈，却满嘴之乎者也修齐治平的陈明；一个满嘴之乎者也修齐治平，却总是活跃于最现代文化平台漩涡里的陈明。

——湖南人氏，知天命之年！

儒学：《原道》

李泽厚先生说我办《原道》，却没原出一个道来。我的老师余敦康先生也经常问我同一个问题："陈明，你原了一个什么道出来没有？"我哪能去说他们？李先生一半期待一半调侃，余先生一半期待一半责怪。但我真的无言以对。(《中国青年》2011年第13期陈明访谈)

2004年12月18日，《原道》创刊十周年纪念暨"共同的传统——'新左派''自由派'与'保守派'视域中的儒学学术"研讨会在北京燕山大酒店召开。与会学者和嘉宾有陈来、何光沪、秋风、康晓光、刘军宁、韩德强等30多人，个个声名显赫。与会媒体有《凤凰周刊》《联合早报》《南方周末》《社会科学报》等15家，家家影响甚广。

一个前无接引，后无大树，仅凭陈明个人独力支撑的辑刊，坚守十年确属不易，但能造成这样的声势就不是一个坚守所能感发的了。

1994年前后，迷茫中下海扑腾的知识分子陆续有洗身上岸的。他们在体制内外办起了不少书刊，如《原学》《学人》等，继续八十年代的寻路探索。分化也渐渐由此彰显：当一些知识分子惊讶地发现另一些知识分子开始反思改革、思考前三十年的意义，马上贬称他们为新左派的时候，自由主义和新左派的分野表面化；八十年代对传统文化的反思，到了九十年代竟然生出了一群回归传统的保守分子——当代思想界左派、右派、保守派的鼎立三足确立成型。

自由主义和新左派贴近当代中国现实，有着种种可资借鉴的近代中西思想资源和可以倚重的中外现实力量。唯独文化保守主义的迂远之思，在现实中找不到自己的依凭支撑。一个蒋庆，自我发配到贵阳龙场，陪伴先儒王阳明的孤魂，风雨如晦；一个陈明，苦苦支撑《原道》，十年间被迫换了七家出版社，不绝如线。然而到 2004 年，先是 7 月蒋庆以“儒学的当代命运”为题邀请陈明、盛洪、康晓光等召开“中国文化保守主义峰会”，会讲于贵阳龙场的阳明精舍。然后在 12 月，十岁的《原道》邀请新左派、自由派和保守派的代表于北京燕山大酒店话说“共同的传统”。媒体惊呼“文化保守主义浮出水面”！

十数年的《原道》路到底是一个怎样的旅程？它又是如何见证了传统文化的一阳来复、记录着新一代儒家学人的出现成长？从陈明的身世也许能够窥见些许端倪。

1962 年，陈明出生在湖南长沙城乡结合部的一个普通人家。上小学时是全校最好的学生，毕业时老师给了他“百尺竿头更进一步”的评语，以致初中分班时，很多老师都想看看他到底是怎么样一个人。但高中时他因为一个冤假错案落了记大过处分，分到“慢班”跟一些所谓问题少年混在一起。他被父亲一棒子打醒，准备进自来水厂学电工。高中的语文老师罗松武说这孩子是块读书的料，建议参加高考试一试。于是拿着一套复习资料在家自学，考到了株洲师范专科学校中文大专班。他虽然喜欢划拉朦胧诗，却不喜欢文学和汉语专业，上课看得最多的是《哲学辞典》和《政治经济学辞典》，下课则爱踢球、溜冰，甚至时不时和人打打架。毕业后到一个军工厂子弟学校教书，和几个文艺青年办了一个诗社，出了一本名为《九星》的诗刊。反精神污染中挨批后就想着离开，于是 1986 年到了山东大学。这回倒是哲学系，但吸引他的却是魏晋南北朝的动荡时局以及时局动荡中知识分子的清言玄谈、风度风骨。或许时世相近，或许性情相通，“其言玄虚，其艺控实”的玄学就此成为他思想的底色，嵇康、阮籍、王弼、郭象这些历史人物也成为他人生的楷模和生命的慰藉。也正是经由玄学，陈明结缘余敦康先生，并在 1989 年进入中国社会科学院研究生院跟余先生读博士。

王国维的“可爱者不可信，可信者不可爱”，道出了传统知识分子面对西方文化冲击时理智与情感的冲突与二者不可得兼的纠结。陈明觉得可爱者之所以可爱，必然曾经是可信的，只是时空转换、条件变化，可爱者的有效性出现问题，才变得叫人难以置信。他重建二者之统一的思路是跳出单纯学问视域，将以“为生民立命，为万世开太平”为诉求的作为治国平天下之道的儒家论述还原到历史语境中，以呈现其历史文化功能即有效性，正视时移世异，提出法圣人之所以为法，提出因应新问题的新方案。在不加反思地把儒学定位为哲学并按照西方学术范型描画其知识形态、评价其价值意义为主流的中国学术界，这一思路十分另类甚至叛逆。

在陈明看来，港台新儒家的作品虽然可以破除大陆教科书对传统文化的错解，但其哲学进路却难以为其现实有效性提供证明或开出实践通道，而这才是问题更为本质也更为重要的方面。硕士阶段，他尝试用心理学和文化学解说儒释道文化符号与传统士人的人格结构，运用文化人类学方法阐发中国文化发展路径相对于西方文化的独特性，论证《易经》天人合一思维和文化传统的来源与合理性。博士阶段则进一步以中古士族为个案，从政治和文化的维度对儒学与社会的连接及其意义加以论证说明。也许由于 80 年代的主旋律是反专制争民主，他比较关注道统政统之间的关系，强调道统对政统的优先性，凸显儒家的反专制立场。

如果这样一种思考脉络具有相当普遍性的话，那么《原道》的创办则相当地偶然。一帮下海的朋友挣了钱要办刊物，推陈明主持，但他们想办《新青年》或《新湘评论》那样的时论，陈明则觉得那没有可能，而同人刊物中存在“重学术轻思想”的偏颇或空挡，主张“较乾嘉诸老更上一层”，由“原学”而“原道”。双方都不妥协，结果是投资方撤资，而已经按自己理念组稿的陈明决定霸王硬上弓。就这样，一个文化保守主义者随着对一份文化保守主义杂志的艰难持守而诞生。是的，文化保守主义的出现偶然后面有必然，那必然就是传统文化内在的生命力和中华民族与时偕行的创造精神。

《原道》出刊得到了著名学者李泽厚先生的大力支持，期期供稿。两个湖南人，一老一小，因为《原道》而结成了亦师亦友的忘年交。但这一老一少在一起总是火药味十足，李先生说陈明聪明而不好学，对自己的东西领悟不够；陈明则干脆把自己的书斋命名为“半学斋”，一半学一半行。不满李先生把《原道》英译为“Chinese logos”——中国的逻各斯，陈明另作英译，翻译过来是“寻找中华文化的精神”。因为在他而言，《原道》的“原”就是寻找，是一个动词，而不是李泽厚先生概念中的形容词。动词和形容词的根本区别就是“行”的内涵，这是陈明的认识，也是陈明的坚持。至于“道”更不等同于 logos，道是开放性的，是历史性的，它只能即用以呈现，“原道”本身就是一个寻找和建构的过程，人在寻找道的过程中道就呈现出来了，所谓“道行之而成”。在《原道》创刊号上，陈明发表了《中体西用：启蒙与救亡之外——传统文化在近代的展现》，对李泽厚先生以“启蒙与救亡的双重变奏”概括统摄下的中国现代史进程边缘化中国传统文化表达了质疑，将张之洞、康有为因应时变提出和实践的“中体西用”方案作为自己新儒学致思和行动的起点。

按照陈明的论证，“中体西用”是士大夫群体在面对西方文化进入的时候，处理儒家传统与西方文化二者关系的一个问题解决方案，它主要就是明确以中国文化为主，以西方文化为辅，服务于主体的意志与需要。面对外来的挑战，抛却自家无尽藏，自然是懦夫；闭塞视听、顽固守旧无疑也是愚夫。张之洞，特别是康有为，是要做中国文化的大丈夫，为保国提出并实验多种建立稳定而有力的政治架构的方案；为保种组强学会，推动移风易俗；为保教提倡读经，践行孔教。虽然他们的方案因种种原因未能成功实施，但这样一种努力方向却仍是今天需要也可以坚持的。陈明觉得“中体西用”最为可贵的就是有一个意志主体的预设和坚持，他将它展示出来并加以强调，进而将一个讨论中西文化之关系的命题转换为一个人与文化之关系的问题，一个人与文化符号、儒者与经典的关系的论题。因此，他提出“即用见体”来继承和超越“中体西用”。他说“即用见体”“作为一个命题，是指人们的具体历史情境中，通过实践性、创造性的活动，把生命存在的内在可能性表达实现出来，建构起新的生活形式和新的生命形态”。

具体历史情境中的人如果不是一个儒士，实践和创造会导向什么方向？是不是一切皆有可能？在2004年5月四川大学的一个座谈会上，有儒家质疑：“你哪是什么即用见体？你是即用灭体！你是什么儒家？你是伪儒！”陈明则用这样一个故事回应：

约翰的爷爷做了一把斧子，因为他们一家住在山里，不得不依靠伐木为生。到了约翰的父亲的时候，斧子的手柄坏了，于是约翰的父亲就换了一支手柄。到了约翰的时候，斧头也坏了，他就换了一个斧头。于是问题出现了：这把斧子还是原来爷爷的那把斧子吗？在物理上来讲，斧子当然已经不再是原来的斧子了。但是，作为他们一家维持生计的工具，从斧子与约翰家族的结构关系上讲，两把斧子在意义上是一以贯之的。假如有一天，生活发生了变化，比如约翰后来移居湖边，靠打渔为生，作为谋生工具的斧子，已经失去了原先一以贯之的意义，但斧子仍然可以作为一个符号具有认同和激发创造力的意义。不知调整是愚蠢的，但将斧子与渔网对立起来甚至责怪咒骂爷爷没有为自己积累传承打渔的知识，也是愚蠢的。

但陈明的故事讲得再生动，也没能解决大家的疑问：如果约翰的子孙不以斧子为认同怎么办？固然作为圣人之所以为法的“圣贤之心”不可训，但历代圣贤总是训出来一个“体”，作为圣圣相承、收摄此心、因时设教的依凭，否则何足以为圣贤？

“此身合是儒生未？”面对来自儒家内部的质疑，陈明借抒写“一生三变”的晚清儒宗曾国藩来浇心中之块垒。

儒家：“所谓大陆新儒家”

因为感觉自己离儒家的标准还差得太远，因为意识到自己与蒋、康差别还挺大，所以我既不自称儒家，也不接受“大陆新儒家’的称号。当然，我愿意为一个可以叫作大陆儒学的学术流派的形成做工作。（“原道”与大陆新儒学建构——怀柔答达三问）

2005 年，时为中国社会科学院研究生院院长的方克立先生在提交第七届当代新儒学国际学术会议的一封公开信上说，中国的现代新儒学运动，从“五四”至今三代人薪火相传，以甲申（2004）年 7 月贵阳阳明精舍儒学会讲为标志，已进入了以蒋庆、康晓光、盛洪、陈明等人为代表的大陆新生代新儒家唱主角的第四阶段；他建议在继续推进对前三代新儒家思想研究之同时，还要开始重视对第四代新儒家所倡导的“大陆新儒学”的研究。事实上，教育部的社科研究规划中已经有不少以蒋庆、陈明等为对象的研究课题立项。

说“薪火相传”，从其中师承的含义看，对于大陆新儒家的兴起实际是不确切的。共和国前三十年，大陆上的儒家基本上消失殆尽，在 20 世纪 80 年代文化热和寻路的探索中，从研究儒学与儒家的知识分子中开始出现了归宗儒家的群体，蒋庆是突出的代表。陈明也是由研究儒学而归宗儒家，但他为之工作的大陆儒学却与蒋庆存在较大的差异。

2006 年初春，央视一套播出电视剧《施琅大将军》，引起了文化界的热议，而陈明在儒学联合论坛的一个跟帖上说此剧创作是由他提议的，顿使陈明成了台风中心，成为左、中、右各派的靶标。在陈明眼里，施琅收复台湾，是个大英雄，是国家英雄。而在传统的历史话语里，施琅是个叛明归清的贰臣；在正统儒家思想里，施琅是以夷变夏的帮凶,武力克台则违背了“修文德以来之”的王道。所以，当蒋庆明确表示“施琅是明之贰臣而非英雄”，“施琅降清于文化上是弃夏归夷”，而“施琅统一台湾，实与文不与而如其仁”时，其经典版的儒家立场获得一片喝彩。如此，在很多人眼里，对陈明的伪儒质疑更得确证。

儒者认同在陈明那里的兴起，除了人格的感召和理性的探索，更多的是源于一种忧患意识、爱国情怀，而湖南人宁折不弯的性格和陈明自己对不断加深的现代性的深刻体认使他在论战中面对四面来敌威风八面、见招拆招、坦然镇定、一骑绝尘。他承认自己已经改动了传统儒学关于人性和世界图景的描述，但他相信，契千古圣贤之心，通过即用见体及其内含的即用证体、即用建体的努力，一定会开创中国儒学的新阶段。他的思考写作、与人论战以及出辑刊、办网站，正是践行即用见体的实践性、创造性活动。对于因称颂施琅而落得的“汉奸”的骂声，陈明说自己很早就关注中国的海上战略，编辑《钓鱼岛风云》出版，组织《海权论》翻译，丹心可鉴日月。策划施琅的电视连续剧是这一关注和思考与台海现状相结合的必然产物。对于依凭传统儒学话语和传统史观而指责自己是“伪儒”的人，陈明提请他们关注历史细节，区分施琅与明末大儒，并要树立起现代中国意识，不要将汉族等同中华民族，也不要以儒学定义中国这个政治单位。现代儒家用什么样的视角和方法去看待历史上的人和事，关系着用什么样的视角和方法去看待和解决今日中国的文化认同和身心安顿等大问题。而对于质疑自己称颂施琅反映出民族主义劣根的自由主义者，陈明指出自由主义首先就是与民族主义勾连在一起的，传统儒学体系同样存在一个国际政治的论域（如孔子对管仲的称道），将这一点加以演绎，从政治哲学或政治学的角度处理今天的问题，不是对儒家义理的背叛，而是对它的完善和回归。

2007 年，应联合国教科文组织的《第欧根尼》杂志之邀，陈明撰文论述大陆新儒学，有机会对自己与蒋庆、康晓光的区别做一个分梳。

在陈明看来，蒋庆关心的是“中国性”的丧失与重建问题，作为一种由儒学定义的文化性，“中国性”的本质在人性上表现为三纲五常之道德，它们都来自于圣贤的教诲和启示。因此，蒋庆不可能从历史发展和社会变迁的角度理解儒学，不可能从社会变迁和需求变化的角度看待自由、民主、理性化等现代观念。对于蒋庆的这种原教旨主义的儒学，陈明认为它“意义很大，问题很多”，意义在于为深陷现代性的人们认识儒学传统的丰富性和人类文化的多样性打开了一个全新的思维维度，确立了一个有力的批判方式，问题在于对基本事实的牺牲与对现代价值的否定虽使这样一种政治哲学获得惊世骇俗的批判效果，但在现实社会中的落实变得异常艰难。

而陈明自己是从人类学意义上的文化视角展开儒学论述，关心的是面对当代生活中的文化认同和身心安顿等问题，儒学提出怎样的方案才能有效。陈明认为，因为时代变化和社会变迁，传统儒学的符号系统本身效用下降，从生命和环境的互动关系出发，中国人的文化符号系统需要重建，而新儒学与新文化符号系统的统一不像蒋庆认为的那样是先在的、自足的、本质的，而是既是外在的、理性的，又是内在的、神圣的，根本取决于从中华民族这个既是历史的又是现代的特定民族的生命意志和现实需要出发的现代情境中的创造性活动。陈明将自己的儒学创造概括为即用见体和公民宗教，前者提供了一种方法论，后者则是一整套立足现代政治和文化话语平台又不乏文化自觉和主体性的解决方案。陈明认为，公民宗教的方案不仅接续了康有为的中体西用，还消融了“五四”以来推动中国前进的自由主义的现代价值和新左派的平等诉求，是一个有操作性和有效性的方案，他正不断努力论证和实践。

在陈明眼中，康晓光是一个经验主义者和爱国主义者。他直接从对现实政治的剖析入手，希图革新政治，建立现代仁政以解决政治合法性和社会秩序稳定等诸多现实问题，建设文化中国以增强国家软实力，应对国际新挑战。陈明认为，康晓光没有注意到亨廷顿以文化代替政治而化约国家的理论陷阱或策士用心而受其误导，进而排斥宪政民主，对传统儒学的现实有效性盲目推崇，不可能真正有效解决当代中国的现代国家形态建构和中华民族意识塑造这样的根本问题。陈明对比遭遇启蒙语境的犹太教说“从蒋、陈、康身上我们约略看出儒学正统派、保守派和革新派的影子”。但在别人眼里，他怎么看都是一个革新派，甚至是一个革命派，革掉了儒学的传统价值，成为“最极端的西方主义者”（秋风语）。

新儒家把与民主、科学等现代价值的对接作为表述儒家的价值立场、建构其知识系统的目标。蒋庆在后文革时代试图以重建中国性来代替中国社会政治上的西化。康晓光则是在后冷战时代从文化中国出发应对与西方世界的“文明的冲突”。与这些问题强烈的西方色彩不同，有着更深厚的问题意识的陈明，所关心的文化认同、身心安顿等，主要是中国社会的内部问题。随着思考深入，这些问题进一步落实为现代国家形态建构和中华民族意识塑造这样的现实问题。问题及其解决的现实性使得“穆罕默德走向山”，使得陈明与蒋庆、康晓光在思想光谱上的距离越来越大。

“始则若乖相，终实相发。”在有人质疑陈明离经叛道的时候，有人这样说。

复其见天地之心乎

“复，亨，刚反，动而以顺行，是以出入无疾，朋来无咎。反复其道，七日来复，天行也。利有攸往，刚长也。复其见天地之心乎！”

这是复卦的彖辞，陈明似乎很喜欢，因为他的儿子就叫天心。陈明不喜欢宋明儒者的静以修身，居敬穷理，他欣赏嵇康的峻才放达，喜欢左宗棠的豪杰狂傲。他同康有为一样，希望迎来一个更加灵动的儒学新时代，但他也懂得阮籍的从俗逍遥，深味曾国藩的圣贤气象。董仲舒说“霸王之道，皆本于仁；仁，天心”，认为《春秋》之道，大得之而王，小得之而霸，皆本天心，陈明在推动儒学复兴上，不像蒋庆那样高标王道，也不像康晓光那样立足霸道，而是可王可霸，复见天心。也许，陈明有一天会把他那个流弊日多的开放性的“体”训为“天心”，训为“仁”吧。

2007 年，在于丹掀起《论语》热之后，著名文献专家李零先生推出《丧家狗——我读〈论语〉》。与肯定于丹对普及儒学有功迥然不同，在以嘉宾身份出席的此书发布会上，陈明大声呵斥李零是“学界王小波或者王朔”，用“作家的文采、训诂学家的眼界、愤青的心态”给该书定性。接着，他在接受《南都周刊》等媒体采访时痛批“李零是要颠覆儒家价值系统”，讥讽李零是“荆轲刺孔”。这一次，大陆新儒家立场出奇一致，蒋庆称李零之书为“末世之书”，康晓光称之为“垃圾”。是什么让陈明这个被儒门同道批评为“即用灭体”的“伪儒”突然高调批评别人在“颠覆儒家价值系统”呢？是什么让大陆新儒家蒋、陈、康一同发声呢？是李零对孔子的“去政治化，去道德化，去宗教化”的解读。陈明视儒学为中华民族的文化系统，他的“即用见体”是希望创造一套适应时代的新的儒学话语系统；他的现代理性表达方式是为了让现代读者更好地理解儒学。他从来也没有要革掉儒家价值系统，恰恰相反，他希望重构流行伦常日用间的儒学的神圣维度，复见天心。这正是蒋、陈、康共同的追求，只是各自的理解和方略不同而已。

从2006年起，陈明就一直集中精力为复兴儒学、让儒学走入中国人的日用伦常而努力。推动中秋节等传统节日成为公共假期，发起以孔子诞辰为教师节的签名活动，联署关于曲阜建耶教大教堂活动，还有孔庙维权，等等，背后都有着陈明和原道同人的影子。他相信人能弘道，非道弘人，他感到六经责我开生面，所以他要把《原道》一直办下去，现在还要砸锅卖铁去办书院。

传统书院有讲学论道、教化乡里、祭祀圣贤和赈灾助学四大功能。现在的书院主要以讲学论道为主。陈明的书院想办成什么样子?

他笑而不语。

儒生任重

——一人之行而儒门所望*

有几根侠骨，禁得揉搓

在当下中国，儒学复兴和“大陆新儒家”的崛起是极为引人注目的思想事件和文化现象。这其中最具有代表性的人物是有“南蒋北陈”之称的蒋庆和陈明，前者是新中国以来大陆第一个儒家民间书院阳明精舍的山长，后者是民间儒学刊物《原道》主编。蒋、陈同宗孔子，但分歧不小，而穿梭于蒋、陈之间并同时对二人执弟子礼，且有儒学复兴“幕后推手”之称的，就是任重。

任重皈依儒门时，追随陈明并协助其办《原道》辑刊和儒学联合论坛网站。陈明畅快敢言，是媒体关注的焦点，但《原道》社会活动的操盘手是任重，隐忍实干，受到圈外人的持续猜测。近几年，随着陈明推动《原道》学术转型而力求稳扎稳打筑牢大陆新儒学的学术根基，任重则逐步淡出《原道》而专心开辟《儒家邮报》、儒家网（曾名“儒家中国”）、“儒生书系”。如果说十年前谈“大陆新儒家”离不开蒋庆、陈明诸人，那么今天必定要再加上任重。

有趣的是蒋庆是 20 世纪 50 年代生人，陈明是 60 年代生人，而

* 本文 2014 年作于三亚，发表于《儒风大家》，收入本书时有修订。

任重是70年代生人，年龄刚好相差十年。

其实，在儒学圈，“读书吹剑”比“任重”更为知名。在2006年年底，他以本名编辑发布《儒家邮报》之前，除了少数几个熟人，大家都只知道他叫“读书吹剑”，他在正式发表文章时常常挂的笔名就是“杜吹剑”。至今，蒋庆、陈明、康晓光、米湾、王达三诸儒门同人仍称呼他“吹剑”。

“吹剑”一词极富形象感，会让人想到战斗，不管是战前还是战后，抬剑横吹的画面有着很大的联想空间。“吹剑”典出《庄子·则阳》，庄子原意是要以吹剑发出的丝丝声来讽刺蜗角之争，但对魏惠王“惝然若有亡”而最终弃战，还是深通性命之学的明儒王夫之在《庄子解》中解释得入情入理：“人莫不有旧都旧国，唯吹人以和者，能使之畅然也。”

民间儒者余东海曾专门赠联“读书吹剑”并阐释之：

偶得“斗室读书香万里，中宵吹剑动群星”此联，颇为自赏。意境宽大深沉，切合儒者身份。斗室读书而能香飘万里，所读之书必是真经，读书之人必然非凡，其身居陋室而胸怀天下者乎。剑可象征君子和豪情，君子中宵吹剑而能感动群星，其忧患深矣，非至诚不能。谨与读书吹剑君共勉。

任重曾经以“拔剑欲高歌，有几根侠骨，禁得揉搓”作为签名档，这段诗句的作者是谭嗣同。

人能弘道，非道弘人

任重是甘肃靖远人。靖远位于甘肃省中部，自古是兵家必争之地，民质朴刚健、有豪杰任侠之遗风。20世纪90年代初，西北汉子任重高考至湖南岳麓山下上大学。那时的湖南，芒果卫视的娱乐之风还没刮起，仍有读书做事、考虑大问题的氛围，任重于其中可算如鱼得水，一气在岳麓山下度过七年读书生涯，硕士毕业后便投笔从戎，到东北某军校教书。他曾自述这段历程："当年研究生毕业，投笔从戎，孰料亦是'学书不成，去学剑，又不成'。皈儒后，甚追慕古儒之文能安邦武能威敌，空叹遗憾之际，自命网名曰'读书吹剑'，自励之余，亦企望吹拂落在儒家身上的历史灰尘，使利剑重生。"可见其抱负。

任重与儒家的缘分十分偶然。受到20世纪80年代那场思想启蒙运动余波的冲击，任重总不自觉地寻找与思想"补课"有关的报刊书籍。一天，当他照例在学校图书馆"逛书架"时，不经意间发现一本名曰《原道》的书，心里一动，顺手就取来翻开，才发现原来是一本刊载学术论文的辑刊。80年代思想界的领军人物李泽厚的大名亦赫然在列，并惊异地发现一直鼓吹"西体中用"的李泽厚竟然自愿被称为"新儒家"。随着阅读的深入，儒学开始进入任重的内心。

1999年，任重经历千磨百转考到北京攻读哲学博士，一个偶然的电话得与《原道》主编陈明相会，精神的前缘成就了现实中的砥砺前行。从此，以《原道》为旗帜，任重拥着陈明，组建儒学联合论坛，主编《儒家邮报》，汇才俊，传儒音，硬是在世人对儒学知之甚少、误解很深，而做事又没有任何资源和外在条件的情况下，趟出了一条弘扬儒学的大道。人能弘道，非道弘人，任重默默而持重的行走，正是出于对儒家文化最深厚的理解和衷情，就像那幽邃而洞彻千古的吹声。

坚毅弘忍，守死善道

在东北的军营里，任重与山东汉子王达三共处斗室，其时，任重尚好谈西学，而王达三则专治官学，两人常常往复辩难，争得面红耳赤，但都有“书生怒向不平处，磨损胸中万古刀”之意，所以惺惺相惜，引为知己。未几，任重赴北京读博，第二年，独学无友的王达三也尾随而至，二人得以在中国人民大学的校园里继续酒酣兴澜、激扬文字。此时的任重已经俨然以弘扬儒学自任，并积极去影响王达三，于是这一对诤友从“儒学联合论坛”做起，一路相携，伴随“儒教复兴论坛”“中国儒教网”共同成长，进行了一系列纵横捭阖的弘道行动。因此，达三是最了解任重的同仁。在为任重文集所作小序中，达三重笔论述了任重投身儒学弘道事业十二年以来的贡献：

十二年来，儒学僵而复苏、枯而复荣，儒门风生水起、引人侧目，任兄荣有与焉，大有功焉。

其一曰协助陈明打造儒学联合论坛，独自推出儒家网，系统展示儒家儒学之学术进展与践行动态，此在虚拟社会之情势下创建儒门网络道场之功也。

其二曰发起五十四位学者联署《以孔子诞辰为中国教师节建议书》、十博士生联署《我们对“耶诞节”问题看法》、众多儒家社团联署《致电影＜孔子＞剧组人员公开函》、十位儒家学者联署《关于曲阜建造耶教大教堂意见书》、众多儒家学者联署《停止“平坟运动”紧急呼吁书》等公开建言活动，渐次彰显儒家之情怀立场与具体诉求，此在左右思潮裹挟天下舆论情势下推动儒家进入公共领域之功也。

其三曰数年如一日苦心孤诣编发《儒家邮报》二百期送政学商媒各界人士，奔走求告三教九流筹措资金十数万，主编出版《儒生》集刊、“儒生文丛”，集成儒家著作造成社会轰动之效应，此在儒家有学无人之情势下大规模催生学者儒家身份认同和儒家群体出现之功也。

其四曰举凡儒家士人无不倾心交接，举凡儒门后生无不奖掖提携，举凡儒学社团无不悉心指点，举凡有学术品位与家国情怀之左中右、老中青学者无不沟通联络，此儒家无建制化组织情势下发挥儒门联络中心与运转枢纽之功也。

有四功者一，已蔚为非常之功矣，况任兄集四功于一身乎？又不止于此，至若发动同道参与读经是非、国学功过等种种辩论，购买深衣、举办祭孔等种种活动，赞助基金、筹划项目等种种行为，不一而足，无暇赘述而已。尤有可贵者，任兄既非专业研究人员，亦非专职弘道人员，而是积全部闲暇时间、尽全副身心精力从事于斯者，此诚无愧于今之名儒，且使假儒学而谋名利者羞矣！

故曰：坚毅弘忍，一人之力而万人之功；守死善道，一人之行而儒门所望，是吾任兄也！

达三的论定，在儒门已成为共识。这几年，流连学界，泛览网络，不时会看到不少前辈肯定任重之功，众多后进仰敬任重之德。但在任重本人，对过往的锦瑟华年，常常是“此情可待成追忆，只是当时已惘然”。在追忆奋斗于儒学联合论坛及《原道》辑刊的岁月所作《那些读书吹剑的日子》一文末尾，任重恋恋于那段怅惘的青葱岁月，挚情感人：

“青青翠竹”“水一方小舟”、王达三、仁义和我，协助陈明办《原道》辑刊以及儒学联合论坛网站，完全是志同道合，出于责任、兴趣来做点力所能及的义务之事。我们与陈明也是亦师亦友，从陈明处得到很多启发，学到很多东西。尽管彼此之间在思想观点上有过面红耳赤的讨论，尽管在具体事情上有过分歧尖锐的争辩，但事后都归于欢笑，内心毫无芥蒂。现在回想起那些在小饭馆酒酣耳热之后吵吵嚷嚷的时光，恍如昨日，美好异常。

在儒学联合论坛的那段日子，我们几个版主都向而立之年跨入，风华正茂，意气风发，对儒学复兴的信心希望，如春天一样。

春天，万物萌发，气息氤氲，正是那“惝然若忘”的吹声丝丝入扣的季节。

心能尽性，网络弘道

2005年我与任重于网络结识，2006年在北京相见，2009年离京暂别，然后一直网络、电话联系，相交已近十年。我们同是一年生人，他在西北汉子的爽朗之外葆有儒雅书生的细腻，我则细腻不足，爽朗也无根底。很多时候，在陈明老师和任重兄的弘道事业中，我都是一个多少有些被动的学习者、参与者。但我绝对不是旁观者，对于儒学，我有着自己的深沉。虽没有在任重兄离开儒学联合论坛后代为经营好论坛，但我在所在的大学，六年如一日，孜孜于引导一茬又一茬的孩子们走进经典、温润人生，为重建中国人的精神家园尽绵薄之力。

任重兄“心能尽性”，网络弘道“酌古人之教法而备其美”，《儒生》事业“创未有之功能而极其用”[①]，达三兄之论定已赡，我就不再赘言，任重兄亲撰的儒家网《开通说明》之“吹声”同时也是我的心声：

我们是生活在当代的中国儒生。

万物一体，天人合一，依然是我们的文化信念；

均富安和，各得其所，依然是我们的社会追求；

① 见王夫之《四书训义》释“人能弘道，非道弘人”。

仁爱孝亲，敬天法祖，依然是我们的精神家园；
自强不息，乐天知命，依然是我们的人生态度；
礼义廉耻，致行良知，依然是我们的行为方式；
和而不同，中庸之道，依然是我们的处世原则。

近一百多年来，中国被拉入世界范围的大争之中，一场场革命，抛却自家无尽藏，只为在竞争中取胜。但蜗角之争何足以言胜？不回归中华文明的雄浑阔大，回归儒家，回归中国人的故都故国，争翻了亦不过是争个自我覆亡。如果说蒋庆、陈明的黄钟大吕、畅快敢言是时代催迫下不得不为儒家仗义执言，那么任重的隐忍实干就是时代需要下那丝丝令人“惝然若忘”的吹声。

后　记

本书能得以出版，首先要感谢的是任重兄的鼓励和督促。曾子曰："士不可以不弘毅，任重而道远。仁以为己任，不亦重乎？死而后已，不亦远乎？"任重兄其人，正是"仁以为己任"的化身。从2006年起，我有幸近距离接触当代儒生的弘道事业，可以毫不夸张地说，今天儒学的日趋红火，与任重兄的不懈努力有着很大的关系。

我虽然爱读书，但并不算是一个学者，之所以还写出了这么多探讨性的文字，其实是因为传统儒者关心家国的情怀一直占据着我的心胸，我不能不关心身边家园和国家的变化，不由自主去思考变化的根源和未来的方向。虽经近代摧折，可中国人的百思百行，又何尝离开过儒家？蓦然间，我想到我就读的中学曾是早在唐代就奠基的襄阳县学宫。那时，每日行走在被改成学生宿舍的大成殿内外，似乎从没有多少追慕圣贤和感叹凋零的心思，但也就在中学阶段，读书思考的种子已经种在了我的心田。

大学时读中文，毕业后在工作之暇读马克思和西方经典，钻研经济和法律，不拘于专业，不断浏览各种学问，就为了解决内心对于家国的关切和疑惑。我曾立志写一本能与《资本论》相媲美的社会主义政治经济学著作，但历经挫折后才发现自己不过是千千万万庸人中的一个，而且是认清自己较晚的一个。

实际上，读书越多，困惑越多。中国是什么，现代中国是什么，中国人该怎么过，那些书都很难给出切近人心的解答。所幸在我没完全沦为庸人前，我找到了家。痛苦挣扎的过程中，学中文时所习得的一些传统文化的皮毛牵引着我读了更多儒家的书，我开始知道人生并不总需要在不断外索中耗尽生命的能量和意义，知道如何在日用常行中做个踏实的中国人。我开始认真读《论语》，并带着学生读《论语》，后来又师从陈明先生，攻读儒教方向的研究生。是陈老师硬拉着我做祠庙研究，结果传统和现实的大门一起为我打开，我此前的所有思考才第一次连贯起来，活了起来。

现在，我在大学工作，践行大学之道，带着学生读经典，挖掘地方文化传统。在我看来，这就是在力所能及地重建我们中国人的精神家园。

陈彦军

2015 年于南海

“儒生文丛”第一辑（三册）

一、《儒教重建——主张与回应》

（任重、刘明主编，中国政法大学出版社 2012 年版）

对儒教重建的关注，是当代“大陆新儒家”的一大突出特点。中国自古儒、释、道三教合一，儒教居三教之首。在传统向现代交替的过程中，儒教是否是宗教、儒教是否该重建、儒教在今天应该是何种形态等命题成为学术思想界的热点，不断引发讨论。本书刊载了当代儒家新锐对儒教有关问题的深入讨论和最新看法，为中国现代精神价值体系建设提供了新的思路。

二、《儒学复兴——继绝与再生》

（任重、刘明主编，中国政法大学出版社 2012 年版）

因为儒学是治世之学，与一般的儒学研究者不同，儒门中人学习、研究、弘扬儒学，绝不是为了学术而学术，而是有着明显的问题意识和现实感。儒者、儒生对于儒学，不仅在理念上自觉认同，有明确的身份意识，而且还有着强烈的历史担当，立足当下，直面现实。本书所选编的当代“大陆新儒家”的思想探索成果，对当代中国所遇问题进行了精彩解答，乃“为往圣继绝学”，而非“纯学术”之作，值得一读。

三、《儒家回归——建言与声辩》

（任重、刘明主编，中国政法大学出版社 2012 年版）

尽管儒家在今天的中国已呈回归之势，但人们对他们的所作所为知之甚少。本书对“大陆新儒家”参与当代文化建设的一些事件，如五十四位学者联署发布《以孔子诞辰为教师节建议书》、十名青年博士生《我们对“耶诞节”问题的看法》、五十多个儒家团体《致电影〈孔子〉剧组人员公开函》、十学者《关于曲阜建造耶教大教堂的意见书》，以及参与讨论读经、国学、教师节、通识教育、国服、礼仪、节日等热点问题，予以了集中展示和说明。

“儒生文丛”第二辑（七册）

一、《儒家宪政主义传统》
（姚中秋著，中国政法大学出版社 2013 年版）

全书着力探讨中国历史上两个立宪时刻儒家之理念筹划和政治实践，即汉初儒家进入政体、驯化秦制，与近百年来儒家构建现代国家。就前者，重点解读董仲舒“天人三策”，阐明其天道治理观之宪政主义意涵。就后者，通过思想史的梳理，揭明现代中国存在着一个保守—宪政主义的思想与政治传统。

二、《儒家文化实践史（先秦部分）》
（余东海著，中国政法大学出版社 2013 年版）

《儒家文化实践史（先秦部分）》共两部。从儒家道统的角度，对先秦历史和历代政权进行梳理和评判。第一部：大同王道的原始模式（尧、舜、禹）；第二部：小康王道的三代实践（夏、商、周）。《儒家文化实践史（先秦部分）》旨在：集儒家外王学之大成，揭道德实践史之真相，破先秦政治史之天荒。这是一本与众不同的关于中华政治、历史和儒家义理之书，道眼烛史，新见迭出。

三、《追望儒风》

（米湾著，中国政法大学出版社 2013 年版）

本书收录作者历年来课余之暇各种机缘下所撰文字，约二十万言。或议或叙，或文或白，修短随意，不拘一格，其要则欲追武前修，跂望儒风也。略分六部分：儒学视野中之现实问题；儒学讲演；儒者传论；时论短评；游访纪事；实用文笔。得也失也，达者鉴之。

四、《赫日自当中——一个儒生的时代悲情》

（张晚林著，中国政法大学出版社 2013 年版）

本书是作者多年来浸润圣学之心得与体会，固然与其精研儒家经典有关，但绝非徒从读书得来，更有其切磋砥砺之功，故非有切身之痛痒、谨策之信仰，不可读其书也。本书内容共分五个部分：第一部分校正了社会大众对儒家相关义理之误解，以确立儒学之纲目与信仰；第二部分痛斥当代职业化教育对儒家教育精神的背离，以期回到儒家之人文精神之中，匡扶人心；第三部分乃以心性学重述儒家之婚姻伦理精神，以批判当代社会把美学形态之爱情作为唯一基点的婚姻观，由此而修身齐家，和谐社会；第四部分资儒家之根本义理，以隽永之小品文，思考当今社会之相关问题，其形式虽短小精微，但其理却博厚悠长；第五部分乃作者与友人之论争与讲辞，以见作者捍卫与宣扬儒学之决心与情怀。总之，本书乃作者用“心”之验，而非“才”气之作，有心者当善会也。

五、《“亲亲相隐”问题研究及其他》

（林桂榛著，中国政法大学出版社 2013 年版）

“亲亲相隐”问题是横跨文、史、哲、法诸领域的一个重大问题。本书对孔子“父子相为隐，直在其中矣”是何语义、唐律以来中国古代法制或律典中的“亲属得相容隐”为何内容、“亲属得相容隐”与“干名犯义”两律制有何区别、“亲属得相容隐”和汉律“亲亲得相首匿”有何区别、柏拉图或柏拉图笔下的苏格拉底是否赞成Euthyphro“告父杀人”为绝对虔敬或公正及何理由等做出系统辨正；以“不显”及“知而不言（隐默）”训正“隐”，以“视”及“辨别是非”训正“直”，以“容许什么样亲属对犯案人什么样行为保持沉默不发”训正唐律以来的“亲属得相容隐”律条，从而指出“亲属得相容隐”“亲亲得相首匿”是权利设置而“干名犯义”等不许告亲尤告尊亲是义务设置，且“亲属得相容隐”仅仅是指言语行为而非其他行为。本书另有《孟子》“徒法不足以自行”究竟何意、儒家思想与人权话语的交集、儒家应该向基督教学习什么、儒家书院的文化功能与重建前景等专论，视野开阔，内容丰富，思想锐利，见解独辟，于儒家礼乐刑政问题多有阐发及学术辨正。

六、《闲先贤之道》
（陈乔见著，中国政法大学出版社 2013 年版）

本书所收录的文章，以儒家义理为中心，以儒学辩诬为羽翼，以中西比较为背景，辅以学术评论和短议，对儒家伦理尤其是“亲亲互隐”、仁义孝弟、公私观念等皆有自己独到的理解和阐释，对中西哲学中的论说方式、思维方式、家庭观念、伦理特质等提出了一些新颖的见解。作者秉持独立思考之精神，不苟同于学术权威，不苟合于流俗之见，字里行间流露出作者闲先圣之道、阐儒学之蕴、解现实之惑的思想旨趣和现实关怀。

七、《政治儒学评论集》
（任重主编，中国政法大学出版社 2013 年版）

本书以蒋庆先生“政治儒学”思想为中心，收录了来自各界的学术论文和思想性评论。甲编为儒门内部批评，乙编为较有明显思想立场的儒门外部批评，丙编为较为中立的评论。

“儒生文丛”稿约

出版目的：弘扬儒学，提携后学，促进各界对儒家的全面了解，推动中国学术繁荣、文化发展、社会进步、民族复兴。

征稿对象：自觉认同儒家的学术研究者，主动弘扬儒学的社会实践者。

内容要求：学术性与社会性相结合，要有担当意识、价值关切和文化情怀。既收编学术研究专著，也收编各界同道的弘道文集。学术论文要言之成理，文化评论要立场明确，经验总结要翔实严谨，诗文随笔要有儒家趣味。

投稿程序：请作者投稿至主编电子邮箱（rujiarz@126.com）。主编初审后交“儒生文丛”学术委员会审议。若学术委员会审议通过，则列入下一辑出版计划。

学术委员：蒋　庆　陈　明　康晓光　余东海　秋　风

“儒生文丛”主编任重　敬告